# Die Transformation des Wiener Stadtbildes um 1700

Mitteilungen des Instituts
für Österreichische Geschichtsforschung

Ergänzungsband 61

IÖG

2018

Böhlau Verlag Wien

Ferdinand Opll, Martin Scheutz

# Die Transformation des Wiener Stadtbildes um 1700

## Die Vogelschau des Bernhard Georg Andermüller von 1703 und der Stadtplan des Michel Herstal de la Tache von 1695/97

2018

Böhlau Verlag Wien

FWF Der Wissenschaftsfonds.

Veröffentlicht mit der Unterstützung des Austrian Science Fund (FWF): PUB 457-G28



Die Publikation wurde einem anonymen, internationalen Peer-Review-Verfahren unterzogen

Bibliografische Information der Deutschen Nationalbibliothek:
Die Deutsche Nationalbibliothek verzeichnet diese Publikation in der
Deutschen Nationalbibliografie; detaillierte bibliografische Daten sind im Internet über
http://dnb.d-nb.de abrufbar.

Umschlagabbildung: Ansicht des Stephansdomes auf der Vogelschau des Bernhard Georg Andermüller von 1703 (vgl. S. 158).


Kölblgasse 8–10, A-1030 Wien, www.boehlau-verlag.com

Einbandgestaltung: Michael Haderer, Wien
Satz: Michael Rauscher, Wien
Druck und Bindung: Hubert & Co., Göttingen
Gedruckt auf chlor- und säurefrei gebleichtem Papier
Printed in the EU

ISBN 978-3-205-20537-1
ISSN 2227-2356

# Inhalt

# Vorwort

Dieses Buch wäre nicht entstanden, wenn nicht Fachkollegen Anregungen und anschließend wichtige Anstöße zur Bearbeitung, aber auch entscheidende Hinweise zur Lösung der aufgeworfenen Probleme gegeben hätten. Im Rahmen des seit einigen Jahren laufenden Hofburgprojektes der Österreichischen Akademie der Wissenschaften bot das Erscheinen des Bandes über die Entwicklung der Wiener Residenz in der Frühen Neuzeit den Hinweis auf eine bislang nicht bekannte Wien-Ansicht aus dem Jahr 1703. Am Beginn der Auseinandersetzung mit dem Plan stand die Frage nach dem Autor. Wenn man freilich als Forscher in ein Netzwerk an Kolleginnen und Kollegen auf dem Felde der Kartographiegeschichte eingebunden ist, kann die Nachfrage bei diesen eine nicht zu unterschätzende Hilfe darstellen. Zu größtem Dank verpflichtet sind wir in diesem Zusammenhang dem Amsterdamer Kartographiehistoriker Peter van der Krogt, einem ausgewiesenen Kenner auf dem Felde der Kartographiegeschichte, und hier vor allem der kommerziellen Kartographie in den Niederlanden vom 16. bis zum 18. Jahrhundert[1]. Die Hinweise von Herrn van der Krogt führten zur Auflösung des Namensrätsels rund um Bernhard Georg Andermüller (1644–1717). Nach einer ersten Sichtung von einschlägigem Archivmaterial im Landesarchiv Anhalt-Dessau (14.–17. September 2015) erfolgte im Rahmen einer weiteren Archivreise in ebendieses Archiv (3.–5. Juli 2016) die Auswertung von überraschend reichhaltigem Quellenmaterial, das uns durch die Beratung der Beamten im Landesarchiv zugänglich war.

Am Anfang der Kenntnisnahme stand die Abbildung im Hofburg-Band. Zweiter Schritt war die Einsichtnahme in das Digitalisat auf der Homepage der Königlichen Bibliothek in Brüssel. Ganz entgegen den traditionellen Gepflogenheiten fand die unmittelbare „Begegnung" mit dem Original erst am Ende der Forschungstätigkeit statt, als wir am 21. September 2016 in der Kartensammlung der Brüsseler Bibliothek erstmals das Original einsehen konnten.

Mit der Zusammenarbeit der beiden Autoren findet eine bereits 2014 im Rahmen der Auswertung des sogenannten „Schlierbach-Plans" von Wien aus den 1620er Jahren bewährte Kooperation Fortsetzung. Nicht nur das Wissen um die Reichhaltigkeit und

[1] Peter van der Krogt (geb. 1956), Leiter der „Special Collection" der Universität Amsterdam, siehe http://www.explokart.eu/vanderkrogt/index.html. – Zu den Formalia: Zitate aus dem „Wien Geschichte Wiki" werden immer unter dem Stichwort und Wien Geschichte Wiki zitiert, das Zugriffsdatum ist das Datum der Fertigstellung des Buches am 15. August 2016. Auch andere Internetzitate haben dieses Zugriffsdatum, das deshalb nicht extra ausgewiesen wird. Anders als die Monographien oder Beiträge in Sammelwerken haben wir Beiträge aus Nachschlagewerken wie der „Enzyklopädie der Neuzeit", der „Allgemeinen Deutschen Biographie" etc. jeweils als Vollzitat in den Fußnoten angeführt, ansonsten findet sich im vorliegenden Band ein konsequentes Kurzzitatsystem. Zitate aus handschriftlichen Quellen sind kursiv, Zitate aus gedruckten Werken (auch aus frühneuzeitlichen Werken) sind dagegen unter Anführungszeichen gestellt.

Vielfalt der einschlägigen kartographischen Dokumentation Wiens, sondern auch die Kenntnis von Topographie und Stadtbild erfahren abermals grundlegende Erweiterung.

Hat Peter van der Krogt mit seiner Hilfestellung gleichsam die Initialzündung für die Arbeit am vorgelegten Buch geboten, so haben darüber hinaus eine Reihe von Kolleginnen und Kollegen weitere wichtige Ratschläge und Tipps geboten. Auch diesen – zu nennen sind Sándor Bekesi (Wien Museum), Heike Krause (Wien Museum/Stadtarchäologie Wien), Nathalie Liart (Bibliothèque royale de Belgique/Koninklijke Bibliotheek van België, Estampes, Cartes & Plans/Prenten, Kaarten & Plannen), Jan Mokre (Österreichische Nationalbibliothek, Karten- und Globenmuseum), Kalina Mróz-Jabłecka (Universität Wrocław), Christoph Sonnlechner und Manuek Swatek (beide: Wiener Stadt- und Landesarchiv) – sei hier ganz herzlich Dank gesagt. Nicht zuletzt auch technische Hilfestellungen leistete unser beider Freund Josef Pauser (Verfassungsgerichtshof bzw. Universität Wien), dem wir unser Buch zu seinem runden Geburtstag am 26. Juni dieses Jahres widmen.

Perchtoldsdorf – Wien, 1. Jänner 2018 Ferdinand Opll und Martin Scheutz

# 1. Einleitung – eine unbekannte Stadtansicht von Wien von der Hand eines unbekannten Kartographen

Bereits im Evangelium findet sich die Vertrauen erweckende, schöne Redewendung: „Bittet, dann wird euch gegeben; sucht, dann werdet ihr finden; klopft an, dann wird euch geöffnet“[2]. Deren zweiter Teil ist für Wissenschaftlerinnen und Wissenschaftler von ganz besonderer Bedeutung, leitet sich von ihm doch die hohe Gewissheit ab, dass Suchen auch durch Finden belohnt wird. In der Realität des Forschens ergeben sich Funde für Vertreterinnen und Vertreter der historischen Wissenschaften freilich entweder auf dem Wege beharrlicher Suche, oder aber – und das ist gar nicht so selten – sie erfolgen gleichsam beiläufig, als Nebenfrucht der steten Auseinandersetzung mit neuen Forschungen auf vertrautem Gebiet. Derartiges ist schon vielen begegnet[3], kommt immer wieder vor und trifft auch auf den vorliegenden Fall zu.

Zu den ganz besonderen Projekten auf dem Gebiet der Wiener Stadtgeschichte und Topographie zählt in den letzten Jahren ohne Zweifel die Umsetzung des Hofburgprojektes der Österreichischen Akademie der Wissenschaften, das bereits zu mehreren höchst eindrucksvollen Publikationen geführt hat. Sämtliche der bislang vorliegenden Bände[4] – und das wird wohl in Hinkunft ebenso sein – zeichnen sich nicht nur durch ein geradezu vorbildhaftes Zusammenwirken verschiedener Disziplinen, somit durch Interdisziplinarität auf hohem Niveau, aus, sie erschließen auch immer wieder bislang kaum beachtetes Bildmaterial und fügen mit den gebotenen digitalen Rekonstruktionen wertvolle Hilfestellungen für unsere Vorstellung von vergangenen, in dieser Form eben nicht mehr existierenden Gegebenheiten und baulichen Zuständen hinzu. In dem 2014 im Druck vorgelegten Band über die Hofburg in der Frühen Neuzeit[5] findet sich die Reproduktion einer von der Wiener Forschung bislang überhaupt noch nie registrierten Vogelschau der Stadt Wien aus dem Jahre 1703 in Form einer kolorierten Federzeichnung, die in der Königlichen Bibliothek in Brüssel überliefert ist. Sie trägt einen für derartige Darstellungen der Frühen Neuzeit charakteristischen, ausführlichen Titel in lateinischer (linke

---

2 Lukas 11, 9–13.

3 Vgl. dazu etwa auf anderem Gebiet Opll, Die „Gestapo-Kartei“; auf dem Felde der Überlieferung bildlicher Zeugnisse Opll–Scheutz, Der Schlierbach-Plan.

4 In chronologischer Reihenfolge sind bislang erschienen: Die Wiener Hofburg 1835–1918; Die Wiener Hofburg 1521–1705; Die Wiener Hofburg im Mittelalter; Die Wiener Hofburg 1705–1835.

5 Hofburg 1521–1705 70f. (Abb. III.20), siehe dazu Faltblatt 1/Vorderseite. In der älteren Literatur bietet Dreger, Baugeschichte 131 (Abb. 130), einen Ausschnitt aus diesem Bildwerk, und von ihm wurde auch im Hofburgprojekt die falsche Auflösung des Namens des Autors mit *Andermath* übernommen. – Bemerkenswert ist in jedem Fall, dass die Autoren des vorliegenden Bandes nach ihrer 2014 erschienenen Studie über den Schlierbach-Plan von Wien damit bereits zum zweiten Mal von den Arbeiten des Hofburgprojektes der Österreichischen Akademie der Wissenschaften profitieren dürfen.

Blatthälfte) und deutscher (rechte Blatthälfte) Sprache: *VIENNA AVSTRIAE, ichnographice delineata, exhibens singulas plateas, fora, palatia, templa, monasteria, aliqaque tum privata tum publica aedificia. / Wien in Oesterreich, wie es im grundlager zu sehen, mit seinen gassen, marckplätzen, herrenhausern, pallästen, kirchen, klöstern u(nd) andern vornehmsten gebäuen.* Dass dieses herausragende Bilddokument eingehende Untersuchung verdient, macht schon der erste Blick auf die ausgesprochen detailreiche, mit ausführlicher Legende versehene Darstellung klar, und dies ist in den folgenden Abschnitten in der bewährten Kooperation zwischen zwei Autoren zu leisten.

## 2. Ein Kartograph tritt langsam aus dem Schatten – der Dessauer Bernhard Georg Andermüller (1644–1717)

In der Reproduktion der Wiener Vogelschau aus dem Wiener Hofburgprojekt wird nach dem Wortlaut der Legende der Name des Kartographen/Zeichners als *B. G. Anderm*[...] genannt und dessen unvollständiger Namen im erwähnten Hofburg-Band vermutungsweise mit *Andermath*[6] aufgelöst, wobei sich dem Leser die Strategie dieser Auflösung nicht erschließt. Tatsächlich findet sich auf dem Original selbst sogar die Namensform *B. G. Anderm.llr*, was nach dem Katalog der Königlichen Bibliothek zu Brüssel[7] vermutungsweise mit *Andermaller* erschlossen wird. Die sowohl bei der Reproduktion als auch im Katalogeintrag betonte Unsicherheit der Auflösung des abgekürzt wiedergegebenen Zeichnernamens lässt sich tatsächlich auf den gewohnten Wegen der Recherche nicht beseitigen – es gibt keine als Kartograph oder Fachmann im Bereich der graphischen Künste tätige Person mit dem Namen *Andermaller* bzw. *Andermath*.

Erst über Umwege und durch Zuhilfenahme der kartographischen Expertise von Kollegen war es möglich, den gekürzten Namen auf der Karte richtig mit Andermüller aufzulösen, ein Mann, der einige Jahre seiner Dienstes am Dessauer Hof auch in Wien als Diplomat absolvierte. Bernhard Georg Andermüller war tatsächlich eine bekannte Figur des Anhalter Verwaltungslebens. So wird er in einer 1710 veröffentlichten Geschichte des Fürstentums Anhalt knapp vorgestellt:

> Hr. Bernhard George Andermüller / von Dessau bürtig / Anfangs bei der verwitweten Fr. Hertzogin zu Liegnitz / Brieg / und Wolau geheimer Secretarius, A(nno) 1680 aber bei Fürst Johann Georgen dem II. Hochsel(igen) And(enkens) in Diensten gekommen / und zu dessen Geh(eimen) Secretario bestellet / in welcher Bedienung Er auch biß zu S(eine)r Durchl(aucht) Absterben An(no) 1693. verblieben / nachmahls aber noch in demselben Jahre 1693 von Ihr(er) Hoheit der HochFürstl(ichen) Fr(au) Wittwen zum Kantzelei- und Regierungs-Raht bestellet / und unter Fürst Leopolds HochFürstl(icher) Durchl(aucht) darin verharret.[8]

---

6 So auch die (falsche) Auflösung bei Dreger, Baugeschichte 131 (Abb. 130).

7 Bibliothèque royale de Belgique, XXXI Vienne - 1703 - Andermaller - Manuscrits - III 8.237 (Magasin – Cartes et Plans); mit der Namensform „*Andermaller* (?)" auch bei Bracke, Inventaris 261 Nr. 201.

8 Beckmann, Historie des Fürstenthums Anhalt Fünfter / Sechster und Siebender Theil 189.

Der am 30. Oktober 1644 (alter Stil 20. Oktober)[9] in Dessau (Abb. 1) als Sohn des Registrators, Justizsekretärs und Botenmeisters Martin Andermüller[10] und seiner Frau Elisabeth Straub geborene Bernhard Georg Andermüller (Taufe 25. Oktober/4. November) verlor seine Eltern noch im Kindesalter und wuchs als Waise auf[11]. Nach dem Besuch der Dessauer Stadtschule, wo sein wacher Geist auffiel, absolvierte er ab 28. November 1660 das „Gesamt Gymnasium" in Zerbst, folgte damit seinem wohl aus Zerbst stammenden Vater, der 1635 diese wichtige Bildungseinrichtung besucht hatte[12]. Auch ein Bruder Bernhard Georgs scheint in Zerbst am Gymnasium gewesen zu sein, 1665 scheint dort Martin Wilhelm Andermüller auf[13]. Gerade das Zerbster „Gymnasium Illustre" sollte im Sinne einer anhaltischen Landesuniversität Bedienstete der Landesverwaltung, Schullehrer, aber auch Theologen ausbilden[14]. Bernhard Georg Andermüller ging anschließend juristischen Studien nach, so lässt er sich nach seiner Immatrikulation am 6. Juni 1663 als Studierender der Rechtswissenschaften in den Universitätsmatrikeln an der 1506 gegründeten brandenburgischen, reformiert ausgerichteten Universität Viadrina in Frankfurt an der Oder finden: „Bernhardus Georgius Andermüllerus Dessau(?)-Anhaltinus"[15]. Einen Hinweis auf weitere universitäre Studien des jungen Mannes gibt auch eine 1664 in Frankfurt an der Oder gedruckte theologische Disputation, bei der Andermüller wohl am Ende seines Studiums als einer der Autoren aufscheint[16]. Am 22. November 1667 kann man Andermüller als Hörer der Rechtswissenschaften in den Matrikeln der 1544 gegründeten, irenisch-lutherischen Albertus-Universität Königsberg, die nach dem Dreißigjährigen Krieg aufblühte, fassen[17].

Nach seinem Studium fungierte Andermüller als Hofmeister bei einem nicht näher genannten jungen Freiherrn von Kettler aus dem Kurland[18] und begleitete den jungen Eleven durch das Heilige Römische Reich sowie durch die nördlichen und die spanischen Niederlande[19]. Nach Abschluss der Reise verbrachte Andermüller einige Zeit als Hofmeister und Hauslehrer am kurländischen Hof der Familie. Die Stellung eines Hofmeisters war eine typische Warteposition ärmerer bürgerlicher Universitätsabsolventen

---

[9] Gemäß der späten Umstellung protestantischer Reichsterritorien auf die von Papst Gregor XIII. 1582 angeordnete Kalenderreform weicht der am Julianischen Kalender festhaltende alte gegenüber dem neuen Stil bis zum Jahre 1700 um zehn, von da an bis 1800 um elf Tage ab; Scheutz, „Den neuen bäpstischen calender anlangende" 118–127. In unserem Text führen wir ausschließlich die Daten nach dem „stilus novus" an.

[10] Zu den Bestallungsdekreten für Martin Andermüller aus 1639 und 1647 siehe die Bestände im LASA, DE, Z 44, C5h Bd. 5 (darin verschiedene Bestallungen, darunter auch die für den Justizsekretär Martin Andermüller).

[11] Die biographischen Angaben entstammen großteils der Trauer- und Gedächtnuß-Rede 5 (auch im Folgenden).

[12] Specht, Die Matrikel des Gymnasium Illustre 53.

[13] Ebd. 63.

[14] Als Überblick Castan, Hochschulwesen und reformierte Konfessionalisierung; Specht, Die Matrikel des Gymnasium Illustre 60.

[15] Liebe–Theuner, Aeltere Universitäts-Matrikeln 97, Zeile 39; Trauer- und Gedächtnuß-Rede 5.

[16] Bergius–Andermüller–Hermann, Disputatio Theologica.

[17] Erler, Die Matrikeln 2 49.

[18] Zu den Kettler als Herzögen von Kurland: Irene Neander, Art. Friedrich Kasimir Kettler. *NBD* 5 (1961) 513f.; dies., Art. Ferdinand Kettler. *NDB* 5 (1961) 90f.; denkbar wären Karl Jakob (1654–1677), Ferdinand (1655–1737) oder Alexander Kettler (1659–1686). Eher unwahrscheinlich ist eine Identifizierung mit Friedrich Kettler (1650–1698), der auf Kavalierstour am Pariser Hof weilte.

[19] Trauer- und Gedächtnuß-Rede 7.

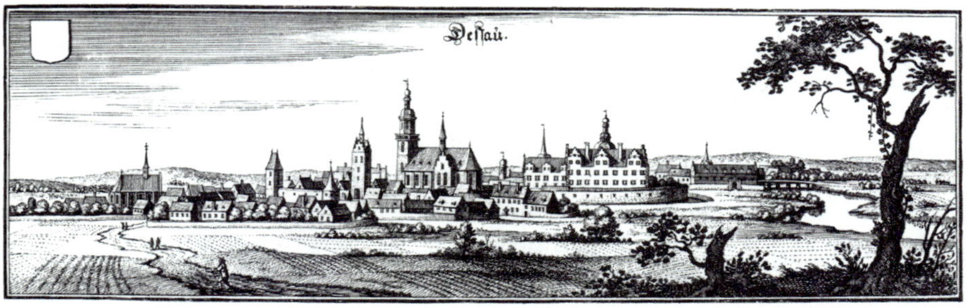


Abb. 1: Dessau im 17. Jahrhundert, Gesamtansicht aus dem Süden mit Schloss (Kupferstich, Matthäus Merian 1650; Nachweis: Wikimedia Commons).

für angehendende Pastoren, Lehrer, aber auch Verwaltungsbedienstete[20]. Als Karrieresprung kann sicherlich die Bekleidung der Stelle eines Geheimen Sekretärs bei Luise von Liegnitz-Brieg-Wohlau (1631–1680) gelten, der Tochter des Fürsten Johann Kasimir von Anhalt-Dessau, die 1648 den Wohlauer Herzog Christian (1618–1648) geheiratet hatte[21]. Vor allem der Tod des letzten schlesischen Piasten Georg Wilhelm (1660–1675), des Sohnes von Luise von Anhalt-Dessau, im Jahr 1675 stellte sicherlich einen Einschnitt in der Berufslaufbahn Andermüllers dar, weil Liegnitz, die Teilherzogtümer und der Witwensitz Herzogtum Ohlau/Olavské knížectví als erledigte Lehen an die böhmische Krone zurückfielen. Seit 1680 fungierte Bernhard Georg Andermüller, in den beruflichen Fußstapfen seines Vaters wandelnd, als Geheimer Sekretär im Dienst von Johann Georg II., Fürst von Anhalt-Dessau (1627–1693). Als der Fürst am 27. August 1693 starb[22], berichtete Andermüller detailliert über dessen plötzlichen Tod: die Ohnmachtsanfälle des Fürsten, das Tragen des Ohnmächtigen ins Bett und dessen von der Familie unbegleitetes Sterben[23]. Auch die Trauerfeierlichkeiten, mit deren zeremonieller Planung Andermüller sicherlich im Detail betraut war, fanden Eingang in die „Tage-Beschreibung" des Geheimen Sekretärs. An der Trauerschrift für den verstorbenen Johann Georg beteiligte sich der Geheime Sekretär gleichfalls und steuerte ein umfangreiches lateinisches Gedicht bei[24] – sicherlich kein Karrierenachteil und zugleich Nachweis seiner Gelehrsamkeit für den nachfolgenden Landesfürsten. Das gute bürokratische Netzwerk Andermüllers wird auch in weiteren Trauerreden deutlich, so publizierte er ein lateinisches Trauergedicht auf den anhalt-bernburgischen Kanzler Johann Georg Reinhard († 1710)[25]. Andermüller war überdurchschnittlich sprachenkundig, so konnte er – „zum raren Exempel unter Rechtsgelehrten"[26]

[20] Andreas RUTZ, Art. Lehrer/in. *EdN* 7 (2008) 784–796, hier 785.

[21] CONRADS, Der Huldigungsbesuch 79–91.

[22] ROHRSCHNEIDER, Johann Georg II. 436, Anm. 31, erwähnt, dass die sogenannte „Tage-Beschreibung" über die Erkrankung und den Tod des Fürsten (30. September 1693) wahrscheinlich von dessen Geheimsekretär Andermüller stammt und zur Grundlage der Darstellung bei Johann Christoph BECKMANN, Historie des Fürstenthums Anhalt, wurde.

[23] Zu ihm vgl. ROHRSCHNEIDER, Johann Georg II., sowie – mit etwas anderem Fokus und knapp DERS., Möglichkeiten und Grenzen.

[24] WOMRATH, Fürstliche Gedancken; darin unpaginiert als Incipit: „Funesta nox, moeroris ingentis ferax, Quae triste nobis conticinium dedit [...]. Gezeichnet ist das Trauergedicht mit „Sacrae mem. Optimi Principis, Domini olim sui gratiosissimi pos. B. G. Andermüller" [138–141].

[25] SCHMIDT, Anhalt'sches Schriftsteller-Lexikon 467.

[26] Trauer- und Gedächtnuß-Rede 9.

– neben Latein auch Französisch und Italienisch, Griechisch und Hebräisch. Als verdienter Amtsträger und gestützt auf ein funktionierendes höfisch-beamtetes Netzwerk wurde Andermüller nach dem Tod des Monarchen nicht entlassen, sondern von dessen Witwe, Henriette Catharina von Nassau-Oranien (1637–1708), zum Kanzlei- und Regierungsrat befördert, eine Funktion, die er dann auch unter dem Reorganisator der preußischen Armee Fürst Leopold I. von Anhalt-Dessau (1676–1747) weiter innehatte[27]. Noch von Henriette Catharina erhielt Andermüller die Erlaubnis zu einer Reise nach Italien, um „selbigen Landes schöne Antiquitäten / und berühmte / Jhm vorhin zwar schon bekannte Merckwürdigkeiten in Augenschein zu nehmen“[28].

„Im Jahr aber 1699. wurde Er mit hoher Genehmhaltung seines Fürsten von denen Gesamten Regierern des Durchlauchtigisten Hauses Anhalt nacher Wien zur Käyserl. Majestät als Gesandter abgeschicket / und hat Er in denen Jhm gnädigst aufgetragene negotiis publicis des Vaterlandes / biß in das fünffte Jahr zur besondern Zufriedenheit der gantzen Hochfürstl. Herrschaft daselbst gearbeitet und residiret / Jhm auch dabey den vorigen Applausum eines gewissenhafften / fleißigen / geschickten und stattlichen Mannes [...] erworben“[29]. Gestützt auf eine gute Bibliothek mit Fachbüchern aus den Bereichen der Rechtswissenschaft, Philosophie, Geschichte und Philologie scheint sich Andermüller darüber hinaus mit verschiedenen Übersetzungen beschäftigt zu haben. Von besonderem Interesse war für ihn die „Zeichen-Kunst, welcher er so sehr in seiner Jugend ergeben gewesen / daß er ihr die Blödigkeit des Gesichtes in seinen Alter zuschriebe“[30] – das übermäßige Zeichnen bewirkte also eine spätere Fehlsichtigkeit. Im September 1717 verstarb der zeitlebens unverheiratete und mit seiner Schwester und deren jüngerer Tochter zusammenlebende Andermüller[31]. Eine am 27. September 1717 bei seinem Begräbnis in Dessau gehaltene, anonyme Trauerrede erschien noch im Sterbejahr zwanzigseitig in Zerbst im Druck – ein Exemplar befindet sich heute in der Universitätsbibliothek Leipzig (Abb. 2)[32].

Bernhard Georg Andermüller tritt uns somit aus der bislang eher spärlich bekannten Überlieferung als ein in höherer Position von Verwaltung und Regierung des Fürstentums Anhalt-Dessau tätiger Mann entgegen, der nach einem rechtswissenschaftlichen Universitätsstudium erfolgreich im engen Kreis um den Fürsten tätig war. Die von Andermüller ab 1693 versehene Funktion eines Kanzleirates bedurfte nicht nur der „richtigen“ – in diesem Fall reformierten – Konfession[33], sondern sah neben einer verpflichtenden Verei-

[27] Marcus Junkelmann, Art. Leopold I. *NDB* 14 (1985) 266–268.

[28] Trauer- und Gedächtnuß-Rede 11.

[29] Ebd. 11.

[30] Ebd. 13.

[31] In der blumigen Sprache der Leichenpredigt: „Verehliget ist Er niemahlen gewesen / indem wie es scheinet / und aus einigen seinen Discursen zu schliessen ist / Er der zeitlichen Fortun dergleichen starcke Pfänder oder Geisseln / als Weib und Kinder sind / nicht hat hinterlassen wollen / auch den Vortheil gehabt hat / sich mit seiner Frau Schwester, der verwittibten und jetzo hochbetrübten Frau Müllerin und deren Jungfer Tochter, in der Oeconomie und häulichen Wesen / vergesellschaffet / und dergestalt sonderlich in seinen hohen und schwachen Alter geholffen zu sehen / als es zwischen so nahen Freunden löblich und Christlich ist“; Trauer- und Gedächtnuß-Rede 12.

[32] Trauer- und Gedächtnuß-Rede. Zur Bedeutung der insbesondere im lutherischen Umfeld gebräuchlichen Leichenpredigten als biographische Quellen vgl. Moore, Patterned lives; weiterführende Hinweise zum Quellentypus werden auf der website der Forschungsstelle für Personalschriften der Akademie der Wissenschaften und der Literatur zu Mainz geboten, siehe: http://www.personalschriften.de/leichenpredigten.html.

[33] Zur Einführung der Reformierten Konfession in Anhalt 1605 und 1609, die mit Schwierigkeiten verbunden war, Brademann, Reformierte Konfessionalisierung 165–177.

Abb. 2: „Trauer- und Gedächtnuß-Rede" – Leichenpredigt anlässlich des Todes von Bernhard Georg Andermüller (Titelseite) (UB Leipzig)

Trauer und Gedächtnuß=Rede/
Welche
Bey Christlicher und üblicher Beerdigung
Des
Hoch=und Wohl=Edlen, Vest=und Hoch=Gelahrten Herrn,
Seiner Hoch=Fürstl. Durchl.
Fürst LEOPOLDS
zu Anhalt,
Hertzogens zu Sachsen, Engern und Westphalen,
Grafens zu Ascanien/ Herrn zu Zerbst und Bernburg &c.
Seiner Königl. Majestät in Preussen Hochbestellten General-Feld-Marchals/ und würcklichen geheimden Krieges=Raths/ Gouverneur der Stadt und Veste Magdeburg/ auch Obristens über ein Regiment zu Fuß &c.
Bestalten Regierungs=und Cantzley=Raths
HERRN
Bernhard George
Andermüllers/
gehalten worden zu Dessau
Am 16. Sept. 1717. Jahres.
ZERBST/ bey Johann Friderich Ernsti/ des Gesamten Hochfl. Anhalt. Gymnas. Buchdrucker.



digung naturgemäß auch das kontinuierliche Arbeiten in einem kollegial besetzten fürstlichen Rat vor. Ab dem Spätmittelalter lassen sich die entstehenden, kollegial strukturierten Geheimen Räte mit Beratungs- und Regierungsfunktion als Ausdruck einer zunehmenden Verdichtung und Konzentration von Aufgaben, aber auch von Herrschaftsansprüchen der fürstlichen Zentralregierungen interpretieren. Das 17. Jahrhundert galt dann in Europa als die „Glanzzeit der Geheimen Räte"[34], die anschließend von den Kabinetten und den Geheimen Konferenzen abgelöst wurden[35]. In Brandenburg-Preußen wurde etwa 1604 der Geheime Rat geschaffen, der große Kurfürst Friedrich Wilhelm setzte 1651 den Geheimen Rat als oberstes Gremium für seine Länder ein und führte unter den Räten Zuständigkeitsverteilungen ein[36]. In diesem höchsten Verwaltungsgremium des Landes mussten im Namen des Regenten und für diesen Entscheidungen vorbereitend Beratungen zu Regierungsangelegenheiten, zur Verwaltung und zur Rechtspflege angestellt werden.

Während in diesen Gremien im Spätmittelalter noch der hohe und rittermäßige Adel das Sagen hatte, konnten bürgerliche Räte, gestützt auf eine akademische Ausbildung und meist auch geschult im Rahmen der *peregrinatio academica*, ab dem Spätmittelalter immer mehr die inhaltliche Vorherrschaft übernehmen[37]. Die meisten frühneuzeitlichen Ratsgremien, etwa auch der Wiener Reichshofrat, waren deshalb in eine adelige und eine

34 Christian WIELAND, Art. Geheime Räte. *EdN* 4 (2006) 263–267, hier 264.

35 An vergleichenden Beispielen siehe die Hinweise bei NEUGEBAUER, Monarchisches Kabinett.

36 REINHARD, Geschichte der Staatsgewalt 172–174.

37 Als zeitgenössischer Überblick ELSAESSER, Leitfaden 49–63. Siehe den Eintrag im *DRW* unter „Kanzleirat".

gelehrte „Bank“ unterteilt[38]. Ein Kanzleirat führte im Regelfall die Aufsicht über weiteres Kanzleipersonal, er hatte also die „Unter-Aufsicht über die übrige Secretarien, Taxatoren, Registratoren, Cancelisten, u. s. w.“[39]. Im Regelfall – so nicht der „persönliche Turnus“ vorherrschte – bildeten sich nach dem Sachturnus eigene Geschäftsbereiche für die verschiedenen Mitglieder im fürstlichen Rat heraus[40]. „Ein jeder Rat bekömt ordentlicher Weise ein gewisses Fach oder Departement ausschliesungsweise, so daß ihm alle einkommende Bitschriften, Berichte u. s. w., welche dahin eine Beziehung haben, distribuirt werden, und er also der beständige Referent in diesen Sachen ist.“[41] Jedem Referenten einer Materie wurde zudem ein Korreferent zur Kontrolle wie auch Ergänzung der thematischen Ausführungen beigegeben. Während die fürstlichen Berater im 16. Jahrhundert noch Kanzleiräte hießen, bezeichnete man sie ab dem 17. Jahrhundert, damit auch einen Wandel in der Verwaltungspraxis benennend, als Regierungsrat.

---

38 Etwa von Gschliesser, Reichshofrat 68.
39 Moser, Einleitung zu denen Cantzley-Geschäfften 105.
40 Als Überblick Krünitz, Encyklopädie 34, 513.
41 Elsaesser, Leitfaden 58f.

# 3. Das mindermächtige reformierte Fürstentum Anhalt und der katholische Kaiserhof: Skizze einer Problemlage um 1699

Das Fürstentum Anhalt[42] hatte sich seit dem 13. Jahrhundert aus Erbteilungen der Askanier entwickelt, vor allem Teilungen prägten über die Jahrhunderte hinweg dieses Herrschaftsgebiet nachhaltig. Ab dem „Brüderlichen Erbtheilungs-Vertrag"[43] der fünf Söhne des Fürsten Joachim Ernst (1536–1586)[44] von 1603 war Anhalt in privatrechtlicher Art in vier Teile gegliedert, da der fünfte Bruder zunächst auf seinen Anteil Verzicht leistete[45]. Johann Georg I. (1567–1618)[46] begründete die Dessauische, der militärisch versierte Christian (1568–1630)[47] die Bernburgische, August (1575–1653)[48] die Plötzkauische, Rudolf (1576–1621)[49] die Zerbster und Ludwig (1579–1650)[50] die jüngere Köthener Linie des Anhaltischen Hauses. Die ständigen Teilungen des Landes prägten die Landesgeschichte weiterhin: Anhalt-Dessau bestand bis 1918, Anhalt-Bernburg bis 1863, Anhalt-Köthen bis 1665, Anhalt-Zerbst bis 1793 und Anhalt-Plötzkau (seit 1665 Köthen-Plötzkau) bis 1847. Die Söhne Joachim Ernsts einigten sich aber 1635 auf einen Senioratsrezess, der eine einheitliche Außenpolitik der Linien garantierte. Zudem hatte sich der Senior um die Belange des Gesamthauses zu kümmern, eine Verständigung unter den Anhalter Einzelfürsten herzustellen, für das gesamte Geschlecht das Reichslehen zu empfangen und die Kreis-, Reichs- und Deputationstage zu beschicken. Als Ausgleich für seine Aufwendungen erhielt der Senior die Einnahme der Senioratsgüter (Gernrode, Großalsleben und Großmühlingen) bzw. später eine Geldumlage der anderen Anhalter Fürsten[51]. Die anhaltischen Territorien lassen sich damit als „Minderstaaten" interpretieren, wo beispielsweise die Fürsten Schulen und Kirchen selbst überwachten, doch sollten sich die Räte der verschiedenen Teilterritorien wenigstens einmal pro Jahr treffen, um anstehende Probleme gemeinsam zu lösen[52]. Zudem wurde in den einzelnen Linien das Erstgeburtsrecht eingeführt. Der Senioratsrezess legte die Führung des Ältesten des Hauses in Gesamtangelegenheiten fest, er war aber in wichtigen Fragen an den Mehr-

---

42 Vgl. dazu Wäschke, Geschichte Anhalts 3; aus der neueren Literatur sei verwiesen auf Die Fürsten von Anhalt.

43 Freitag, Die Fürsten von Anhalt 20.

44 Otto von Heinemann, Art. Joachim Ernst. *ADB* 14 (1881) 69–71.

45 Vgl. dazu Freitag, Die Fürsten von Anhalt 20f.; Hecht, Anhalt und die Dynastie 96f.

46 Ferdinand Siebigk, Art. Johann Georg I., Fürst von Anhalt-Dessau. *ADB* 14 (1881) 114–116.

47 Otto von Heinemann, Art.Christian I., Fürst von Anhalt. *ADB* 4 (1876) 145–150.

48 Ferdinand Siebigk, Art. August, Fürst zu Anhalt. *ADB* 1 (1875) 658f.

49 Franz Kindscher, Art. Rudolf, Fürst von Anhalt-Zerbst. *ADB* 29 (1889) 519–523.

50 Ferdinand Siebigk, Art. Ludwig, Fürst von Anhalt-Cöthen. *ADB* 19 (1884) 476–483.

51 Hecht, Anhalt und die Dynastie 104.

52 Schmidt, Die Fürsten von Anhalt 177.

heitsbeschluss der Fürsten gebunden. Ab dem Hausvertrag von 1665 wurde zudem die gleichmäßige Teilung unter allen fürstlichen Cognaten, den Verwandten von mütterlicher Seite, beschlossen, was 1793 beispielsweise mit der Aufteilung des Territoriums der Zerbster Linie schlagend wurde[53].

Um die Wende vom 17. zum 18. Jahrhundert und damit in den Jahren, in die Andermüllers diplomatische Tätigkeit ab Ende des 17. Jahrhunderts in Wien fällt, war die Herrschaftssituation folgendermaßen gestaltet: Im Fürstentum Anhalt-Bernburg regierte von 1656 bis 1718 Victor I. Amadeus (1634–1718)[54]. In Anhalt-Dessau herrschte von 1660 bis 1693 Johann Georg II. und nach ihm bis 1747 sein Sohn Leopold, bekannt als „Der Alte Dessauer“ – schon die Namenswahl des Nachfolgers unterstreicht die reichspatriotische Haltung Johann Georgs II. und seine guten Beziehungen zum Wiener Hof. Dem Fürstentum Anhalt-Harzgerode stand von 1670 bis 1709 Wilhelm von Anhalt-Bernburg-Harzgerode (1643–1709)[55], dem Fürstentum Anhalt-Köthen von 1692 bis 1704 Emanuel Lebrecht (1671–1704)[56] vor, und das Fürstentum Anhalt-Zerbst regierte von 1667 bis 1718 Carl Wilhelm (1652–1718)[57].

Mit Leopold I. von Anhalt-Dessau und dessen Regierungsantritt brach eine neue Zeit im Herzogtum an, schon allein die gegen den Widerstand seiner Mutter durchgefochtene Heirat Leopolds I. mit der Dessauer Apothekertochter Anna Luise Föhse (1677–1745), später eilig zur Reichsfürstin erhoben, bezeugt dies[58]. In den engen Schranken seines Fürstentums Anhalt-Dessau konnte der „Alte Dessauer“ weder finanziell noch politisch sein Auslangen finden, weshalb er so wie sein Vater langfristig Dienst in Kurbrandenburg suchte. Seit 1688 war Leopold I. Inhaber eines kaiserlichen, seit 1693 Inhaber eines brandenburgischen Regiments und nahm an den Feldzügen in die Niederlande teil, zudem führte er ab 1693 den Rang eines brandenburgischen Generalmajors. Neben seinen militärischen Erfolgen erwiesen sich seine militärischen Reformen in der brandenburgischen Armee, etwa die Einführung des eisernen Ladestocks, des Gleichschritts und die Verbesserung des Exerzier-Reglements, als besonders nachhaltig. Nach dem Sieg bei Höchstädt 1705 stieg Leopold I. 1712 zum Feldmarschall der brandenburgisch-preußischen Armee auf und wurde zum engen Berater von König Friedrich I. (vormals III.) von Brandenburg. Auch seinem Enkel Friedrich II. diente er im Ersten und Zweiten Schlesischen Krieg als Heerführer, so firmiert er als Sieger von Kesselsdorf 1745[59]. Johann Georg II. und Leopold I. investierten ihr teilweise in preußischen Diensten erwirtschaftetes Geld nicht nur in fürstliche Repräsentationsbauten wie das Dessauer Schloss, sondern auch in einen resoluten inneren Herrschaftsausbau. Sie kauften den grundbesitzenden Adel des Landes systematisch aus dem Land und zogen so energisch Herrschaftsrechte an sich[60]. So fanden sich 1803 außer dem Fürsten nur mehr vier Adelsfamilien mit eigenen Patrimonialgerich-

---

53 Mantzke, Das Fürstenhaus 46f.

54 Franz Kindscher, Art. Victor I. Amadeus. *ADB* 39 (1895) 673–675.

55 Ferdinand Siebigk, Art. Friedrich (Fürst zu Anhalt-Bernburg). *ADB* 7 (1877) 453–455.

56 Als Überblick Wäschke, Geschichte Anhalts 3.

57 Ferdinand Siebigk, Art. Karl Wilhelm. *ADB* 15 (1882) 226f.; zu den Details der anhaltischen Häuser vgl. die Genealogischen Tafeln bei: Fürsten von Anhalt 294–286 (Tafel 6).

58 Zur Problematik der Anhalter Eheschließungen, die eines „agnatischen Konsenses“ und damit der Zustimmung der anderen Anhalter Fürsten bedurften, Hecht, Anhalt und die Dynastie 98–103. Messalliancen/„Missheiraten“ waren vor diesem Hintergrund in der Anhalter Geschichte keine Seltenheit.

59 Mantzke, Das Fürstenhaus 47f.

60 Freitag, Die Fürsten von Anhalt 23.

ten, die restlichen Rittergutsbesitzer waren ausgekauft worden – Anhalt-Dessau zählt damit nach Ansicht einiger Forscher zu einem Musterland des in der Geschichtswissenschaft kritisch diskutierten „Absolutismus"-Konzeptes[61], umgekehrt könnte man sagen, dass Leopold von Anhalt-Dessau sein Land nach dem Auskauf des Adels wie ein „Grundherr" regierte. Dieser Landesausbau verlief nicht zimperlich, intermediäre Herrschaftsrechte und adelige Herrschaftspartizipation, aber auch eigenständige Entscheidungen waren eindeutig im Weg. So ließ Leopold I. alle Mitglieder des Dessauer Stadtrates unter Einschluss des Syndikus 1746 in Haft legen und sieben bzw. vierzehn Tage in Arrest halten, weil er mit der Stadtverwaltung und mit der Arbeit der Stadträte unzufrieden war[62].

Die aktuelle Forschung zählt die Angehörigen der genannten askanischen Linien zu den „mindermächtigen Reichsständen"[63] dieser Epoche, und tatsächlich war es für sie alles andere als einfach, im Netz von verschiedenen, zum Teil divergierenden Interessensphären im Heiligen Römischen Reich ihre Positionen zu wahren bzw. gegebenenfalls sogar auszubauen. Zum Tragen kamen dabei höchst unterschiedliche Momente, unter denen hier exemplarisch nur auf die Beziehungen zu den Nachbarn, auf das Verhältnis zum Reich und zu dessen Oberhaupt und auf die konfessionelle Frage hingewiesen werden soll. Schwankende und nicht selten ausbleibende Einkünfte bildeten gleichsam den finanzpolitischen Hintergrund für die vielfältigen Probleme, und nicht selten trugen finanzielle Zwänge und Engpässe ganz entscheidend dazu bei, eigene Interessen am Kaiserhof oder auch im Kontext des Reichstages eben nicht mit dem nötigen Nachdruck vertreten und durchsetzen zu können. Zu Recht streicht die neuere, stärker kulturwissenschaftlich interessierte Reichsforschung aber hervor, wie das so zersplitterte anhaltische Haus mittels erfolgreicher Bündnis- und Klientelpolitik sowohl am seit 1663 permanent tagenden Reichstag zu Regensburg als auch am Kaiserhof in Wien zumindest in Erscheinung trat. Gerade auch der ausgesprochen kaiserfreundlich-reichspatriotischen Haltung Fürst Johann Georgs II. von Anhalt-Dessau kam in dieser Hinsicht Bedeutung zu. Die chronischen Geldnöte der mit Brandenburg eng verbundenen Fürsten von Anhalt machten es ihm freilich unmöglich, einen ständigen Gesandten am Kaiserhof zu unterhalten. Nur bei dringendem Bedarf konnten anhaltische Räte als Sonderbevollmächtigte in Wien eingesetzt werden[64] – und genau in solch einen Zusammenhang gehört auch die mehrjährige Tätigkeit „unseres" Bernhard Georg Andermüller in Wien, dem Zentrum des Heiligen Römischen Reiches.

---

[61] Asmus, Sachsen-Anhalt 65–75; dazu auch Die Habsburgermonarchie 1620 bis 1740.

[62] Freitag, Die Fürsten von Anhalt 22.

[63] Wie wichtig es ist und wie sehr es sich lohnt, gerade über die „Reichspolitik der mindermächtigen Reichsstände" eingehender zu forschen, hat zuletzt abermals Rohrschneider, Österreich und der Immerwährende Reichstag 18f., mit Nachdruck hervorgestrichen.

[64] Vgl. Rohrschneider, Möglichkeiten und Grenzen 191–193.

## 4. Das sachsen-lauenburgische Erbe als Problem einer eigenständigen anhaltischen Politik im Heiligen Römischen Reich: Reichspatriotismus und die Nähe zu Brandenburg

Eines der im Nordwesten der askanischen Stammlande gelegenen, gleichfalls unter der Herrschaft von Vertretern dieser Dynastie stehenden Länder war das Herzogtum Sachsen-Lauenburg am Unterlauf der Elbe[65]. Es war 1296 infolge der Teilung des Herzogtums Sachsen in die Herzogtümer Sachsen-Lauenburg und Sachsen-Wittenberg entstanden. Seit 1666 stand Sachsen-Lauenburg unter der Herrschaft des katholischen Herzogs Julius Franz (1641–1689)[66], der – wie so viele andere Vertreter mindermächtiger Reichsstände – ein hohe militärische Position innehatte, 1664 bei Mogersdorf/St. Gotthardt mitkämpfte[67] und 1683 als Generalfeldmarschall auch an der Entsatzschlacht von Wien teilnahm. Sechs Jahre später, am 30. September 1689, verstarb er in Böhmen an einem Schlaganfall[68]. Damit war die Linie Sachsen-Lauenburg im männlichen Stamm ausgestorben, und gesamteuropäische Begehrlichkeiten um seine Nachfolge setzten ein. Insgesamt bewarben sich sechs Prätendenten um die Nachfolge. Vor allem Kursachsen konnte sich gestützt auf den Erbvertrag mit den lauenburgischen Askaniern von 1507, der sowohl vom Kaiser 1660 und 1687 als auch von Julius Franz selbst 1671 bestätigt worden war[69], gute Hoffnung auf die Nachfolge machen. Neben Anhalt-Dessau rechneten sich auch die Welfen (vor allem Georg Wilhelm von Celle, Ernst August von Hannover[70] und Rudolf August von Wolfenbüttel) gute Chancen auf eine Sukzession aus, weil Lauenburg ein Lehen von Heinrich dem Löwen gewesen sei[71]. Als vierter Anwärter galt Mecklenburg, das einen Erbvertrag von 1518 besaß, aber auch die Oldenburger aus Dänemark, Schleswig und Holstein gehörten zu den Konkurrenten um das Erbe. An letzter, aber nicht unwichtigster Stelle folgten dann die Schweden, die sich als Rechtsnachfolger des Bremer Erzbischofs berechtigt zur Nachfolge im Land Hadeln, einem Gebiet an der niedersächsischen Elbe zwischen den Mündungen der Elbe und der Weser, fühlten[72].

---

65 Köbler, Historisches Lexikon 550f.

66 Otto von Heinemann, Art. Julius Franz. *ADB* 14 (1881) 670.

67 Ueberhorst, Erbfolgestreit 19.

68 Otto von Heinemann, Art. Julius Franz. *ADB* 14 (1881) 670.

69 Ueberhorst, Erbfolgestreit 22f.; als Übersicht Junge, Leibniz und der Sachsen-Lauenburgische Erbfolgestreit 7–33.

70 Auch Gottfried Wilhelm Leibniz legte 1685 für Hannover Gutachten, Junge, Leibniz und der Sachsen-Lauenburgische Erbfolgestreit 12f.

71 Ueberhorst, Erbfolgestreit 29–65.

72 Ebd. 116–119.

Die anhaltischen Fürsten sahen sich also nach dieser hochkomplexen Ausgangslage rasch mit mächtigen Konkurrenten konfrontiert. Johann Georg als „anhaltischer Senior" versuchte das lauenburgische Erbe für Anhalt zu reklamieren, auch um das kleine eigene Territorium zu arrondieren, nachdem man davor bei der Restitution der Grafschaft Askanien wenig erfolgreich gewesen war[73]. Sachsen-Lauenburg war nicht nur durch den Fernhandelsweg zwischen Lübeck und Hamburg, sondern auch durch den ertragreichen Elbzoll eine interessante politische Option für die finanzschwachen Anhalter Fürsten. Das wirtschaftlich gut entwickelte Herzogtum mit seinen 28 Quadratmeilen (ca. 1.500 km$^2$) umfasste neben dem Land Hadeln die Städte Ratzeburg, Lauenburg, Mölln, die Ämter Neuhaus, Schwarzenbeck und Steinhorst und nicht weniger als 27 adelige Güter[74].

Julius Franz von Sachsen-Lauenburg begann aus schwer nachvollziehbaren Motiven mit verschiedenen Reichsfürsten über seine Nachfolge zu verhandeln, was schon lange vor seinem Tod vielfältiges Konfliktpotenzial und Anlass zu Spekulationen bot[75]. Schon seit den frühen 1670er Jahren hatten die Anhalter Fürsten deshalb Schritte gesetzt, um sich eines möglicherweise anfallenden Erbes zu versichern. So versuchten die Anhalter Fürsten schon 1671, ihre Rechtsansprüche auf Sachsen-Lauenburg in einer Druckschrift zu untermauern, die schon deutlich Züge der Abwehr eines fait accompli zeigt: „[...] das Hoch Fürstliche Hauß Anhalt [habe] über alles sein Vermuthen ohnlängst erfahren / das nicht allein unterschiedene hohe Chur- und Fürstliche Häuser im heiligen Römischen Reiche sich um den Anfall des Hertzogthums Nieder-Sachsen eines Anhaltischen Uhralten Stamm-Lehens durch Käyserliche expectantz Brieffe oder Vergleiche eine zeithero beworben"[76]. Die Anhalter Fürsten führten dagegen den gemeinsamen Stammvater Bernhard von Sachsen aus dem 12. Jahrhundert und die Verbrüderung von Anhalt und Lauenburg von 1404 als aus ihrer Sicht schlagende Argumentation an.

Den Anhalter Fürsten war zudem lange vor dem Erbfall 1689 klar, dass sie mächtiger Verbündeter bedurften, um ihre Ansprüche durchzusetzen. Die Anhalter suchten „ihre Ansprüche durch vertragliche Vereinbarungen mit Kurbrandenburg und durch Rückendeckung aus Wien"[77] zu festigen. Johann Georg II. von Anhalt-Dessau als Senior des Hauses suchte schon 1671 Unterstützung beim Großen Kurfürsten, dessen Parteigänger er war. Am 12. Oktober 1671 schloss der Dessauer Fürst einen Vertrag mit dem Kurfürsten Friedrich Wilhelm von Brandenburg, der eine Unterstützung Brandenburgs im Erbfall Lauenburgs zusagte, umgekehrt musste Johann Georg vorausschauend nicht nur ein zwanzigjähriges Nutzungsrecht für den lauenburgischen Elbzoll, sondern auch die Besetzung einiger lauenburgischen Festungen durch Brandenburg einräumen[78]. Johann Georg II. konnte bei seinem fünfmonatigen Wiener Aufenthalt 1677/78[79] nicht nur am 15. März 1678 einen Erbverbrüderungsvertrag mit dem Herzog Julius Franz abschließen, sondern auch eine vorteilhafte Erklärung des Kaisers in seinem Sinne erwirken, die eine Unterstützung der anhaltischen Ansprüche gegenüber Sachsen-Lauenburg anzudeuten schien. Ein Besuch des lauenburgischen Herrschers in Dessau 1680 sollte vor der höfi-

73 Rohrschneider, Johann Georg II. 356.

74 Köbler, Historisches Lexikon 551.

75 Rohrschneider, Johann Georg II. 356–372.

76 Gründliche Fürstell- und Erweisung 5 (ohne Paginierung). Zur Schrift von Daniel Mithobius von Mithofen Ueberhorst, Erbfolge 73f.

77 Rohrschneider, Johann Georg II. 357.

78 Rohrschneider, Johann Georg II. 357f. Auch zum Folgenden.

79 Ebd. 272–279.

schen Öffentlichkeit des Heiligen Römischen Reiches das gute Einvernehmen nach dem Erbbrüdervertrag unterstreichen. Um keine Zeit im Ernstfall zu verlieren, ließ sich Johann Georg Anfang 1686 eine Vollmacht von den restlichen anhaltischen Fürsten ausstellen, sodass er unmittelbar nach der Todesnachricht die anhaltischen Erbansprüche geltend machen konnte. Umgekehrt trug Julius Franz durch seine unklare Politik viel zum sich anbahnenden Erbstreit bei. Noch kurz vor seinem Tod unterstellte er seine beiden Töchter dem Schutz Kaiser Leopolds I. Obwohl die weibliche Erbfolge in Sachsen-Lauenburg eingeführt worden war, ließ der Kaiser 1689 das Herzogtum einziehen, sodass den Töchtern des verstorbenen Herzogs, Anna Maria Franziska (1672–1741) und der später mit Markgraf Ludwig Wilhelm von Baden verehelichten Maria Sybilla Augusta (1675–1733), nur die böhmischen Besitzungen als Erbe blieben.

Der 1688 ausgebrochene Pfälzer Erbfolgekrieg und die Auseinandersetzung mit Frankreich überlagerten die Erbfolge in Sachsen-Lauenburg 1689 unheilvoll. Unmittelbar nach dem Tod von Julius Franz am 19. September 1689 pochten sowohl Kursachsen als auch Anhalt auf ihre Erbansprüche. Vollendete Tatsachen schuf der benachbarte Herzog Georg Wilhelm von Lüneburg-Celle (1624–1705) mit seiner großen Armee, der in seiner Eigenschaft als Befehlshaber des niedersächsischen Kreises schon Ende September sowohl im nördlichen als auch im südlichen Teil von Sachsen-Lauenburg mit Truppen einmarschierte und so die welfischen Erbansprüche durch die Macht des Faktischen unterstrich[80]. Kursachsen hatte zudem als Erster die Nachricht vom Tod Julius Franz' erhalten und seine Erbansprüche durch Kommissare geltend gemacht, die Teile des Landes dabei schon zur Huldigung bewegt hatten[81]. Damit bewarben sich neben Anhalt auch noch Kursachsen und Lüneburg-Celle um die Nachfolge in Sachsen-Lauenburg. Johann Georg II., der das komplexe Reichsrecht auf seiner Seite wusste, stützte sich einerseits auf Friedrich III. von Brandenburg und andererseits auf die Hilfe des Kaisers. Friedrich III. von Brandenburg unterstützte den Dessauer Fürsten zwar „in so naher Allianz und blutfreündschaft“[82], weigerte sich aber militärisch zu intervenieren. Der Streit um die Vertretung der lauenburgischen Stimme eskalierte auf dem Regensburger Reichstag. Brandenburg, das bislang die anhaltischen Interessen durch den kurbrandenburgischen Gesandten Ernst von Metternich mitvertreten hatte, forderte als sichtbares Zeichen der Distanz Anhalt auf, einen eigenen anhaltischen Gesandten nach Regensburg in Person von Friedrich Gottlieb Raumer (1643–1728)[83] zu entsenden, um die lauenburgische Angelegenheit selbst zu betreiben. Anhalt geriet damit als kaisertreuer Reichsstand, aber eben auch als kurbrandenburgischer Parteigänger in die Mühle der europäischen und gesamtreichischen Konfliktlagen und drohte mit seinem Anspruch alleine zu bleiben. Eine Konferenz in Torgau im Jänner und Februar 1690 versuchte die lauenburgischen Ansprüche von Kursachsen, Brandenburg, Braunschweig abzuklären, ohne die komplexe Sachfrage lösen zu können. Auf die Besetzung Sachsen-Lauenburgs durch die Truppen von Georg Wilhelm von Celle reagierte der dänische König Christian V. (1646–1699) 1693, indem er die lauenburgische, nach 1689 rasch befestigte Stadt Ratzeburg belagern, beschießen und in Schutt und Asche legen ließ[84]. Die Welfen konnten sich 1697 mit Kursachsen,

80 Zu dieser militärischen Kampagne insgesamt Rundstedt, Die militärische Besetzung.

81 So etwa im Fall von Ratzeburg Rundstedt, Die militärische Besetzung 465.

82 Rohrschneider, Johann Georg II. 361.

83 Zur Familiengeschichte Raumer, Geschichte der Familie.

84 Krüger, Militär und Stadt 404–409.

das dringend Geld für die polnische Thronfolge benötigte, unter Zahlung beträchtlicher Summen Goldes auf einen kursächsischen Erbverzicht einigen.

Der alle Möglichkeiten ausschöpfende Johann Georg II. und sein Nachfolger Leopold I. vertrauten aber – auch gegen kurbrandenburgischen Rat – auf das Reichsrecht und glaubten, die lauenburgische Erbfolge auch durch ihre guten Beziehungen zum Kaiserhof beim Reichshofrat und beim Beratergremium des Kaisers rechtlich durchsetzen zu können. Zudem war Johann Georg II. davon überzeugt, dass sich Kurbrandenburg, Dänemark und auch Kursachsen realpolitisch nicht mit einer welfischen Besetzung von Sachsen-Lauenburg abfinden würden. Kurbrandenburg und Anhalt verständigten sich angesichts des Pfälzischen Erbfolgekrieges bald darauf, dass eine militärische Intervention Kurbrandenburgs zugunsten Anhalts keine Aussicht auf Erfolg hätte. Johann Georg II. entschied sich daher für das Ergreifen von rechtlichen Mitteln und strebte einen kaiserlichen Schiedsspruch an.

Dafür wurde der kostenintensive und langwierige Weg der Diplomatie mit ungewissem Ausgang beschritten. Der Wiener Hof seinerseits vermied eine weitere Eskalation der Lage im nördlichen Teil des Heiligen Römischen Reiches und vertraute darauf, dass Johann Georg II. seine Interessen in der lauenburgischen Frage angesichts der Konfliktlage im Reich vorerst zurückstellen würde, um den Ausgang des Krieges gegen Frankreich nicht zu gefährden. Ab den 1690er Jahren zeichnete sich aber immer deutlicher ab, dass es keine Unterstützung der anhaltischen Anliegen durch die großen Reichsstände gab. Desillusioniert vermerkte schon im Oktober 1689 der zwischen Kaiserhof und Kurbrandenburg zerriebene Johann Georg II.: „[…] und hatt es leider wohl keine Familie mehr und öfter alß die meinige erfahren, daß […] es gar nicht gnug sey, eine gerechte Sache zu haben, und daß mann öffter […] macht für Recht gehen laßen müße(n)“[85]. Der Kaiser zeigte aus reichspolitischem Kalkül heraus keine Bereitschaft zur Unterstützung Anhalts gegen Braunschweig-Lüneburg-Celle, das sich bei der militärischen Besitzergreifung von Lauenburg durchsetzte, und Brandenburg scheute umgekehrt ebenfalls ein tatsächliches Engagement, das mit Konflikten verbunden gewesen wäre. Der kursächsische Verzicht von August dem Starken 1697 auf das lauenburgische Erbe und auch der Friedensschluss von Rijswijk im selben Jahr eröffneten neue Optionen, welche die Position des Hauses Braunschweig-Lüneburg im Erbfolgestreit stärkten. Erneut beeinflussten internationale Entwicklungen die lauenburgische Erbfolgefrage: Sowohl der Nordische Krieg (1700–1721) als auch der Spanische Erbfolgekrieg (1701–1714) ließen die Erbfrage am Kaiserhof in den Hintergrund rücken, aber das Problem selbst blieb noch lange ungelöst, was nicht bedeutete, dass die involvierten Parteien – vor allem die anhaltischen und die welfischen Regenten – nicht unterschiedliche Schritte zu setzen suchten, um sich durchzusetzen[86].

Als Fazit einer unübersichtlichen und hochkomplexen Problemlage, die zwischen Reichsrecht, internationalen Fragestellungen und den Klientel- und Patronagesystemen des Heiligen Römischen Reiches eingespannt war, bleibt zu vermerken: Herzog Georg Wilhelm von Lüneburg-Celle (1624–1705) erhielt 1689 de facto das sachsen-lauenburgische Erbe. Schließlich wurde 1716 Kurfürst Georg Ludwig von Hannover, seit 1714 Georg I. von England, offiziell mit dem Land belehnt, und damit war ein langer Erbfolgestreit abgeschlossen. Die weitere Geschichte dieses Herzogtums erscheint bewegt in po-

85 Zitiert nach Rohrschneider, Möglichkeiten und Grenzen 195.

86 Junge, Leibniz und der Sachsen-Lauenburgische Erbfolgestreit 145–157.

litisch bewegten Zeiten: So kam Sachsen-Lauenburg 1803 an Frankreich, später an Preußen und Schweden, 1810 wieder an Frankreich. Erst 1815 wurde das Land nördlich der Elbe schließlich Dänemark zugeschlagen und fiel 1864/65 nach dem deutsch-dänischen Krieg endgültig an Preußen (als Provinz von Schleswig-Holstein).

# 5. Eine gesamt-anhaltische diplomatische Mission in Wien 1699–1703

Der Wiener Hof wollte in der Frage der sachsen-lauenburgischen Erbangelegenheit kein Risiko eingehen und suchte lavierend und dilatorisch Dynamik aus diesem vielschichtigen Konflikt mehrerer Reichsparteien herauszunehmen. Zudem zeigte sich der Kaiserhof nicht zuletzt wegen des kriegerischen Konfliktes mit Frankreich bemüht, keine Unruhen im Norden zu riskieren[87]. Nach dem Tod Johann Georgs II. (1693) wurde die lauenburgische Angelegenheit der Anhalter Fürsten in einem neuen Anlauf ab 1698 unter dem Seniorat Victor Amadeus' von Anhalt-Bernburg (Abb. 3) auch an den Höfen in Kopenhagen und Stockholm weiter betrieben[88]. Auch ihre Bemühungen am kaiserlichen Hof in Wien nahmen die Anhalter Fürsten ebenfalls ab diesem Jahr wieder auf. Aufgrund der hohen Kosten und der prekären Finanzlage der Fürstentümer verfügten die Anhalter über keinen eigenen diplomatischen Geschäftsträger in Wien. Unter Zuhilfenahme der Dienste von Agenten[89], die im Regelfall mit anderen Reichsständen geteilt wurden, sicherte man sich aber zumindest entsprechende Informationen und bestimmte Dienste[90].

Bernhard Georg Andermüller stand bis 1693 in Diensten des am Kaiserhofe höchst angesehenen Fürsten Johann Georg II., ohne dass sich sein Wirkungskreis freilich in erkennbarer Weise über die anhaltischen Stammlande hinaus entwickelt hätte. Seine Beförderung zum Kanzlei- und Regierungsrat nach dem Tod des Fürsten und die gleitende Übernahme in die Dienste von dessen Sohn Leopold machen deutlich, dass der kompetente Verwaltungsfachmann über die erforderlichen Befähigungen für eine erfolgreiche Ausübung der ihm übertragenen Agenden verfügte. Die lauenburgische Erbangelegenheit in Wien hatte sich freilich schleppend und in Summe für die anhaltischen Avancen alles andere als günstig entwickelt. Am 1. Oktober 1698 verfasste Andermüller deshalb im Auftrag seines Fürsten ein Schreiben an den Senior der Anhalter Fürsten, Fürst Victor Amadeus, in dem es um die Instruktion für den in der Angelegenheit des sachsen-lauenburgischen Erbes an den Wiener Hof abzusendenden außerordentlichen Bevollmächtigten, Herrn von Blum(e), ging[91].

---

[87] Rohrschneider, Johann Georg II. 365.

[88] Dazu die entsprechenden Bestände des LASA, DE, die allerdings für die vorliegende Studie nicht eingesehen wurden. Da sich in den Relationen nur vereinzelt Paginierungen finden, ist die exakte Zitierweise von Belegen nicht immer ganz einfach. – Hervorzuheben ist jedenfalls, dass der Vergleich von Unterschriften Andermüllers in seinen zahlreichen Relationen aus Wien (so etwa beim Bericht vom 16. Dezember 1702: LASA, DE, Z 87, XXIV Nr. 10b, fol. 3$^{v}$) mit dem Schriftzug von Andermüllers Namen auf der Vogelschau eindeutig zeigt, dass sein Wiener Stadtplan eigenhändig von ihm angefertigt wurde.

[89] Dorfner, Reichs-Agenten; Sellert, Agenten.

[90] Rohrschneider, Johann Georg II. 356–372; ders., Möglichkeiten und Grenzen 194f.

[91] LASA, DE, Z 44, B 5, Nr. 39 Bd. I.

Abb. 3: Fürst Victor I. Amadeus von Anhalt-Bernburg (1634–1718), unbekannter Künstler (Museum Schloss Bernburg)

Gegen Ende November fiel sodann der von allen anhaltischen Fürsten gefasste Beschluss, Georg Bernhard Andermüller selbst als geeigneten *deputé* nach Wien zu schicken[92] – sicherlich auch ein Risiko für den am glatten Wiener Parkett ungeübten und im Reichszeremoniell nur begrenzt erfahrenen Regierungsrat. In der dafür ausgestellten Instruktion vom 7. Jänner 1699 wurden dem verdienten anhaltischen Amtsträger durch den seit 1693 Seniorfürsten des Hauses Victor Amadeus der Schutz und die „Schadloshaltung" zugesagt[93]. Verpflichtet wurde der *deputé* im Gegenzug zu regelmäßiger Berichterstattung – ein Auftrag, dem er in den folgenden Jahren mit großer Pünktlichkeit nachkam[94].

Am 5. März 1699[95] dieses Jahres trat Andermüller seine Reise an und traf am 21. März in Wien ein[96]. Umgehend nahm er mit dem in fürstlichem Auftrag in Wien zwischen 1657 und 1703 tätigen Agenten Tobias Sebastian Praun († 1703), dem erfahrenen Residenten Ernst Julius Persius von Lonsdorf († 21. Juni 1702)[97] wie auch dem kurbrandenburgischen, seit 1698 in Wien befindlichen Residenten Christian Friedrich Bartholdi (1668–1714) Kontakt auf, um den aktuellen Stand der sachsen-lauenburgischen Angelegenheit in Erfahrung zu erfahren. Da er an einem Dienstag in der Stadt eingetroffen war und die reguläre Post am Samstag Wien zu verlassen pflegte, trägt seine erste von insge-

[92] LASA, DE, Z 44, B5, Nr. 39, Bd. I, 3. Stück.

[93] LASA, DE, Z 44, B5, Nr. 39 Bd. I, 4. Stück.

[94] Zu Gesandtenberichten allgemein etwa EDELMAYER, Gesandtschaftsberichte; zum Einsatz von Chiffren REINHARD, Historische Anthropologie 65.

[95] Andermüller führt im Regelfall beide Datierungen an, nennt also nach dem ihm vertrauten *stilus vetus* hier den 23. Februar 1699 als Abreisetag.

[96] BITTNER–GROSS, Repertorium der diplomatischen Vertreter aller Länder 1 2 (Fürstentum Anhalt-Bernburg 1703), ebd. (Fürstentum Anhalt-Dessau 1703), 3 (Fürstentum Anhalt-Harzgerode 1703), 4 (Fürstentum Anhalt-Köthen 1703), 5 (Fürstentum Anhalt-Zerbst 1703).

[97] Zu dieser einflussreichen, ursprünglich aus Regensburg stammenden Diplomatenfamilie PONS, Gesandte in Wien 160, sowie BITTNER–GROSS, Repertorium der diplomatischen Vertreter aller Länder 1 470.

samt 242 Relationen das Datum des 25. März 1699[98]. Über das Leben Andermüllers in Wien – etwa seinen Besuch des Gottesdienstes, der für den Reformierten ja nur in einer der Gesandtschaftskapellen in Wien möglich war – wissen wir wenig[99].

Ohne an dieser Stelle im Detail über den Verlauf seines insgesamt viereinhalbjährigen Wirkens im Dienste des fürstlichen Auftrages zu berichten, sei doch auf einiges aufmerksam gemacht: Ungeheure Mühsal bedeutete für den anhaltischen Kanzleirat die permanente Verschleppung der ihm übertragenen Angelegenheit in Wien, die Verknüpfung eines möglichen Gunsterweises des Herrschers mit der Bereitschaft zur Stellung militärischer Kontingente, die Betrauung mit außerhalb seines Kernauftrags stehenden Agenden, das aufreibende Warten auf Termine zur Vorsprache bei der einen oder anderen einflussreichen Persönlichkeit[100], die Begleichung des hohen finanziellen Aufwands, bei dem es nicht nur um die Aufenthaltskosten, sondern auch um die Begleichung von Kanzleitaxen sowie das eine oder andere „Ehrengeschenk", die eine oder andere „Handsalbe" für erwiesene Dienste[101] ging. Zu all dem kam noch hinzu, dass seine Aufwandsentschädigung und sein Honorar meist erst verspätet einlangten, und dies resultierte nicht zum wenigsten aus dem Umstand, dass die Finanzierung nicht von einer einzigen Kassa getätigt wurde, sondern sich die verschiedenen anhaltischen Fürstentümer daran beteiligten[102]. Die Kosten der Reise Andermüllers nach Wien waren hoch, noch 1705 waren 300 Taler für seine Reise offen, die der Regierungsrat selbst finanziert hatte. Während sowohl Zerbst, Harzgerode und Köthen als auch Bernburg die ausstehenden Kosten beglichen hatten, zahlte einzig Dessau seinen Beitrag nicht zur Gänze[103]. Aus diesem Grunde war er immer wieder gezwungen, auf Kredit zu leben. Selbst den Umstand, dass seine Entsendung nach Wien erneut um ein halbes Jahr verlängert wurde, teilte man ihm verspätet mit, und so erwuchsen ihm bei rechtzeitiger Information durchaus vermeidbare höhere Kosten für sein *logement*[104]. Am 8. November 1703 konnte er dann – letztlich ohne Erfolg

98 Vom Grundsatz her schickte Andermüller in den folgenden Jahren jede Woche einen Bericht. Bis zu seinem letzten Bericht aus Wien vom 14. November 1703 belief sich die Zahl auf insgesamt 242 solcher Relationen, woraus erhellt, dass er bisweilen auch in noch kürzerem Intervall Bericht erstattete.

99 Zu den drei evangelischen Gesandtschaftskapellen (dänische, holländische und schwedische) siehe Rippel, Gesandtschaftskapelle 27–29; Scheutz, Legalität und unterdrückte Religionsausübung 220–226. Andermüller erwähnte in einer seiner Relationen ausdrücklich, dass die reformierten Gesandten in Wien ungestört Gottesdienst abhalten konnten, siehe dazu unten S. 50 mit Anm. 224.

100 Ohne hier eine vollkommene Liste anführen zu können, sei doch auf Kontakte zum Reichsvizekanzler Graf Kaunitz, zum Obersthofmeister Graf Harrach, zum Reichshofratspräsidenten Graf von Oettingen, zu den Grafen von Solms oder zu Graf Ludwig von Sinzendorf hingewiesen, vgl. etwa LASA, DE, Z 44, B5 Nr. 39, Bd. I, unter dem Datum 29. März 1699 (Abschriften mehrerer Empfehlungsschreiben des sachsen-anhaltischen Seniorfürsten Victor Amadeus an Mitglieder des kaiserlichen Hofstaates zugunsten Andermüllers) oder LASA, DE, Z 44, B5 Nr. 39 Bd. I, Bericht Nr. 5 vom 1. April 1699 (Besuche Andermüllers bei den meisten der Reichshofräte, darunter dem Grafen von Solms und Graf Ludwig von Sinzendorf).

101 So führt Andermüller im Rahmen seiner Rechnungslegung, die jeweils pro Quartal erfolgte, am 17. Februar 1703 entsprechende Klage und führt aus, LASA, DE, Z 87, XXIV Nr. 10b, fol. 25[r–v]: *Und haben mich diesesmal des herrn r. v. c.* [Reichsvizekanzlers] *leute mehr alß sonsten geplaget, weil ich fast täglich einer zeit lang mich daselbst sehen laßen, dannenhero auch ein paar mehr fl. mehr ihnen zuwenden müßen.*

102 Sehr schön lässt sich dies etwa an der *Berechnung der zu denen gesambten angelegenheiten des fürstlichen hauses Anhalt in Septembri 1702* nach Wien geschickten Gesandtschaft ablesen, LASA, DE, Z 44, B 5 Nr. 45, ohne Folioangabe (zum Datum).

103 LASA, Z 87, XXIV, Nr. 10b.

104 In der bereits oben Anm. 101 zitierten Rechnungslegung vom 17. Februar 1703 weist Andermüller darauf hin, dass er diesen Februar über wieder auf Kredit hat leben müssen. Hätte er rechtzeitig erfahren, dass seine Entsendung nach Wien erneut um ein halbes Jahr verlängert werde, hätte man für das *logement* gut 100 fl.

in der sachsen-lauenburgischen Frage, aber doch mit Teilerfolgen bei anderen Aufträgen – die Heimreise nach Dessau antreten, die ihn, unterbrochen durch einige Krankheitstage, über Prag, Dresden, Leipzig, Halle, Bernburg, Zerbst und Köthen ins heimatliche Dessau zurückführte[105]. Am 22. Dezember 1703/2. Jänner 1704 verfasste er sodann in Dessau einen umfassenden Rechenschaftsbericht[106] über seine viereinhalbjährige Tätigkeit. Die Begleichung seines Aufwands, die ihm ja schon bei seiner Entsendung 1699 zugesagt worden war, ließ freilich noch Jahre auf sich warten[107], und es bleibt letztlich unklar, ob sie jemals zur Gänze erfolgt ist.

Trotz aller Mühen, die Andermüller in Wien auf sich zu nehmen hatte, eines bleibt klar: Seine Tätigkeit ließ ihm in jedem Fall auch Zeit, die nicht mit seinen beruflichen Agenden ausgefüllt war und die er anderweitig nutzen konnte. Leider geben die erhaltenen *relationes* darüber im Regelfall keine Auskunft – das wäre ja auch gar nicht das Medium gewesen, derartiges überhaupt zu Papier zu bringen. Nur aus manchen Bemerkungen am Rande lässt sich erkennen, dass der aus Dessau stammende Kanzleirat durchaus über ausreichend Zeit verfügte, um auch an dem einen oder anderen Ereignis des öffentlichen Lebens in Wien teilnehmen zu können. So heißt es im 212. Bericht aus Wien, der vom Karsamstag des Jahres 1703, dem 7. April, datiert, dass wegen der umfangreichen Osterfeierlichkeiten des Wiener Hofes in der Karwoche die Geschäfte „zurückgetreten" seien[108] und dies auch über die bevorstehenden Osterfeiertage so sein werde[109]. Und in seiner zum 27. Oktober 1703 datierten Relation berichtet er darüber, dass der Obersthofmeister der Kaiserin, Ferdinand Fürst zu Schwarzenberg[110], zu Anfang dieser Woche am kalten Brand verstorben sei und gestern (am Freitag, dem 26. Oktober 1703) die feierliche *leichbestattung mit solenner procession des herrn cardinalis Collonitsch* [...] *bei den patribus Augustinis in der hoffkirche* stattgefunden habe[111]. Und genau aus diesem letzten Jahr seiner Tätigkeit in Wien stammt ja auch seine Vogelschau von Wien.

einsparen können, da die Miete bei Vorauszahlung weit günstiger wäre als im Nachhinein. Andermüller logierte im Haus des Residenten Julius Persius von Lonsdorf, siehe dazu oben S. 50f. mit Anm. 225.

105 Dazu vgl. LASA, DE, Z 18 Abteilung Bernburg, B5 Nr. 43 Bd. II, fol. 61r–v: Reise von Wien nach Prag, Dresden, Leipzig vom 19. 11.–5. 12. 1703; Weiterreise über Halle, Bernburg, Harzgerode, Bernburg, Zerbst und Köthen, wo er am 18. Dezember 1703 eintraf.

106 LASA, DE, Z 18 Abteilung Bernburg, B5 Nr. 43 Bd. II, zu 1699: fol. 1r–17v, zu 1700: fol. 17v–27r, zu 1701: fol. 27r–36r, zu 1702: fol. 36r–46r, zu 1703: fol. 46r–58v.

107 Im Schreiben Fürst Victor Amadeus' von Sachsen-Anhalt an seinen Vetter Leopold vom 15. Februar 1705 wird erwähnt, dass hinsichtlich der *recompensirung* des Kanzleirats Andermüller wegen der für unser gesamtes Haus in Wien geleisteten *treuen und unverdroßenen dienste* von 1.800 fl. noch 800 fl. offen seien; LASA, DE, Z 44, B 5 Nr. 45, ohne Folioangabe. Über einen Monat später, am 23. März 1705, schrieb Victor Amadeus dann an alle anderen Fürsten seines Hauses, man möge dem Kanzleirat Andermüller die ihm noch zustehende Summe aus den in der fürstlichen Kammer für Gesamtangelegenheiten des Hauses zusammengelegten Geldern auszahlen *oder ihn in andrer wege würcklich contentiren zu lassen*; LASA, DE, Z 44, B 5 Nr. 45, ohne Folioangabe.

108 Zum Osterzeremoniell am Wiener Hof Scheutz, Der „vermenschte Heiland".

109 LASA, DE, Z 87, XXIV Nr. 10b, zum genannten Datum.

110 Bérenger, Schwarzenberg.

111 LASA, DE, Z 44, B5 Nr. 39 Bd. V, zum genannten Datum.

# 6. Der diplomatische Alltag – Diplomaten als erstrangige Informanten und Interpreten kultureller Differenz

Die Entwicklung der frühneuzeitlichen Diplomatie lässt sich als ein langer Weg der Verstetigung, der Professionalisierung und auch der Modernisierung zwischenstaatlicher Kommunikation und Informationsbeschaffung verstehen. Standen im Mittelalter noch die ad-hoc-Gesandtschaften im Mittelpunkt des diplomatischen Austausches zweier Herrschaftsverbände, so zeichnet sich – ausgehend von den zwischenstaatlichen Beziehungen der italienischen Staaten – ab 1500, und nochmals verstärkt ab Mitte des 17. Jahrhunderts eine zunehmende Monopolisierung der Außenpolitik durch die Landesfürsten ab[112]. Diplomatie in der Frühen Neuzeit erweist sich dabei in ein Spannungsfeld von Dynastie, Konfession, Staatsinteresse und Tradition eingebunden[113]. Eine sich allmählich professionalisierende diplomatische Elite etablierte sich, die den diplomatischen Dienst als Teil eines höfisch-staatlichen Karrieremodells interpretierte. Erst nach der Mitte des 17. Jahrhunderts bildeten sich Kategorien wie ständige Diplomatie, wie die diplomatische Immunität der Botschafter und die Exterritorialität der Botschaft heraus.

Durch das langjährige und intensiv beobachtete Praxisfeld der Verhandlungen zum Westfälischen Frieden wurde schließlich eine Verfestigung des Rechtes von Gesandten eingeleitet[114]. Mit Abraham de Wicqueforts (1606–1682) „L'Ambassadeur et ses fonctions"[115] aus dem Jahr 1681 lag ein Grundlagenwerk vor, das die praktische Erfahrung der Westfälischen Friedensverhandlungen verschriftlichte und die Intensivierung der Verhandlungspraktiken in der internationalen Politik vorantrieb. Voraussetzung für die Verstetigung der Diplomatie in der Neuzeit war der Ausbau eines funktionierenden Kommunikationswesens, die Regelmäßigkeit der Post und der universelle Zugang zu den Postwegen[116]. Dies schuf die Grundlagen für neue diplomatische Kommunikationskanäle, die eine intensive Beobachtung eines fremden Staatswesens erlaubten und langfristig die „nicht-kriegerische Interaktion von Gemeinwesen"[117] ermöglichten. Die Bedeutung einer „tagesaktuellen" Diplomatie besaß vor dem Aufkommen des Zeitungswesens – etwa der vielen im Heiligen Römischen Reich erscheinenden Zeitungen[118] oder des seit 1703 pu-

[112] Siehe die konzise Entwicklungsgeschichte bei ANDERSON, The Rise of Modern Diplomacy 1–102; mit einem spätmittelalterlichen Fallbeispiel LUTTER, Politische Kommunikation.

[113] SCHILLING, Formung und Gestalt 22; am Beispiel der Niederlande GRÄF, Gestaltende Kräfte 11–25.

[114] Anuschka TISCHER, Art. Diplomatie. *EdN* 2 (2005) 1028–1041, hier 1033.

[115] Zur Person TISCHER, West-Ost-Kommunikation.

[116] Als Beleg etwa WINKELBAUER, Postwesen und Staatsbildung.

[117] REINHARD, Geschichte der Staatsgewalt 370.

[118] Siehe die Übersicht bei http://brema.suub.uni-bremen.de/zeitungen17/nav/classification/953513; zum vielschichtigen Begriff „Zeitung" und zum Wiener Zeitungswesen in der zweiten Hälfte des 17. Jahrhunderts SCHEUTZ, „Relation des blutigen Treffens" 296–302.

blizierten „Wienerischen Diariums" – noch größeren Stellenwert. Erst die Zeitungen unterliefen vermehrt das lange geltende Arkanprinzip der frühneuzeitlichen Diplomatie[119].

Die Gesandten, mehr noch aber die Botschafter, galten an ihrem Entsendungsort als die wichtigsten Repräsentanten des entsendenden Fürsten, Gesandte und Botschafter hatten daher mit großer Vehemenz den Rang, aber auch die protokollarische Behandlung des jeweiligen Fürsten zu verteidigen. Entsprechend wichtig waren die aufwändigen, kostenintensiven Einzüge der wichtigen Botschafter, aber auch das teure repräsentative Auftreten der Gesandten im Alltag[120].

Die Diplomatie der Frühen Neuzeit war lange durch die Diplomaten vom „type ancien" charakterisiert. Nicht die diplomatischen Kenntnisse und das Wissen um Reichs- und Völkerrecht erschienen für den frühneuzeitlichen Diplomaten konstitutiv, sondern dessen herausgehobene soziale, im Regelfall adelige Position. Nicht historisch-militärisches Fachwissen, sondern Kenntnisse des höfischen Umganges, Verhaltensformen eines adelstypischen Habitus und ein grundlegendes Verständnis von Zeremoniell waren für diese Fürstendiener im Ausland entscheidend[121]. Der Diplomat vom „type ancien" stand erstens in einem personalen Dienstverhältnis zu seinem Fürsten, zweitens war seine Professionalität standesspezifischer Natur. Der diplomatische Dienst stellte drittens meist „nur" eine karrierefördernde Phase und keinen lebenslangen Dienst dar. Von einem Diplomaten des „alten Typs" wurde das intensive Einwerben von Beziehungen zu den entscheidenden Amtsträgern und Hofangehörigen erwartet, was indirekt zu einem System von – aus heutiger Sicht – Bestechung führte. Der Diplomat der Frühen Neuzeit „vermakelte Patronageressourcen"[122] zwischen seinem Herkunftsland und seinem beruflichen Arbeitsfeld in der Fremde. Gesandte verhielten sich in der Frühen Neuzeit nicht nur nach dem Idealbild des treuen Fürstendieners, sondern sie unterlagen dem Ethos der Patronage, indem sie auch ihre Verwandten, Klienten und Patrone zu begünstigen trachteten. Im „Kraftfeld zweier Normensysteme" stehend, verrichteten die Gesandten eigene und gleichzeitig öffentliche Dienste[123]. In der Korrespondenz der Diplomaten verwendete, unscharfe und vielschichtige Begriffe wie „Freunde" oder „Freundschaft" verstärken diesen Eindruck der Vermischung von Sphären. Als „Freunde" wurden Kontaktpersonen, die Informationen lieferten, aber auch Personen, welche der Diplomat mit Nachrichten belieferte, ebenso wie auch familiäre Bezugspersonen bezeichnet[124]. Die politischen und die familiären Dimensionen waren für die frühneuzeitlichen Gesandten untrennbar miteinander vermischt. Der Botschafter war zudem Vorsteher eines „Hauses" in einer fremden Stadt bzw. in einem Residenzort, er beaufsichtigte Personal sowohl in der Botschaft, aber auch in seiner „privaten" Haushaltsführung. Das System der Diplomaten des „type ancien", der die Souveränität seines Fürsten mit allen zeremoniellen Mitteln zu verteidigen hatte, wäre nicht möglich gewesen ohne verschiedene offizielle und halboffizielle Mitarbeiter, die als Residenten, als Agenten oder als Deputierte im Umfeld des offiziellen

---

119 Deutlich gemacht an der Zeitungsberichterstattung über den Westfälischen Frieden ROSSEAUX, Friedensverhandlungen und Öffentlichkeit. Am Beispiel der differenzierten Berichterstattung über die Schlacht von Mogersdorf in den Zeitungen SCHEUTZ, „Relation des blutigen Treffens".

120 Am Beispiel der römischen Feiern zur Geburt des Kurprinzen Joseph Ferdinand 1692 SCHERBAUM, Festkultur, Diplomatie und Familienglanz.

121 VON THIESSEN, Diplomatie vom „type ancien" 478–504.

122 Ebd. 492.

123 VON THIESSEN, Korrupte Gesandte? 215.

124 WÜRGLER, Freunde, „amis", „amici" 198–202.

Diplomaten tätig waren. Unterhalb des Botschafterranges gab es also Gesandte, die zwar hierarchisch unter dem Botschafter standen, aber oft über langjährige Erfahrung vor Ort verfügten. Der Resident war vielleicht der wichtigste, zwischenstaatliche Nachrichtenbroker darunter, der oft über Jahrzehnte und mitunter im Dienst verschiedener Mächte stehend mit der Sammlung von Nachrichten für seine Auftraggeber beschäftigt war. Obwohl diese Residenten einen niederen Status innerhalb der diplomatischen Ämterhierarchie besaßen, waren ihr Wissen um die Amtspraxis, ihre Personalkenntnis und das lokale Wissen von essentieller Bedeutung[125].

Frühneuzeitliche Diplomaten in all ihren sozialen Facetten waren also Spezialisten der Informationsbeschaffung und Experten der interkulturellen Kommunikation schlechthin[126]. Übersetzungsleistungen verschiedenster Art gehörten zu ihrem täglichen Geschäft[127]. Diplomatie bezeichnet deshalb nach einem Konsens der neueren Forschung „das Aufeinandertreffen[, den Umgang] und Konkurrieren verschiedener Deutungshorizonte und Bedeutungszuschreibungen"[128]. Eine neuerdings an Gewicht gewinnende Kulturgeschichte der Diplomatie[129] sucht die Sprachebenen der Akteure zu erforschen, aber auch deren Deutungshorizonte zu ergründen. Die Diplomaten mussten ihre Fähigkeit eines interkulturellen und politischen Verständnisses bzw. einer Wahrnehmung des Fremden[130] durch regelmäßige Berichte unter Beweis stellen, ohne dass diese mitunter über Spionage gegrabenen Informationskanäle immer sichtbar werden. Diplomaten hatten differenzierte, glaubhaft wirkende Hintergrundinformationen und aktuelle Einschätzungen der politischen Lage zu liefern. Die Geschichte der Beziehungen von Staaten in der Frühen Neuzeit lässt sich demnach als eine Geschichte der „wechselseitige[n] Beeinflussung, Verflechtung, Integration" und des Einflusses von „Akteuren und Strukturen jenseits der staatlichen Ebene"[131] interpretieren. Diplomatiegeschichte kann deshalb nicht nur als Politikgeschichte, sondern als eine Geschichte der Kultur und der Gesellschaft gefasst werden – auf die frühneuzeitlichen Diplomaten kam deshalb die umfassende und komplexe Aufgabe einer Perzeption der fremden kulturellen und politischen Welt zu. Den Diplomaten oblag die Wahrnehmung der Realität, die allerdings von verschiedenen Faktoren wie Verständigungsbereitschaft, Dominanzstreben bzw. Unterwerfungsbereitschaft, nationalen Stereotypen, Freund- und Feindbildern, Tradition und im 17. Jahrhundert noch von religiös-konfessionellen Fragen wesentlich beeinflusst war[132].

Nicht nur Informationen zu den verschiedenen „Faktionen" (i. e. Parteiungen) bei Hof, zu politischen Absichten und Strategien der Landesfürsten wurden von Diplomaten als Informationsbrokern gehandelt, sondern der frühneuzeitliche Diplomat war auch ein

---

125 Anuschka Tischer, Art. Diplomatie. *EdN* 2 (2005) 1028–1041, hier 1039.

126 Zur Epistemologie des Fremden bei Gesandten und deren Fremdheitsstereotypen Strohmeyer, Wahrnehmungen des Fremden 25–33.

127 Espenhorst, Frieden übersetzen in der Vormoderne 12.

128 Schattenberg, Diplomatie als interkulturelle Kommunikation 460; Brauner, Ein Schlüssel für zwei Truhen 203–206.

129 Siehe den Forschungsüberblick von Köhler, Neue Forschungen zur Diplomatiegeschichte, der eine breite Rezeption neuerer theoretischer und konzeptioneller Ansätze in der neuen Diplomatiegeschichtsforschung belegt.

130 Rohrschneider, Diplomatiegeschichtliche Erforschung 107–111.

131 Zitiert nach Wilfried Loth aus Externbrink, Internationale Politik in der Frühen Neuzeit 19.

132 Auf der Basis der spanisch-französischen Verhandlungen in Münster Rohrschneider, Tradition und Perzeption 257–282.

Spezialist, was die beobachtete fremde Hofkultur und deren Konsumverhalten betraf[133]. Nicht nur Luxusgüter, teure Stoffe, Perücken, Stickereien, Hüte, Handschuhe, Stöcke und andere Accessoires, sondern auch Kosmetik- und Pflegeartikel (darunter Kämme), Kunstgegenstände, Objekte des Goldschmiedekunsthandwerkes, Equipagen, Möbel, Jagd- und Zierwaffen, Etuis, Musiknoten und -instrumente oder neue Lebensmittel und Rezepte wurden von den Diplomaten in ihrer Korrespondenz behandelt oder auch gleich materiell übermittelt. Nicht nur neue Materialien, sondern auch Farben und Farbkompositionen von Kleidern oder Schnitte von neuen Gewändern übersandten Diplomaten an die Heimathöfe oder kauften gar Künstler zur Prestigesteigerung für den eigenen Hof ein. Der 1660 aus Weimar nach Wien ausgeschickte Gesandte Hofrat Rudolph Wilhelm Krauß musste beispielsweise in Wien nach seiner Nebeninstruktion in Erfahrung bringen, ob der Kaiser „starcke Falcknereyen“[134] unterhalte, ob nicht ein junger österreichischer Koch sowie ein lediger Steinschneider (besonders Jaspis- und Kristall-) für Weimar zu verpflichten wären. Formen der fürstlichen Repräsentation an fremden Höfen hatten von den Diplomaten als kulturellen Vermittlern intensiv studiert zu werden[135]. Selbst „Duodezhöfe“ wollten nicht hinter eine mit Wien verbundene höfische Leitkultur zurückfallen. „Hat er [der Gesandte] sich zu erkundigen, was vor kunstreiche mahler, trechsler und andere künstler, sowohl bey der römisch keyserlichen majestät als dem ertzherzog sich anitzo befinden, derselben nahmen aufzuzeichnen, und worzu ihre keyserliche majestät sonderbare beliebung.“[136] Auch die Mode des Wiener Hofes war für die kleineren deutschen Fürstenhöfe von großem Interesse. „Was vor trachten am keyserlichen hofe üblich, ob sie meist spanisch oder frantzösisch, und allenfalß einen abriß der vornembsten trachten machen zu laßen, sonderlich der spanischen und frantzösischen ambassadeurs.“[137] Die Konkurrenz zwischen den Höfen drückte sich aber auch in der Baukultur aus. Die Gesandten mussten die Bauwerke der Residenz selbst und der Residenzstadt intensiv in Augenschein nehmen, welche Rückschlüsse auf die am Kaiserhof arbeitenden ausländischen Künstler und auf die damit verbundenen Kosten zuließen. „Zu Wien hat er zu besehen, was an der keyserlichen burg bishero gebauet, ingleichen die keyserliche sowohl des ertzherzogs schatz- und kunstcammern, die stadt, vestung und wie anitzo die keyserliche besatzung, den berümbten hohen thurm, die kirchen, brücken, undt sonderlich das hängewerck daran, neuen keyserlichen lustgarten, den thiergarten, sowohl Ebersdorf und andere keyserliche lust- und jagthäußer, auch was sonst notabel sein mag“[138].

Diplomaten der Frühen Neuzeit mussten auf verschiedenen Wegen zu Informationen und zu Beziehungsnetzwerken kommen. „Notwendige“ und „willkürliche“ Geschenke sollten Informationen gegen Gaben im Sinne eines Gabentausches lukrieren, wobei die höfische Ökonomie generell stark auf diesen Transferleistungen aufbaute. Je höher die Inhaber von Hofämtern stiegen, umso größer erwies sich die Notwendigkeit, die hohen Aufwendungen für das Amt aus dem Eigenvermögen vorzufinanzieren. Die gesamte Hofökonomie basierte auf Tauschrelationen: Der Fürstendiener erhielt eine angemessene Entlohnung durch den Fürsten, musste aber dafür eine oft jahrelange Vorleistung auf eigene

[133] Thépaut-Cabasset, Diplomatische Agenten 160–162.

[134] Keller–Scheutz–Tersch, Einmal Weimar 156.

[135] Am Beispiel des schwedischen Gesandten in Paris Pozsgai, Die Gesandten am französischen Hof.

[136] Keller–Scheutz–Tersch, Einmal Weimar 156.

[137] Ebd.

[138] Ebd.

Kosten erbringen. Ein „höfisch-aristokratische[s] System wechselseitiger Erwartung“[139] entstand, das tendenziell einen immer „hungrigen“ Fürstendiener produzierte. Der Fürst entlohnte die Leistung seines Hofamtsträgers, allerdings stand es dem Fürsten frei, wann er diese Dienste entlohnen würde. Die Inhaber von Hofämtern waren daher strukturell hoch anfällig für Geldgaben und andere Geschenke – heute wohl als Korruption und Bestechung rubriziert. In moderner Begrifflichkeit lässt sich Bestechung zur Informationsbeschaffung als „eine Grundfigur politischer Kommunikation“[140] in der Vormoderne begreifen, eine strukturelle Reziprozitätsbeziehung zwischen Patron und Klientel, aber auch Informationsgeber und -nehmer ist damit benannt. Ein Gesandter an einem fremden Hof musste sämtliche Funktionsträger des Hofes, der Zentralverwaltung, aber auch die bürgerlichen und unterbürgerlichen Hofbediensteten, mit denen er zeit seiner Gesandtschaft kooperierte, in einem angemessenen Rahmen beschenken. Die vom Gesandten geschenkten Gaben standen zu den geleisteten und vom Gesandten erwarteten Diensten in einem wechselseitigen Verhältnis. Der wichtige sächsische Kameralist und Zeremonialwissenschaftler Julius Bernhard von Rohr (1688–1742) erteilte etwa den Ratschlag, die Gesandten ausreichend mit Geldmitteln für ihre Dienstreise auszustatten, damit diese sich „durch Beschenkungen und Pensionen gute Freunde unter denenjenigen [...] verschaffen, die alda in gutem Ansehen stehen. Wenn diese Ausgaben wohl angewendet werden, so bringen sie dem Fürsten, der solche hergiebt, mit reichem Wucher Nutzen, und räumen die meisten Schwürigkeiten aus dem Wege“[141]. Geschenke galten als politisches Mittel der Staatsklugheit und Diplomatie sowohl auf Ebene der Regenten, aber auch der diplomatischen Delegationen generell[142]. Delegierte aus dem bürgerlichen Stand, die aufgrund ihrer ständischen Differenz in der Welt der Gesandten und Diplomaten einen deutlich schwereren Stand hatten, mussten hier vermutlich vermehrt Geld in dieses System höfischen Gabentausches einbringen.

---

139 Stollberg-Rilinger, Zur moralischen Ökonomie des Schenkens 193.

140 Grüne, Ansätze und Blickpunkte historischer Korruptionsforschung 31–34.

141 Zitiert nach Stollberg-Rilinger, Zur moralischen Ökonomie des Schenkens 199.

142 Falcke, Geschenkwesen 62–66.

# 7. Antichambrieren, Netzwerken und das Verfassen von Relationen – die Gesandtschaft Andermüllers und sein Wiener Umfeld

Der Gesandte Andermüller hatte sich gemäß seiner Instruktion nach seiner Ankunft unmittelbar beim anhaltischen Residenten Tobias Sebastian Praun zu melden und sollte *die jenige acta* [also die Unterlagen im anhängigen Reichshofratsprozess] *gegen einen schein extradiret bekommen*[143]. Neben der Überlassung der Prozessakten um das sachsen-lauenburgische Erbe beim Reichshofrat sollte der anhaltische Gesandte alle Maßnahmen setzen, damit das Haus Anhalt zur baldigen *bleichung* [Belehnung] *des an ihn* [Haus Anhalt] *devolvirten herzogthums Lauenburg bey dem kaiserlichen hofe*[144] gelange. Andermüller musste *sofort nach überreichung seines creditivs an den obristen cammerherrn mit der sämbtlichen regierenden fürsten geziemenden grussesvermeldung und recommendation bey seiner kayserlichen mayestät allergnädigste audienz*[145] suchen. Zudem hatte er bei den kaiserlichen *ministris und reichshoffräthen, welche er der dießeitigen gerechtsame zu favorisieren erfahren wird, zu intimiren und nebst versicherung sattsamer erkäntligkeit bey dem reichsvicecanzler, reichshoffrathspraesidenten und dem geheimen secretario Consbrack* [...] *zu negotiiren*[146]. Neben dem Reichsvizekanzler Dominik Andreas von Kaunitz (1655–1705)[147] und dem Reichshofratspräsidenten Wolfgang Graf zu Oettingen-Wallerstein (1626–1708, Abb. 4)[148] hatte Andermüller vom anhaltischen Agenten Praun und dem Residenten Julius Per-

---

143 LASA, Z 44, B 5, Nr. 39, Bd. 1: *Instruktion vor des fürstlichen hauses Anhalt extraordinar envoyé nach Wien herrn N. von Blume*, 1698 Oktober 1/11. Eine eigene Instruktion für Andermüller konnte bislang nicht nachgewiesen werden. Im nachfolgenden Kapitel scheint Andermüller häufig im direkten Wortlaut auf, auch um einen Eindruck seiner Person zu vermitteln. Die Anhalter Fürsten besaßen Erfahrung bei Reichshofrats- und Reichskammergerichtsprozessen: Erb–Schenk, Zweiundzwanzig Gröbziger Bauern; zum Streit um das Räumen eines Grabens 1737 (mit dem Resultat eines toten Tagelöhners), der in einen Reichskammergerichtsprozess (bis in die 1780er Jahre!) mündete, Erb, Der „wilde Wolf von Merzien".

144 LASA, Z 44, B 5, Nr. 39, Bd. 1: *Instruktion*, 1698 Oktober 11.

145 Ebd.

146 Ebd.

147 Das Palais des Grafen Kaunitz ist auf der Andermüllerschen Vogelschau vermerkt, siehe dazu unten Anhang 2, S. 148 Nr. 52. Die Daten der in der Folge genannten Personen können leicht über Sienell, Die Geheime Konferenz, von Gschliesser, Reichshofrat, eruiert werden.

148 Nach dem Häuserverzeichnis von Johann Jordan aus dem Jahre 1701 (Jordan, Schatz / Schutz / und Schantz 48) besaß Graf Oettingen-Wallerstein zwei Häuser in der Strauchgasse, die jedoch auf der Vogelschau Andermüllers nicht vermerkt sind. Es handelte sich um zwei Gebäude, die der Graf 1693 erworben hatte und die im 19. Jahrhundert in das Montenuovopalais (1, Strauchgasse 1, Heidenschuss 3, Wallnerstraße 10, Naglergasse 31) verbaut wurden, vgl. dazu Art. Montenuovopalais (1, Strauchgasse), *Wien Geschichte Wiki*. Darüber hinaus verfügte er über einen Garten an der Donau (Donaukanal), siehe dazu unten S. 117f. mit Anm. 519; Huber, Analyse der Topographie.

Abb. 4: Wolfgang Graf von Oettingen-Wallerstein (1629–1708) als Botschafter an der Pforte 1700 im repräsentativen Gewand (ÖNB Bildarchiv, Port_00064135-01)

sius von Lonsdorf in Erfahrung zu bringen, *wie und bey welchen ministris vertraulich zu negotiiren, dann im übrigen sie insgesamt zu complimentiren und zu visitiren seyn werden*[149]. Andermüller wurde als Gesandter angehalten, alle erdenklichen Wege anzuwenden, *so zu gewinnung der gemühter und erreichung des zwecks in geheim anzuwenden beliebet oder avanciret werden wird*[150].

Der Dessauer Gesandte ließ nach seiner Ankunft in Wien keine Zeit verstreichen, um diesen Anweisungen der Instruktion nachzukommen. Schon in seiner zweiten Relation vom 28. März 1699 konnte Andermüller berichten, dass er, nachdem er seine Kreditive abgegeben hatte, eine Audienz beim Kaiser zu erlangen vermochte. *Was die* [...] *sachsen-laubenburgische sucessionssache angelangte, hette seine keyserliche mayestät gehöret, daß ein und anders vorgelauffen, so zu weitläuffigkeit anlaß geben und turbationes verursachen könnte; sie wollten die sache in erwegung ziehen und rathen*[151]. Unmittelbar danach bemühte er sich um eine Audienz beim Reichsvizekanzler Kaunitz, die er nach einigen Tagen des Antichambrierens auch erlangte. Kaunitz bemerkte zum Dessauer Gesandten, dass *es fast bey ein und anderen reichshofräten scheine, alß wann die sache auff weithläuffigkait gezogen und das fürstlich haus Anhalt ius petitorium verwinkelt werden wollte, in welches er sich keinerley wege einzulaßen habe*[152]. Der Reichsvizekanzler äußerte, dass er den Reichshofrat schon aufgefordert habe, ein Gutachten in der sachsen-lauenburgischen Sache abzugeben. *Sie wollten mir aber dieses in vertrauen eröffnet haben, und möchte ich es be-*

149 Ebd.

150 Ebd.

151 LASA, Z 87, XXI, Nr. 7: 2. Relation vom 28. März 1699.

152 LASA, Z 87, XXI, Nr. 7: 4. Relation vom 4. April 1699.

*huthsamlich menagiren und mich deßen anderwertig nicht merken laßen, welches deroselben ich mit gebührenden ehrerbietung versicherte*[153]. Andermüller machte weiters die Honneurs bei den Mitgliedern des Reichshofrates. Er besuchte anschließend den Reichshofratsvizepräsidenten Sebastian Wunibald Truchseß Graf von Waldburg-Zeil (1636–1700), der dem Gesandten gegenüber bemerkte, dass er *die weitleüffige braunschweig-lüneburgische deduction gelesen und ziemlich durchgegangen; müsten gestehen, daß darinen viel enthalten, so gar weith hergesuchet wehre und bey denen historien kundigen schwerlich applausum finden könnte*[154]. Auch die anderen Reichshofräte ergingen sich in Artigkeiten, die zwar aus Sicht des Hauses Anhalt ermutigend klangen, aber inhaltlich wenig bedeuteten. Anschließend besuchte Andermüller sowohl Mitglieder der gelehrten Bank als auch der Herrenbank des Reichshofrates. Heinrich von Heuwel († 1724) von der gelehrten Bank und Karl Ernst Graf von Waldstein (1661–1713)[155] von der Herrenbank zeigten sich interessiert oder zumindest geduldig. *Diese beyde letzern wahren zwart wenig von der sache informiret, hörten mich willig an*[156]. Reichshofrat Friedrich Ernst Graf von Solms (1671–1723), ab 1699 Präsident des Reichskammergerichtes in Wetzlar, *bezeugte eine sonderliche freüde undt vergnügen wegen meiner ansprache und vorstellung der hochfürstlichen anhaltischen gerechtsahme circa successionem lauenburgicam, entretenirte mich mit aller douceur und freündligkeit eine geraume zeit und sagte mir dabey, daß die sache bereits auff tapis gekommen, aber noch nichts darinnen resolviret und abgehandelt worden. Er hoffete doch, daß noch vor den feyertagen darinnen fortgefahren und ad caesarem referiret werden möchte*[157]. Andermüller versuchte vor allem zu ergründen, wofür die einzelnen Reichshofräte im sachsen-lauenburgischen Erbstreit votierten. Der Reichshofrat Carl Ludwig von Sinzendorf (ca. 1650–1722)[158] ließ sich *nicht weniger in hoc passu wohlwollend heraus, darbey anführende, daß er bereits über 20 jahr in reichshofrath geseßen und niemahlß anders alß auff seithen der heilsahmen justiz incliniret hette*[159].

Besonders wichtig erschien es den Anhalter Fürsten, die gegnerischen Reichshofräte zu beeinflussen. *Mit dem herrn von Conbruch* – der deutsche Sekretär der Reichskanzlei und Reichshofrat Kaspar Florentin von Consbruch († 1712) – *habe wegen dieser importanten angelegenheit umb so viel außführlicher gesprochen, als mir sonst vergewißert werden wollen, daß er seithero gänzlich auff die braunschweig-lüneburgische parthey inclinire, auch gar nicht, wie vormahlß, guth brandenburgisch sey.* Auch der gegnerische Reichshofrat Johann Hermann Maystetter († 1703), der *einer derjenigen ist, die am meisten in dieser sache vor das gegentheil gearbeitet und das mandatum restitutorium vor Chur Sachsen* [...] *zu wege gebracht*[160], wurde mit einem Besuch bedacht. Durch den Residenten und den anhaltischen Reichshofratagenten wusste Andermüller über die Machtverhältnisse am Reichshofrat ziemlich genau Bescheid. Beim Reichshofrat Rudolf Kaspar von Söhlen († 1706) hielt sich Andermüller nicht lange auf, *inmaßen es seine* [Söhlens] *gewohnheit seyn soll,*

---

[153] Ebd.

[154] Ebd.

[155] Das Haus des Grafen Wallstein/Waldstein ist auf der Andermüllerschen Vogelschau vermerkt, siehe dazu unten Anhang 2, S. 160 Nr. 114.

[156] LASA, Z 87, XXI, Nr. 7: 4. Relation vom 4. April 1699.

[157] LASA, Z 87, XXI, Nr. 7: 5. Relation vom 11. April 1699.

[158] Das Haus des Theodor Graf von Sinzendorf ist auf der Andermüllerschen Vogelschau vermerkt, siehe dazu unten Anhang 2, S. 157 Nr. 99.

[159] LASA, Z 87, XXI, Nr. 7: 5. Relation vom 11. April 1699.

[160] LASA, Z 87, XXI, Nr. 7: 3. Relation vom 1. April 1699.

*nicht allzuviel in discursen zu verharren, noch sich mit der arbeith alzusehr zu überladen, und weil er, wie ich vernehme, hiebevor in braunschweig-lüneburgischen diensten gestanden, so wird er vermuthlich selbigen fürstlichen hause wohl vor anderenn zugethan seyn*[161].

Als Andermüller bei Reichshofrat Johann Wilhelm Graf von Wurmbrand-Stuppach (1670–1750) vorsprechen wollte, *ließ er* [Wurmbrand] *sich mit großer höfligkeit entschuldigen, weil sein herr bruder mit den pocken befallen worden und aus selbigen hause gebracht werden müßen, er selbst aber hatte auch hitze und alterationes bekommen, so daß er sich zu bette legen müßen, umb abzuwarten, wie es mit ihme weiter außschlagen werde*[162]. Die Audienzen bei den Reichshofräten verlangten von Andermüller einerseits Geschick, aber auch einiges an Mobilität, weil er die Reichshofräte in ihren städtischen Wohnungen und Häusern, häufiger aber noch mit der Kutsche in ihren vorstädtischen Gartenpalais besuchte. Kurios gestaltete sich die Audienz beim Pfalz-Neuburger Reichshofrat Andreas Schellerer († 1701), den Andermüller einige Male in seinem vorstädtischen, *stattlichen gebäu* aufsuchte und endlich auch gesprächsbereit antraf. *Habe aber niemahlß eine seltzamere admission gehabt, in deme er auffm stuhl sitzend und halb schlafend mich empfieng, doch endlich neben sich zu sitzen ermahnete, wie ich zu reden anfieng, schlieff er wieder ein, deßwegen ich auffstunde, mit dem ersuchen, weil ich sehe, daß es ihme dißmahl ungelegen, mich ein andermahl zu höhren; er bath mich aber wieder niederzusitzen und fortzureden, gleichwohl schlieff er wieder ein und veruhrsachte mich, meine rede zue abrumpiren*[163]. Schellerer, beliebter Anlaufpunkt vieler Gesandter, war zugleich Pfalz-Neuburger Gesandter und Reichshofrat und besaß ein prächtiges Gartenpalais vor der Stadt[164]. Zweifellos der wichtigste Ansprechpartner im Reichshofrat neben Oettingen[165] selbst war der für die sachsen-lauenburgische Erbstreitigkeits-Causa zuständige Reichshofrat Dr. Franz Friedrich Freiherr von Andler (1631–1703). Der Dessauer Gesandte wusste durch die Informationen der Agenten und Residenten, wie man mit Spitzenbeamten am Reichshofrat umging. Gleich beim Antrittsbesuch übergab er ihm ein Memoriale in der Erbstreitigkeit. Andler[166] erging sich in Artigkeiten *und müste er gestehen, daß wohl niemand als das fürstlich hauß Anhalt ratione sanguinis der proximae agnationis ein beßeres recht und anspruch an den sachsen-lauenburgischen anfall hette*[167]. Andermüller stellte in seiner Relation an die Anhalter Fürsten die Frage, *ob nun dem herrn Antler, weil er der referent in der sachsen laubenburgischen sache ist, hiernechst mit einem honorario von 100 ducaten, oder was euer hochfürstliche durchlaucht hierunter thunlich erachten möchten, mit der zeit an hand zu geben*[168]. In späteren Relationen, wenige Wochen danach, verstärkte sich Andermüllers Eindruck, dass Andler (Abb. 5) nur begrenzt für die Anhalter Fürsten Partei ergriff. Es sei zu überlegen, *ob bey dem herrn Antler, der mir vor das hochfürstlich hauß Anhalt nicht eben allzu auffrichtig gesinnet vorkommet, einiges gratial mit nutz zu em-*

161 Ebd.

162 LASA, Z 87, XXI, Nr. 7: 5. Relation vom 11. April 1699.

163 Ebd.

164 Pons, „Wo der gekrönte Löw" 301.

165 Zu dessen Gartenpalais in der Leopoldstadt siehe unten S. 117f.

166 Die Familie Andler verfügte im Südwesten vor der Stadt über einen entsprechenden Sitz, siehe dazu unten S. 117f.; das Andlersche Haus in der Stadt (siehe dazu unten S. 120 Anm. 529) ist in der Andermüllerschen Vogelschau nicht verzeichnet.

167 LASA, Z 87, XXI, Nr. 7: 2. Relation vom 28. März 1699.

168 Ebd.

Abb. 5: Porträt des Reichshofrates Dr. Franz Friedrich Freiherr von Andler (1631–1703) (ÖNB, Bildarchiv, PORT_00138639_01): Inschrift: Franciscus Fridericus Andler S.C.M. Consiliar Aulicus (Kupferstich von Jakob von Sandrart um 1661)

*ploiiren sey, seinen secretarium aber könnte man wohl mit ein paar dutzent thaler bey guthen willen erhalten*[169].

## 7.1 Antichambrieren, Netzwerkbildung und Präsente

Die Arbeitsweise Andermüllers in Wien am Reichhofrat und bei der Reichskanzlei war neben der Vernetzungstätigkeit vor allem auch durch Antichambrieren und sichtbare Präsenz, weniger bei Hof als in der Amtskanzlei, aber auch vielfach in den Privatgemächern der Entscheidungsträger geprägt. Die frühneuzeitliche Anwesenheitsgesellschaft der Gesandten und Diplomaten erforderte häufiges Aufsuchen der Entscheidungsträger, zumal für einen bürgerlichen Gesandten, der nur begrenzt Zugang zur Adelsgesellschaft bei Hof hatte. Eine typische Passage aus einer Relation Andermüllers beleuchtet dies gut. *Diese woche über habe ich zwart* [!] *embsig, wiewohl vergeblich getrachtet, des herrn reichsvicecantzlers excellenz aufzuwartten und deroselben das in meiner vorigen* [Besuch] *unterthänigist berührte memorial an ihre kaiserliche mayestät zu überreichen, es hat sich aber die gelegenheit dazu noch nicht äusern wollen*[170]. Immer wieder betont Andermüller gegenüber seinen anhaltischen Auftraggebern, dass er es an persönlichem Einsatz nicht fehlen ließe, wenngleich der Erfolg mitunter bescheiden blieb – im nachfolgenden Beispiel stellte sich der „katholische" Fasching dem erstaunten reformierten Dessauer in den Weg: *Wie ich fast täglich in des herrn reichsvicecantzlers vorzimmer mich anfinde und nebst andern meh-*

[169] LASA, Z 87, XXI, Nr. 7, 9. Relation vom 29. April 1699.
[170] LASA, Z 87, XXIV, Nr. 9, 90. Relation vom 8. Dezember 1700.

*rern daselbst aufwartenden negotianten mich sehen laßen, also habe ich auch noch gestriges Freytags nicht manquiret, alda zur hand zu seyn, auff allen fall zu vernehmen, ob etwas in diser sache heraus gekommmen. Ich fand aber das mahl noch alles in schlaffender ruhe und in den gemächern und zimmern eine unauffgraumbte desordre, weil man die vorhergegangene nacht mit der fastnachts kurzweil und masquirten balli sich daselbst divertirt gehabt. Ich reterirte mich also von dannen, kam dannoch gegen 11 uhr vormittags wieder, fand seiner excellenz audienz zimmer noch nicht eröffnet*[171]. Die Gesandten hatten den Auftrag, auf die Eingaben der Gegenseite rasch zu reagieren, aber auch durch persönlichen Kontakt immer wieder auf den Fortgang des Verfahrens zu drängen – keine leichte Aufgabe, wie Andermüller feststellen musste. *Die vielfältige und überhäuffte affaires, womit der herr reichsvicecantzlers excellenz beladen sind, haben verursachet, daß fast niemand seit der wiederzurückkunfft* [nach Ostern 1703] *bey deroselben vorgekommen, zumahlen da dieselben meistentheils in der frühe ausgefahren, umb den vorsayenden conferenzen und consultationen beyzuwohnen, und des nachmittags laßen sie sich ohne dem nicht oder doch gar selten sprechen. Ich habe demnach mich an dern herrn secretair Hayeck gemachet, wiewohl denselben auch kaum auff einige momente bey zukommen gewesen*[172].

Besonders eng versuchte Andermüller das Verhältnis zu dem aus seiner Sicht zaudernden und zunehmend kränker werdenden Andler zu gestalten, den er mit seinen Anliegen regelrecht belagerte. *Ich habe nun seit meines vorigen unterthänigsten* [Berichtes] *auch die übrigen reichshoffräthe, und unter andern fürnehmlich den herrn von Andler, zu sprechen mir angelegen seyn laßen, dieser nun entschuldigte sich, daß, weil er ein 14 tage hero den sauerbrunn zu hause gebrauchet, den rath nicht frequentiret und also nicht beobachten können, was etwa in deßen in causa saxo-lauenburgica vorgekommen seyn möchte*[173]. Andermüller scheint nur selten bei Hof direkt erschienen zu sein. Als der Kaiserhof mit Gotthard Helfried Graf von Welz (1654–1724) einen Gesandten nach Stockholm (1700–1702) entsandte, versuchten die Anhalter Fürsten mit Erfolg auf dessen Instruktion Einfluss zu nehmen, weil Schweden im sachsen-lauenburgischen Erbstreit Parteienstellung besaß. Andermüller traf Welz direkt am Wiener Hof: *Er hat mir noch verwichener tagen, alß ich ihn zu hofe rencontriret, sehr höffliche und geneigteste mine gemachet*[174].

Die Agenten und Residenten der verschiedenen Reichsstände versuchten neben der häufigen Intervention beim Reichshofrat und der Reichskanzlei immer wieder auch „Geschäftsessen" zu veranstalten, zu denen Reichshofräte geladen waren, um dort im bestimmtem Sinne „eingekocht" zu werden. *Mit einigen herrn reichshoffräthen* – darunter Johann Wilhelm von Wurmbrand-Stuppach, Johann Hermann von Maystetter († um 1703), Michael Achatius von Kirchner († 1734) – *habe ich dieser tagen mich zu besprechen guthe gelegenheith gehabt, in dem sichs gefüegt, daß sie des einen tages beym herrn Persio im garten und des folgenden beym marggräflichen anspachischen envoyé dem von Metzsch* [Reichshofrat Johann Adolf von Metsch, † 1740] *nebst mir zur mittagsmahlzeit gewesen*[175]. Diese

[171] LASA, Z 87, XXIV, Nr. 10b, 205. Relation vom 28. Februar 1703. Ähnlich ebd., 208. Relation, 21. März 1703: *Wann ich der suite meiner abermahligen wöchentlichen verrichtung alhier nach weise meiner vorigen neülichsten unterthänigsten berichte ferners inhaeriren sollte, würde ich die bisherige diaria von dem täglichen aufwarten und ansprechen bey des herrn reichsvicecanzler excellenz, ohne dabey etwas schließliches in dem beytrags negotio referiren zu können, zu schlechter consolation euer hochfürstlichen durchleuchtigkeiten bloß vergrößern.*

[172] LASA, Z 87, XXIV, Nr. 10b, 214. Relation vom 3. Mai 1703.

[173] LASA, Z 87, XXIV, Nr. 9, 125. Relation vom 10. August 1701.

[174] LASA, Z 87, XXI, Nr. 8, 44. Relation, 9. Jänner 1700.

[175] LASA, Z 87, XXI, Nr. 7, 11. Relation vom 23. Mai 1699.

Essen galten als wichtige Vernetzungseinrichtung der Gesandten wie des Adels und als gesellschaftliches Ereignis (verbunden oft mit kontaktförderndem Kartenspiel)[176]. Nachdem Andermüller an den Reichsvizekanzler Kaunitz aufgrund von dessen großer Arbeitsbelastung nur schwer herankam, versuchte der Anhalter Gesandte dessen Privatsekretär Johann Siegmund Hayeck von Waldstätten (1661–1737) zu beeinflussen. Der kurbrandenburgische Resident Bartholdi lud deshalb den Sekretär *nebst mir* [Andermüller] *verwichener tagen zu mahlzeit ein* [...], *umb mir ein entrée in seine bekandtschafft zu machen*[177].

Besonders eng scheint der Kontakt zu anderen Gesandten – den alliierten, aber auch den gegnerischen Abgesandten – gewesen zu sein. Andermüller baute sich rasch ein Netzwerk von freundlich gesinnten Gesandten auf. Dazu gehörte auch der kurbrandenburgische Resident Christian Friedrich Bartholdi (1668–1714). Viele Gesprächsnotizen Andermüllers mit anderen Gesandten finden sich in den 242 erhaltenen Relationen verstreut: *indeßen habe ich auch sowol mit dem dänischen als holländischen envoyé hiervon gesprochen*[178]; *weilen der badensche hoffmarschall baron Greiff verwichenen tagen hier wieder angelenget, so habe mit dem königlich dänischen und churbrandenburgischen envoyé und residenten gesprochen*[179]. Die verworrene Informationslage über den laufenden Prozess führte mitunter zu überraschenden Allianzbildungen, wobei hier psychologische „Kriegsführung" und das Interesse nach guten und sicheren Informationen unvermittelt nebeneinander stehen. Andermüller wurde etwa in seinem Wiener Quartier vom gegnerischen, aber wissbegierigen braunschweig-lüneburgische Residenten aufgesucht: *Er besuchte mich selbst in meinen logement und gedachte unter andern, daß die rede ginge, alß sollten die durchleuchtigsten sachsen-lauenburgischen erbprinzeßinnen* [...] *das ganze herzogthumb und zubehörige lande praetendiren, auch damit ziemlichen ingressum bey ihrer kaiserlichen majestät finden, bey welcher bewandnus dann sowohl das durchleuchtig braunschweigisch lüneburgische als hochfürstlich anhaltische hauß würden zurückstehen müßen*[180]. Aufgrund des geänderten Prozessverlaufes wurden in diesem Beispiel aus Gegnern kurzfristig sogar Bündnispartner. Oft ließ sich für Andermüller aber nicht klar erkennen, ob es sich bei Gesprächen und Initiativen um Privatunternehmungen der Residenten/Gesandten oder um angeordnete Handlungen der dahinter stehenden Höfe handelte. Deutlich wird dies an einer Bemerkung Andermüllers über Handlungen des kurbrandenburgischen Gesandten Bartholdi. *Ich weiß nun nicht, ob herr Bartholdi absonderliche ordre von Berlin habe, die concertirung mit den princessinnen, wie er jezo aufs neue thut, so embsig zu treiben, und wann nun endlich darinnen was resolviret werden sollte, würde ich doch erst gnädigiste instruction zu erwarten haben*[181].

Das Überreichen von Präsenten und die Einschätzung, wer am besten mit solchen Geschenken zu bedenken sei, war eine wichtige Tätigkeit des Dessauer Gesandten Andermüller. Ganz offen sprach der Gesandte in seiner Korrespondenz mit den Anhalter Fürsten über die Erfolgsaussichten möglicher Bestechungen – etwa des Reichshofrates Andler, der mit der sachsen-lauenburgischen Erbstreitigkeit als Referent betraut war[182].

---

176 Pons, Gesandte in Wien 168–170; ders., Diario di Vienna 216f.

177 LASA, Z 87, XXI, Nr. 7, 9. Relation, 29. April 1699.

178 LASA, Z 87, XXI, Nr. 8, 42. Relation, 26. Dezember 1699.

179 LASA, Z 87, XXI, Nr. 8, 81. Bericht, 6. Oktober 1700.

180 LASA, Z 87, XXIV, Nr. 9, 149. Relation vom 25. Jänner 1702

181 LASA, Z 87, XXIV, Nr. 9, 114. Relation vom 25. Mai 1701.

182 LASA, Z 87, XXI, Nr. 7, 9. Relation vom 29. April 1699: *Bey dem reichshofrath Antler wierd es nun wohl nicht nötig seyn, etwas anzuwenden, nachdem das votum ad imperatorem bereits abgestattet worden.* [...].

Allen Beteiligten in Anhalt, aber auch Wien war klar, dass durch Bestechung am Reichshofrat die *willfährigkeit animiret* werde[183]. Der Reichsvizekanzler Kaunitz wurde mit 500 Dukaten bedacht, wobei die Übergabe dieser Bestechungssumme als „selbstverständliche" Gegenleistung für die gehabte „Mühewaltung" vom Dessauer Gesandten dargestellt werden musste[184]. Die nur formal verschämte Antwort des Reichsvizekanzlers ließ an Deutlichkeit wenige Wünsche aus Anhalter Sicht über. Kaunitz bedankte sich bei Andermüller, *daß sie* [die Exzellenz Kaunitz] *fast beschämet wären, von den durchleuchtigsten hause Anhalt ein solches praesent zu empfangen, so sie bishero noch nicht verdient hetten. Sie möchten aber es ferner zu meritiren und würden sie jederzeit, wan es ein hochfürstliche durchlaucht an sie schaffen würden, sich gerne angelegen seyn lassen, deroselben ihre bereitwillige dienste zu erweisen*[185]. Bei der Übergabe von „Geschenken" musste man vieles bedenken, weil in Wien *ein praesent an einen ministrum nicht anderst als an golde und keiner silbermünze gegeben oder angenomen wird, umb solches nicht in einigerley weise eclatiren zu lassen*[186]. Die Übergabe der beträchtlichen Bestechungssummen war also ein hochdelikates Unterfangen, Andermüller musste aber auch auf die Eigenarten der jeweiligen bestochenen Reichshofräte Rücksicht nehmen, welche die „Geschenke" (wie der Reichshofrat Consbruch) oft in bestimmter Währung oder in bestimmer Münzausprägung erhalten wissen wollten[187]. *Ich habe bißhero in pflichtschuldigster devotion davor gemeldet,* [...] *ob herr von Consbruck die vor ihn destinirte 1.000 thaler mittelst eines billets an einen der hiesigen wechßler von mir annehmen werde, stehet dahin, er ist in diesen passu weit delicater als der herr reichsvicecanzler*[188]. Die Übergabe der Präsente gestaltete sich als diffiziler Hochseilakt, der einerseits den Anstrich von Bestechung vermeiden musste und andererseits das Geschenk als gerechtfertigte, nahezu selbstverständliche Belohnung für außerordentliche Leistungen darzustellen hatte. Andermüller verstand sich hervorragend auf diese komplexe Art der Gesprächsführung, wie die Übergabe der Bestechungsgelder an den in dieser Sache „delikaten" Kaspar Florentin von Consbruch (1655–1712) verdeutlicht. Unmittelbar vor seiner Abreise im November 1703 *nahm ich* [Andermüller] *anlaß das vorhin mir wieder zu-*

---

[183] LASA, Z 87, XXI, Nr. 8, 42. Relation vom 26. Dezember 1699: *Der kayserliche legations und herrn reichsvice cantzlers cabinet secretarius Hayeck würde auch wol beßer zu geflißener willfährigkeit animiret werden, wenn er noch etwa 30 thlr. oder 40 fl. bekähme, weil ihm nur 60 fl. hiebevor gereichet worden. Dann von anderen hat er gmeiniglich zu 100 ducaten, zum wenigsten aber 100 thlr., zum present bekommen und wären also 100 fl. vor ihn wohl zu complementiren.*

[184] LASA, Z 87, XXI, Nr. 8, 45. Relation vom 16. Jänner 1700: *Mit jüngster post die endliche ordre wegen abgebung der 500 stück specie ducaten an des herrn reichsvicecanzlers excellenz in sich gehalten, also habe ich solches sofort gehorsamst bewerkstelliget, inmassen ich denn ehegestern bey deroselben mich angemeldet, und als ich bald vorgelassen worden, geziemend vorgetragen, was gestalte eure hochfürstliche durchleuchtigkeiten seiner excellentz vor dero in der sachßen-luneburg. successions sache in favorem justitae anhaltinae bis dahero gehabte gütige mühwaltung sich verbunden erachteten und dannenhero einiges kennzeichen ihrer reconnaissance hiermit an den tag zulegen nicht ermanglen wollen, mit dem freundlichen ansuchen, seiner excellenz wollen solches als eine versicherung künfftiger mehrern erkäntlichkeit, wan die sache zum endlichen guten außschlag gedeyen würde, auf- und anzunehmen belieben und denselben die fürstl. anhaltische gerechtsame in hoc passu fernerhin zu fordersamen wolwollen recommendiret seyn lassen.*

[185] LASA, Z 87, XXI, Nr. 8, 45. Relation vom 16. Jänner 1700.

[186] LASA, Z 87, XXIV, Nr. 10b, 208. Relation vom 21. März 1703.

[187] LASA, Z 87, XXIV, Nr. 10b, 213. Relation vom 25. April 1703: *Die 3.300 thaler in reichsvice canzlers hause, wie hiebevor schon unterthänigist gemeldet, können schon an current münze angewiesen werden. Bey dem herrn von Consbruck* [Reichshofrat Kaspar Florentin von Consbruch] *aber läßet es sich wohl nicht anders als mit species ducaten thun, weil selbiger in der gleichen vorfallenheit sehr delicat ist.*

[188] LASA, Z 87, XXIV, Nr. 10b, 216. Relation vom 16. Mai 1703.

*rückgebene und aufgedrungene prasent zum 2ten mahl ihm* [Consbruch] *darzulegen und ihn zu ersuchen, es doch für dieses mahl gütiger anzusehen und als ein kennzeichen wohlgemeinter erkänntlichkeit vom gesambten durchleuchtigen hause Anhalt vor die vielfältig gehabte mühe und befordersamen willen vor gut auff- und anzunehmen. Da ging es nun wieder an ein contestiren,* [...] *indem er mir gesagt, daß er durchaus nicht annehme, ich regerierte, daß solches cum conditione geschehen, weil ich nicht anderst damahls von ihme verstanden, als daß er es zur selben zeit anzunehmen bedenken getragen, ich hoffete aber jetzo eine andere gelegenere zeit und stunde angetroffen zu haben etc. Er wolle den nahmen nicht haben, daß er etwas annehmen* könnte[189]. Andermüller durfte aber auch bei der Bestechung die Bediensteten und Mitarbeiter von Consbruch nicht vergessen. Dessen *laqueyen, die etwas kühner in diesem fall sind und sehr offt mich ohnedem angemeldet gehabt, gab ich auf ihr mehrmahliges erinnern und ansprechen 4 fl. und das umb so viel prompter, als ich von andern erfahren, daß der her Consbruch, ob er gleich selbst in diesem passu was delicat ist, dennoch gerne siehet, wann zuweilen seine leute einige gratiale zugeworffen wird*[190].

## 7.2 Wichtige Themen von Andermüllers Mission: Sachsen-Lauenburg und die sachsen-lauenburgischen Prinzessinnen

Die Geschicke des Fürstentums Anhalt waren einerseits durch desintegrative Prozesse (Erbteilung, Missheirat, innerfamiliäre Konflikte) und andererseits durch integrative Versuche, die Einheit des Hauses als eine fürstliche Handlungsgemeinschaft zu etablieren, geprägt. Der gemeinsame Versuch des Hauses Anhalt, die Erbfolge in Sachsen-Lauenburg zu erringen, gehörte sicherlich zu den integrativen Bemühungen des gesamten hochadeligen Verwandtschaftsverbandes[191]. Die wichtigste Aufgabe Andermüllers in Wien bestand deshalb darin, den Ansprüchen des gesamten Hauses Braunschweig-Lüneburg auf das sachsen-lauenburgische Erbe mit allen rechtlichen Mitteln entgegenzutreten. Allerdings wusste sich Braunschweig-Lüneburg *durch nebenseitige effugia und tergiversationes alstets zu eludiren*[192] und konnte den Rechtsstreit *in mitweitläufigkeit* ziehen. Die Verschleppungen, das Ausnützen der Geschäftsordnung des Reichshofrates und die Interventionen Braunschweigs bei verschiedenen Akteuren verzögerten jegliche Entscheidungen außerordentlich – Andermüller suchte diese *vorsetzliche contumacia* dagegen zu verhindern. *Daß man dagegen hochfürstlich anhaltischer seiten alle möglichste vorstellungen gethan, durch emßbiges unnachläßiges sollicitiren, so wohl bey ihrer kayserlichen mayestät selbst alß den reichshoffraths collegio und denen ministris münd- und schrifftlich sich dahin bearbeitet, die so weith ausstehende circumductiones des hohen gegentheils zu unterbrechen unnd beßere seiten zur administriung der bishero fast sehr hierunter negligirte heilsamen justiz zu eliciren*[193]. Das Haus Braunschweig-Lüneburg weigerte sich aber beharrlich, einen *mandatarium durch gewöhnliche vollmacht ad hanc causam* nach Wien zu schicken. Wortreich kritisierte Andermüller, dass selbst der Reichshofratspräsident Wolfgang Graf zu Oettingen-Wallerstein diesem Stillstand des Reichshofratsverfahrens nicht abhelfen konnte. *Der herr reichshoffraths prae-*

---

189 LASA, Z 87, XXIV, Nr. 10b, 241. Relation vom 7. November 1703.

190 Ebd.

191 Hecht, Anhalt und die Dynastie 103.

192 So die „Finalrelation" Andermüllers Ende 1703, LASA, Z 87, XXIV, Nr. 10b, sine dato (Ende des Jahres 1703).

193 Siehe die „Finalrelation" Andermüllers zu Ende 1703, LASA, Z 87, XXIV, Nr. 10b.

*sident herr graff von Oettingen hat nun zwart alstets justitiam causae anhaltinae hierinnen ziemlich agnosciret und mehrmalß cum indignatione die gegenseitige obstinate bezeigungen und tergiversationes detestiret, gleichwol aber ist durch deßen verhofftes befordersames zuthun der sache noch wenig geholffen worden, hat man bey ihme sich über den langsamen fortgang in ermanglender oder verzögernder justiz beklaget, hat er zwart über die heütige verkehrte weltart selbst sein großes mißvergnügen mehrmahls zu verstehen gegeben und alle solche unbilligkeiten höchlich improbiret, doch dabey sich mehrmahls vernehmen laßen, daß es bey ihme nicht allein stünde, solchen inconvenientien abzuhelffen*[194]. Der zuständige Referent Franz Friedrich Freiherr von Andler erwies sich als zu nachgiebig für schriftliche und finanzielle Interventionen, zudem verschlechterte sich sein Gesundheitszustand gegen Ende der Delegation Andermüllers 1703 mehr und mehr. *So blieb es doch bey solchen leeren und bloßen buchstaben und worten und folgten wohl hiernachmahls in eadem causa noch viel kaltsinnige decreta, anstatt daß den vorigen immer mit mehrern nachdruck wäre zu insistiren und den eigenmächtigen usurpirenden und detinirenden hohen gegner, deßen ministri sich allerwegen durch sichere largitiones sehr intrant macheten, nach anleitung der kayserlichen reichshoffrath process ordnung und der reichs constitutionen behörige weisung cum effectu wäre zu thun gewesen und, da man dieses dem herrn von Andler einsten recht deütlich remonstrirete und vor augen stellete, dorffte er es wohl damit zu entschuldigen trachten, daß seithero des reichshoffraths autorität fast sehr abnehme*[195]. Schon im November 1701 beschwerte sich Andermüller in einem Bericht an die Anhalter Fürsten über den Stillstand des Verfahrens beim Reichshofrat. *Also sind nun bishero alle reichshoffräthe wohl satsam von dieser successions sache und deren erfolg, der ihnen zwart selbst klärlich vor augen lieget, informiret und läßet man es auch bey zufälliger conversation und ansprache an dienlichen erinnerungen niemahls ermangeln, wann nur mit beßern eyffer und nachdruck das werk ihrerseits gefördert werden wollte*[196]. Mit dem Tod Andlers, der am 18. Oktober 1703 nach einem Schlaganfall im Reichshofrat verstarb[197], brachen auch die jahrelang aufgebauten Beziehungen zu diesem für den Erbstreit essentiellen Reichshofrat zusammen. Andermüller besuchte sogar das Begräbnis Andlers bei den Karmelitern in der Laimgrube (heute: Wien VI, Mariahilfer Straße 27)[198]. Die Hoffnungen an Andlers Nachfolger waren hoch. *Vielleicht giebt*

---

194 Ebd.

195 Ebd.

196 LASA, Z 87, XXIV, Nr. 9, 140. Relation vom 23. November 1701.

197 LASA, Z 87, XXIV, Nr. 10b, 240. Relation vom 31. Oktober 1703: [...] *nachdem er* [Andler] *vor 8 tagen im reichshofrat vom schlag gerihret worden und darauf fast sprachloß, doch bey ziemlichen verstande, darnieder gelegen, ist am verwichenen Mittwoch zu nacht auß dieser zeitlichkeit abgeschieden und gestriges freytags zue erden bestattet worden. Es ist wohl zu winschen, daß ein tauglicher und gerechtigkeits liebender referent zur beobachtung der sachßen-lauenburgischen sache wieder nominiret* [werden wird], *welche* [Nominierung] *auf einen bloßen glück stehet und alleinig von herrn praesidennten dependiret.*

198 LASA, Z 87, XXIV, Nr. 10b, 242. Relation vom 14. November 1703: *Dem seeligen herrn Andler seind vor etlichen tagen die exequien bey den carmelitern in der vorstadt, auf der Leimgruben genannt, zusamt einer leichpredigt gehalten worden. Der text ist genommen von jenner vergleichung des heilandes mit Salomon, hier ist mehr dem Salomon, welches der declamator vielfältig ausgeruffen und wiederholet, der defunctum gegen bemelten könig, den er in ansehung dieses wienerischen justitiarii ganz gering gehalten, überaus hoch erhoben und gepriesen, auch unter andern specialiter in comparatione castitatis den guten könig ganz heruntergesetzet, als welcher der wollust und unkeuschheit mit so vielen weibern ergeben gewesen, da der seelige herr (welcher wortte in infinitum repetiret worden) mit seinen 5 nacheinander gehabten ehefrauen sich lediglich beholffen und castissime gelebet circa justitiae administrationem sind auch fürtreffliche elogia gefallen und auf deßen hinterlaßenen anwesenden secretarium provociret worden, viel andere dinge zu geschweigen, so bey selbiger leichsermon vorfallen und worinnen theils das decorum von den perorirenden carmeliter nicht alzu wohl beobachtet worden, interim requiescat memoria*

*sichs nun, daß an deßen stelle wiederumb ein erfahrner, hurtiger und gerechtigkeitsliebender referent kommet, so wäre dann zu hoffen, daß die sache dereinsten in besten gang gebracht* [...] *werden möchten. Man hat es auch mehrmals den herrn reichshoffräthen vorgestellet, daß gleichwohl die vortreffliche beweißthümer des durchleuchtigsten anhaltischen hauses gegen das hauß Braunschweig Lüneburg, so nicht den geringsten titulum possessionis anzeigen, noch weniger beweiß führen könne, in consideration zu ziehen*[199]. Andermüller selbst sollte freilich die Angelegenheit nicht mehr weiter vorantreiben können, da er im November dieses Jahres Wien verließ.

Ein zweites Hauptfeld Andermüllers am Wiener Hof war die Auseinandersetzung mit den sachsen-lauenburgischen „Erbprinzessinnen“, wobei vor allem die mit Markgraf Ludwig Wilhelm von Baden verehelichte Maria Sybilla Augusta (1675–1733) in Wien äußerst aktiv war. Während der Gesandtschaft Andermüllers machten immer wieder Gerüchte die Runde, dass Sachsen-Lauenburg entweder ganz oder nur das Land Hadeln den lauenburgischen Erbprinzessinnen übermacht werden sollte. Im Dezember 1701 berichtete Andermüller aus Wien an Anhalt, dass *hier das gerichte* [Gerücht] *erschollen, als solte das land Hadeln denen sachsen lauenbugischen erbprinczepinnen eingeräumet werden*[200]. Die Anhalter Fürsten suchten ihre Position in Wien beim Reichshofrat zu stärken, indem ein gemeinsames Vorgehen des Hauses Anhalt mit den lauenburgischen Prinzessinnen zwar immer wieder geplant wurde, aber wohl aus gegenseitigem Misstrauen nach einigen Vorgesprächen der Gesandten nicht zur Ausführung kam[201]. Es sei bedauerlich, *daß aus der intendirten und mehrmals in erwegung gezogenen bereinig- und zusammensetzung contra summam domum luneburgicam nichts geworden ist*[202].

Im Zuge des Spanischen Erbfolgekrieges kam auf Andermüller noch die neue Aufgabe zu, eine Reduktion des anhaltischen Beitrages zur Reichskriegsverfassung durchzusetzen. Nach vielen Interventionen und intensivem Antichambrieren konnte der Dessauer Gesandte im März 1703 erreichen, dass dem Haus Anhalt *ein dritter theil von jezigen erhöheten matricular contingent erlassen worden, und also die übrige 2 theil an mannschafft förderlichst zu stellen seyn wurden*[203]. Als Andermüller im November 1703 nach mehr als vier Jahren als Gesandter abberufen wurde, gab er seinen fürstlichen Auftraggebern den Ratschlag, dass nicht unbedingt sofort ein neuer Gesandter berufen wurden müsse, weil die Nachfolge Andlers noch nicht geklärt sei. *Es geschehe eines oder das andere, so wird doch das durchläuchtigste hauß Anhalt eines wol geübten* Abgesandten in Wien *nöthig haben, so dergleichen schrift zu eintreibung des adversarii recht ausarbeite, welches nicht eines jeden talent ist und es biß dahero fast daran ermangelt hatt*[204].

---

*tanti viri in pace, der gewiß von großer, unverdrosner mühe und arbeit gewesen, welche ihm auch nicht sonderlich schwer angekommen, und ist die gnade des gebers in solchen vortrefflichen mit sonderlichen donis ausgerüsteten leuten alle zeit zu preisen.* Zu modernen Wiener Straßennamen sehe etwa https://www.wien.gv.at/stadtplan/ (mit Suchfunktion).

199 „Finalrelation“ Andermüllers Ende 1703, LASA, Z 87, XXIV, Nr. 10b.

200 LASA, Z 87, XXIV, Nr. 10a, 143. Relation vom 14. November 1701; 144. Relation vom 21. Dezember 1701: *In meiner vorigen unterthänigsten habe bereits gemeldet, daß damahls ein bruit* (französ. für „Gerücht“) *hier entstandenn, als sollte denen durchlauchtigen sachßen-lauenburgischen erbprinzeßinnen oder in dero nahmen des herrn marggraffen zu Baden durchlaucht das land zu Hadeln eingeräumet werden.*

201 Andermüller erhielt sogar im März 1702 für das gemeinsame Vorgehen mit den lauenburgischen Erbprinzessinnen eine neue Instruktion, LASA, Z 44, B 5, Nr. 39, Bd. 1.

202 „Finalrelation“ Andermüllers Ende 1703, LASA, Z 87, XXIV, Nr. 10b.

203 LASA, Z 87, XXIV, Nr. 10b, 210. Relation vom 4. April 1703.

204 „Finalrelation“ Andermüllers Ende 1703, LASA, Z 87, XXIV, Nr. 10b.

## 7.3 Andermüller als Informant über Hof und politisches Geschehen

Vor allem am Ende seiner jeweiligen Relationen berichtete Andermüller nicht mehr nur über seine Mission am Reichshofrat oder in der Reichskanzlei, sondern auch über den Wiener Hof, über die politische Lage in Wien wie Europa und überhaupt über Neuigkeiten generell. Das kirchliche Zeremoniell am Wiener Hof nahm der Dessauer Gesandte aufmerksam wahr: *dann ihro beyderseits kayserliche, auch römisch königliche mayestät samt denen ertzhertzogenlichen princen und princessinnen am verwichenen sontage der großen jesuitischen procession, der Mittwoch darauf, am sankt Johannis tage, der spanischen umgang und dann des Donnerstages der zweyten großen fronleichnams procession beygewohnet und solche durch die statt und kirchen persönlich vollbracht haben*[205]. So erwähnte Andermüller am Ende seiner 36. Relation vom November 1699, dass der Kaiser *diesen nachmittag zu waßer hinauff nach Closterneüburg gefahren, um dero gewöhnliche devotion in morgenden fest sancti Leopoldi* [15. November] *zu halten*[206]. Ende Mai 1701 berichtete Andermüller en passant, dass Leopold I. *zu Laxenburg, oder wo dieselben auch den 9. Juni dero geburthsfest solenniter halten werden, noch einige zeit länger als sonsten gewöhnlich verharren und der frühlings divertissementen aldort genießen* werde[207]. Im Frühjahr 1702 erzählte Andermüller von den Lustbarkeiten am Wiener Hof: Gegen *abend divertirten sich beyde römische königliche mayestäten mittels eines ausrits nachm prater, allwo die königin, samt etlichen dero dames* [...] *amazonisch gekleidet, eine lustcavalcade gehalten und, nachdem sie in selbigen thiergarten bey anderthalb stunden zugebracht*[208], wieder in die Hofburg zurückkehrten. Auch die Abfahrt des römischen Königs Joseph I. zum oberdeutschen Kriegsschauplatz im März 1702 teilte Andermüller den Anhalter Fürsten mit[209].

Daneben hatte sich Andermüller offenbar auch für die hohen Amtsträger der Habsburgermonarchie eingehender zu interessieren, weil sich immer wieder Erwähnungen über Todesfälle oder Machtverschiebungen bei Hof in den Relationen finden. Auch die nähere Umgebung des Kaisers – etwa der langjährige Obersthofmarschall (1671–1701), Hofkriegsratspräsident (1701–1703) und spätere Oberstkämmerer Heinrich Franz von Mansfeld-Fondi (1641–1715)[210] – hatte mit der sachsen-lauenburgischen Erbstreitigkeit konfrontiert zu werden[211].

---

[205] LASA, Z 87, XXI, Nr. 7, 16. Relation vom 27. Juni 1699.

[206] LASA, Z 87, XXI, Nr. 7, 36. Relation vom 14. November.

[207] LASA, Z 87, XXIV, Nr. 9, 115. Relation vom 1. Juni 1701.

[208] LASA, Z 87, XXIV, Nr. 10a, 164. Relation vom 10. Mai 1702.

[209] LASA, Z 87, XXIV, Nr. 10a, 157. Relation vom 17. März 1702: *Nachdem aus England her das vorhaben, ihre mayestät den römischen könig in campagne gehen zu laßen, am hiesigen hofe sehr poussiret worden, so ist die einwilligung von ihrer kayserlicher mayestät vor 4 tagen nunmehro erfolget.*

[210] Mansfeld-Fondi errichtete ab 1697 sein Palais südlich der Stadt am Beginn des Rennwegs (heute: Palais Schwarzenberg), siehe dazu unten S. 110. In der Stadt befand sich sein Haus in der Wipplingerstraße und wird auf der Andermüllerschen Vogelschau vermerkt, siehe dazu unten Anhang 2, S. 143 Nr. 27.

[211] LASA, Z 87, XXI, Nr. 7, 14. Relation vom 20. Juni 1699: *Ich habe auch ohnlängst gelegenheit gehabt, den herrn obermarschall des graffen von Manßfeld und fürsten zu Fondi gnaden zu sprechen und ihm alß einen hohen kayserlichen hohen ministro die bisherige sachsen-lauenburgische bewantnis und jura serenissimae domus Anhaltinae auch zu insinuiren, welches alles seine hohe gnaden sehr wohl aufgenommen und höchst contestirt.*

So wird beispielsweise der Tod des böhmischen Vizekanzlers Thomas Zachäus Czernin von und zu Chudenitz[212] am 14. Februar 1700[213] erwähnt. Auch eine angebliche Vergiftung von Paul I. Esterházy de Galantha (1635–1713)[214], seit 1681 Palatin, fand das Interesse Andermüllers[215]. Mitunter schleichen sich Berichte aus der Residenzstadt Wien in die Relation Andermüllers ein, aber meist sind das außergewöhnliche Begebenheiten, wie etwa der Sturm auf das Haus des Hoffaktors Samuel Oppenheimer auf dem Bauernmarkt am 21. Juli 1700: *Der hiesige hoffjude Oppenheimer hatte ordre 10.000 pferde aufzuschafen, welcher aber das unglück gehabt, daß ihm an verwichenen Mittwoche abend durch eine große anzahl zusammen gerotteter jesuiter studenten, handwerkspurschen und laqueyen das hauß gestürmet und erbrochen, die darinnen eine zeit her zu defension gehaltene rumorwache herausgejaget, alle baarschaften, juwelen, silbergeschirr und pretiosa graubet, theilß zu fenstern hinaus auf die gaße geworffen und zerstreuet, die comtoirs, handelsbücher, obligationen und kayserliche berechnungen zerrißen, viel juden jämmerlich tractiret und verwundet*[216].

Genauere Nachrichten enthielten Andermüllers Berichte mitunter auch über diplomatische Ereignisse, wie über die Gesandtschaft des Reichshofratspräsidenten Oettingen-Wallerstein nach Konstantinopel im Jahr 1700 und über den Empfang der türkischen Großbotschaft in Wien. *Die begegn- und auswechßelung der kayserlichen und türckischen großbothschaffter ist den 7. December (stili novi) ohnweit Salankement* (heute: Stari Slankamen an der Donau oberhalb von Belgrad, Serbien) *bey der hierzu gesetzten calumnen geschehen und der herr graf von Oettingen folgenden tages zu Belgrad sehr prächtig empfangen und überaus höfflich von den daselbigen gouverneur und bassen tractiret worden*[217]. Andermüller dürfte vom Einzug der türkischen Großbotschaft in Wien fasziniert gewesen sein[218]. Der Spanische Erbfolgekrieg zeitigte auch auf Botschafterebene einige Resultate.

---

212 Sein Haus in der Stadt befand sich in der Renngasse und ist auf der Andermüllerschen Vogelschau vermerkt, siehe dazu unten Anhang 2, S. 141 Nr. 17; zum Czernin-Palais in der Leopoldstadt siehe unten S. 117.

213 LASA, Z 87, XXI, Nr. 8, 50. Relation vom 20. Februar 1700: *Allhier ist am jüngstverwichenen sontage ein kaiserlich fürnehmer geheimer rath, der herr Graff Thomas Zachaeus von Czernin, königlicher böhmischer vicecantzler und cammerherr ihrer kaiserlicher und des römischen königs* [...] *mit tode abgangen, im 39. Jahr seines alters, seind also beyde cantzlerstellen bey dem selbigen königreiche endtlediget.*

214 Sein Palais innerhalb der Stadt ist auf der Andermüllerschen Vogelschau vermerkt, siehe dazu unten Anhang 2, S. 142f. Nr. 24; sein vorstädtisches Palais hatte er ab 1685/86 südwestlich außerhalb der Stadt (heute: Wien VII, Neubaugasse 36–38, Mondscheingasse 18) errichten lassen, siehe dazu unten S. 118.

215 LASA, Z 87, XXI, Nr. 8, 75. Relation vom 25. August 1700: *Der ungarische herr palatinus Esterhasi ist einer großen gefahr entgangen, nachdem er das von seiner gemahlin, des Töcköly schwester* [Eva Thököly 1659–1716], *ihn in der chokalada zubereitte gifft, ein pures asenicum, endlich von sich gebrochen, alsß desen fraulin tochter den anschlag der mutter ihm völlig entdecket, der herr palatinus aber gleichwohl seinen untreuen conjugem pardoniren wollen, ist sie dennoch auf special ordre ihrer kaiserlichen mayestät in arrest genommen und wird seithero 7 tag in des herrn palatini eigenen hause alhiero mit einer rotte musquetiere bewachet.*

216 LASA, Z 87, XXI, Nr. 8, 72. Relation vom 4. August 1700. Zu Oppenheimer siehe den Art. Samuel Oppenheimer. *Wien Geschichte Wiki* mit den dort gebotenen Literaturhinweisen sowie SCHUBERT, Judentum 49–53.

217 LASA, Z 87, XXI, Nr. 8, 41. Relation vom 19. Dezember 1699; ebd., XXI, Nr. 9, 100. Relation vom 16. Februar 1701: *Dem nunmehro wieder zurückgelangten kayserlichen großbottschaffter herrn graffen von Öttingen habe mein compliment abgestattet unnd von wegen eurer hochfürstlichen gnaden ihme zu seinen glücklichen retour in geziemenden terminis gratuliret.*

218 LASA, Z 87, XXI, Nr. 8, 46. Relation vom 23. Jänner 1700: *Die türkische bottschafft, so gestern zu Brugk an der Leitha angekommen, soll nechst kommenden Mittwoch ihren einzug hier halten.* Ausführlicher Bericht (auch über die Geschenke) ebd., in der 50. Relation vom 20. Februar 1700: *Am Dienstag als den 6./16. Februar hat der türkische großbothschaffter bey ihro kaiserlicher mayestät offentliche audienz gehabt und ward von dem herrn graffen Rappach, general major von der kaiserlichen stadtguarde, in einer schönen neüen vergüldeten carosse ihrer mayestät, so von sechs prächtig auffgeputzten pferden gezogen war, auffgeholet. Voraus marchirten ein*

*Der vormahlige spannische ambassadeur, so noch von könig Carolo IIo an den keyserlichen hoff ohnlängst vor seinen ableiben anhero gesendet worden, hat sich genöthiget befunden, nach erfolgter confiscirung aller seiner güter in Spanien die keyserliche protection alhier zu suchen*[219]. Die Anhalter Fürsten hatten Interesse an Nachrichten aus der „großen" Welt, das Andermüller vor allem im „Abspann" seiner Relationen immer wieder zu bedienen suchte. So berichtete er über den Handstreich von Cremona (*cremonische ballfestin*) vom 1. Februar 1702, als die Stadt Cremona *durch des prinz Eugenius durchleuchtigste bravoure und unvergleich kühnen einbruch in selbiger stadt übergesegnet worden*[220]. Der Rákóczy-Aufstand in Ungarn fand immer wieder Beachtung in der Anhalter Korrespondenz, darunter auch die Festnahme von Franz II. Rákóczy. *Von der vorgewesenen großen conspiration in Ungarn (wieder ihre kaiserliche und königliche mayestäten, auch ganzes erzhaus) wird soviel und mancherley hier geredet, daß man noch zur zeit den eigentlichen grund und wahre bewandtniß nicht erfahren kann. Des fürsten Ragotzi frau gemahlin durchlaucht ist vor 4 tagen per posta aus Hungern hier angekommen, umb vor ihren herrn ehegemahl bey ihrer kayserlicher mayestät bittlich zu intercurriren*[221]. Auch die geglückte Flucht Franz' II. Rákóczy Ende 1701 aus dem Nordwestturm der Wiener Neustädter Burg wird als eine Art Eilmeldung an die Anhalter Fürsten weitergeleitet[222]. Die Reaktionen des Wiener Hofes auf das am 19. März 1702 erfolgte Ableben des englischen Monarchen Wilhelm III., dessen Tod die Große Allianz im Spanischen Erbfolgekrieg gefährdete, meldete Andermüller ebenso rasch weiter. *Die unvermuthete betrübte nachricht von des unvergleichlichen könig Wilhelms in Engeland ableben, so gestern morgen hier eingelauffen, hatt am hoffe große alteration erwecket. Ihre kaiserliche mayestät regrettiren diesen todesfall mit eüßerster wehmütigen empfindlichkeit und mann sagt zu hoffen, daß wann auch eine hauptbataille verloren worden, es nicht so viel bekümmmernüß und leydwesen verursachet haben könnte*[223]. Schließlich werden auch Nachrichten über die konfessionellen Verhältnisse in der Residenzstadt Wien ausgetauscht. Es erschien Andermüller erwähnenswert, dass die reformierten Gesandten in Wien weitgehend ungestört Gottesdienst abhalten konnten[224].

Nur selten erhalten die Anhalter Fürsten Nachrichten über den „Privatmann" Andermüller, meist finden sich diese Nachrichten mit Geldforderungen des Wiener Gesandten vermischt. Andermüller wohnte in Wien recht kostenintensiv beim Residenten Julius Per-

---

*troupp kaiserlicher soldaten, so dem ambassadeur zur wache zugegeben und nach diesen desselben hauß hoffmeister zu pferde samt unterschiedlichen andern reitenden türcken und bey herr gehenden dienern, ferner 17 camele und 9 maulthiere mit denen praesenten beladen.* [...]. – Die Gesandten der Hohen Pforte stiegen damals im Gasthof „Zum Goldenen Lamm" in der Leopoldstadt (heute: Wien II, Praterstraße 7/Taborstraße 6) ab, vgl. Perger–Petritsch, Lamm 152–159, 162.

219 LASA, Z 87, XXIV, Nr. 10b, 211. Relation vom 11. April 1703.

220 LASA, Z 87, XXI, Nr. 9, 153. Relation vom 22. Februar 1702.

221 LASA, Z 87, XXI, Nr. 9, 112. Relation vom 11. Mai 1701.

222 LASA, Z 87, XXI, Nr. 9, 141. Relation vom 30. November 1701: *Der hauptmann Lohmann, so den fürst Ragotzi durch seinen bruder, den cornell Lohmann (der auch mit dem fürsten sich davon gemachet und auff Neusidel gekommen, von dar* [...] *vermutlich nach Pohlen gegangen), fortgeholffen, wirdt nechster tagen von Neüstadt anhero gebracht und auf die folter geworffen werden, um noch mehrers dinge von ihme auszupreßen.*

223 LASA, Z 87, XXI, Nr. 9, 160. Relation vom 12. April 1702.

224 LASA, Z 87, XXI, Nr. 7, 13. Relation vom 6. Juni 1699: Der kurbrandenburgische Gesandte in Wien *wird den gottesdienst in seinem logement mit eben der freyheit als der kayserliche envoyé zu Berlin alhier halten laßen, wozu er mich dann morgen des pfingsttages auch eingeladen hat, wie wohl man es sonsten bishero noch niemanden alß königlichen freyen republiquen gesandten gestattet, der holländische selbst auch ehemalß von den pöfel desfalß große ungelegenheit wegen des lauten singens gehabt und bishero nur bloßer dinges ohne gesang die predigten halten läßet.*

sius von Lonsdorf, nach dessen Tod am 21. Juni 1702 wohl auch weiterhin im Haus dieser Familie[225]. *Ich bin sowol von logement*[226] *alß auch vor den tisch bey herrn Persio ein ziemliches zu zahlen schuldig; habe auch sonsten nichts mehr im vorrath zu haltung des wagens und anderer nötigen ausgaben, so daß ich bey diesem kothigen wetter (salva venia) dies und jenes orthes zu fuß hette herumwandern müßen*[227]. Neben der Rechtfertigung eines eigenen Wagens – die Kutsche galt als unerlässliches Statussymbol der Gesandten in Wien[228] – und seiner beträchtlichen Aufwendungen musste Andermüller immer wieder auch die rechtzeitige Übersendung seines Unterhaltsgeldes einmahnen, zwischendurch scheint er immer wieder Gelder aus eigener Tasche vorfinanziert zu haben[229].

---

[225] Leider wird das Lonsdorfsche Haus im Häuserverzeichnis des Johann Jordan von 1701 nicht genannt (Jordan, Schatz / Schutz / und Schantz), und auch das Harrersche Häuserbuch (Harrer, Wien) führt kein Haus in Wien an, dass in Lonsdorfischem Besitz gestanden wäre.

[226] Zum kostenintensiven Quartier der Gesandten Pons, Gesandte in Wien 161f., 175; am Beispiel des Palais Lobkowitz für den sächsischen Staatsminister Flemming ders., Palais zu vermieten. Zum Aufwand der kursächsischen Gesandtin in Wien ders., *Die Dame ist romanesque* 74f.

[227] LASA, Z 87, XXI, Nr. 8, 42. Relation vom 26. Dezember 1699.

[228] Pons, Gesandte in Wien 177–180.

[229] LASA, Z 87, XXIV, Nr. 10a, 166. Relation vom 24. Mai 1703: *Aus meiner ohnlängst eingesendeten letztern unterthänigsten berechnung wird eur hochfürstliche gnaden vorgekommen seyn, daß pro mense April und Majo annoch 184 thaler 1 gulden 3 denar zu meiner subsistenz alhier in vorrath verblieben, wie dann der Majus auch fast zur helfte schon verlauffen und diese summ nicht völlig vor beyde monath zureichet, also habe nötig erachtet, hierob in devotesten respect aller unterthänigiste erinnerung* [...] *zu thun.*

# 8. Die Andermüllersche Wien-Vogelschau von 1703

Der Dessauer Gesandte Andermüller war somit in hohem Maß mit dem Aufbau von Informationsnetzwerken, dem Stabilisieren von Beziehungen zu höfischen Amtsträgern und der Einflussnahme auf Entscheidungsprozesse beschäftigt. Die im Jahre 1703 angelegte Vogelschau lässt sich deshalb auch als Verschriftlichung seines Wiener Tätigkeitsfeldes und als Orientierungshilfe seiner Wiener Gesandtschaft interpretieren. Die verfertigte Ansicht steht an der Schnittstelle von Andermüllers öffentlicher und privater Tätigkeit in Wien. Mit hoher Wahrscheinlichkeit wurzelt die Herstellung der eindeutig von seiner Hand[230] stammenden Federzeichnung einer Vogelschau von Wien in seiner öffentlich-privaten Tätigkeit in Wien. Einerseits könnte man die Karte als Produkt von „Freizeit" interpretieren, andererseits erschließen sich die eingezeichneten Orte, Palais und Institutionen nur vor dem Hintergrund der amtlichen Tätigkeit Andermüllers in Wien zwischen Frühjahr 1699 und Spätherbst 1703. Es ist zu bedauern, dass sich in dem so umfangreichen schriftlichen Niederschlag seiner Amtsgeschäfte bislang keinerlei Hinweis auf dieses Bildwerk findet. Wie – so fragt man sich, und dabei bewegen wir uns selbstverständlich bei möglichen Antworten im Bereich von Vermutungen – kam ein fürstlich-anhaltischer Amtsträger überhaupt dazu, eine derartige, alles andere als einfach zu verfertigende Zeichnung herzustellen? Kann man davon ausgehen, dass er über die entsprechenden Fähigkeiten verfügte, und wie lässt sich die Herstellung der Vogelschau denken?

Der begeisterte Zeichner Bernhard Georg Andermüller steht mit einem weiteren Cartographicum in Verbindung. Auf einer Karte der griechischen Insel Samos, die von Peter Schenk in Amsterdam gemacht und verlegt wurde, findet sich die Widmung des „B. G. Andm." an Fürst Lebrecht von Anhalt-Bernburg (1671–1704)[231]. Prinzipiell könnte es

230 Dazu siehe den Hinweis oben S. 27 Anm. 88.

231 Großer Dank für den Hinweis auf dieses Druckwerk gilt erneut Peter van der Krogt (Amsterdam). – Exemplare sind u. a. bekannt aus der Nationalbibliothek der Niederlande (Koninglijke Bibliotheek; http://www.geheugenvannederland.nl/?/nl/items/KONB16:530346842), aus der Universitätsbibliothek Bern (Sign. RYH 6511 42 – Ägais, Zypern) und aus der Österreichischen Nationalbibliothek (als Teil eines Sammelatlasses von ca. 1710, ÖNB, FKB 281–12, II, 93. Sie fußt auf einer Beschreibung, die Erzbischof Joseph Georgirenes von Samos – er regierte von 1666 bis 1671 auf der Insel, von der er sich 1671 wegen der osmanischen Bedrohung auf die Insel Patmos begab und später in London lebte – von der Insel gegeben hat, vgl. dazu Georgirenes, A description of the present State of Samos; siehe zu ihm auch O., Monatliche Unterredungen 1134f., sowie jüngst Barron, Archbishop Joseph Georgirenes 79–112. Der Titel der undatierten Karte in Form eines Kupferstichs lautet: „INSULA SAMOS. POLYCRATIS REG. et PYTHAGORAE PHIL. patria, ferax gregum terraeq. fictilis, prout hodié sub Turcarum dominio incolitur, ex descriptione potissimum Iosephi Georgirene, Samiorum Archiepiscopi, Londini ab eodem edita. [...] Fec(it) et Exc(udit) Petr. Schenk Amst(elodami) cum Privil(egio)." Ihre Widmung („Serenissimo Principi ac Domino Domino LEBRECHTO. PRINCIPI ANHALT. DUCI SAXON. ANGRIAE et Westphaliae, comiti Ascan. et Holtzapp. Dynastae. Bernburg. et Servest. Domino suo clementissimo Novam hanc Insulae SAMI Tabulam. Humillimo affectu dicat. Consecrat Sereniss. Suae Devotissimus Servus B. G. Andm.") und nennt Bernhard Georg Andermüller als den Dedikator.

sich beim Amsterdamer Verleger sowohl um Peter Schenk den Älteren (1660–1711)[232] als auch um dessen gleichnamigen Sohn Peter Schenk den Jüngeren (1693–1775) handeln, doch sprechen die stärkeren Verbindungen des Ersteren in den mitteldeutschen Raum eher für diesen. Der undatierte Kupferstich wäre demzufolge spätestens zum Jahr 1711, dem Todesjahr des Verlegers, zu datieren. Wiewohl unklar bleibt, weshalb Bernhard Georg Andermüller gerade dieses Blatt dem Fürsten dediziert hat, eine enge Beziehung zu kartographischen Werken und ein hohes Interesse für dieses Medium bleiben evident.

Das Wiener Blatt nun – ausgeführt als färbig lavierte Federzeichnung und in der höchst anspruchsvollen Manier einer Vogelschau – ist ohne jeden Zweifel ein eigenhändiges Werk Andermüllers. Dieser bewährte Mitarbeiter des anhaltisch-dessauischen Hofes verfügte somit zum einen über eine weit über das Mittelmaß hinausgehende graphische Begabung, zum anderen dürften im Rahmen seiner gymnasialen und universitären Ausbildungen wohl Disziplinen wie Geographie, Mathematik und Kartographie eine Rolle gespielt haben[233]. Als Hofmeister musste er junge Adelige in diesen Disziplinen auch unterrichten. Auch die Leichenpredigt erwähnt die besondere Affinität Andermüllers zur „Zeichen-Kunst"[234]. Bereits der erste Blick auf die Vogelschau zeigt zudem, dass sich deren Schöpfer bei seiner Arbeit nicht gleichsam im „luftleeren Raum" bewegte, das Ganze ab ovo schaffen musste und über keinerlei Vorlagen bzw. Vorbilder verfügte. Im Gegenteil, insbesondere die beiden in der linken und rechten oberen Ecke zu sehenden ovalen Wappendarstellungen – links die für ein eigenes österreichisches Landeswappen stehende Kombination aus dem Fünfadlerschild mit dem Bindenschild, rechts das Wiener Stadtwappen in der Form des Balkenkreuzes und beide in einem teilweise nur in Vorzeichnung wiedergegebenen Volutenkranz[235] – weisen völlig unmissverständlich darauf hin, dass Andermüller die Vogelschau des Jacob Hoefnagel (1575–1630) von 1609 gekannt haben muss. Nach der Art der Wappendarstellung muss er sich auf eine der Versionen des Hoefnagelschen Werks[236] bezogen haben, die beide Wappendarstellungen aufweisen, womit etwa die Hoefnagel-Fassung im Werk des Matthaeus Merian (1593–1650), die in der oberen Mitte ausschließlich das Wiener Stadtwappen zeigt[237], ausscheidet. Im Unterschied zu seiner Vorlage beließ Andermüller die östlich, südlich und westlich der Stadtbefestigungen gelegenen vostädtischen Bereiche weitgehend ohne Darstellung, zeigte aber – genauso wie seine Vorlage und flächenmäßig über diese noch hinausreichend – die am

---

[232] Peter Wiegand, Schenk, Peter I., in: Martina Schattkowsky (Bearb.), Sächsische Biographie http://www.isgv.de/saebi/.

[233] Nicht nur für den frühneuzeitlichen Adel, der nicht selten im Rahmen seiner Ausbildung auch eine Kavalierstour absolvierte, lässt sich vielfach ein auffällig ausgeprägtes wissenschaftliches Interesse nachweisen, in dessen Rahmen naturwissenschaftliche Bereiche, wie Kartographie und Geographie, nicht selten gepaart mit und maßgeblich gefördert von Interessen für die Antike oder auch den Festungsbau, eine pointierte Rolle spielten. Ein gutes Beispiel dafür bietet Job Hartmann von Enenkel mit seinem vor wenigen Jahren im Detail analysierten Wiener Stadtplan aus den frühen 1620er Jahren, vgl. Opll–Scheutz, Schlierbach-Plan. Ein gutes Beispiel aus einer gesellschaftlichen Sphäre, in der sich auch Andermüller selbst bewegte, bietet Tilemann Stella, der in der Mitte des 16. Jhs. am Hofe Herzog Johann Albrechts I. von Mecklenburg wirkte und bedeutender Kartograph war, vgl. zu seinem Reisetagebuch Opll, „Iter Viennese" 321–360.

[234] Trauer- und Gedächtnuß-Rede 13.

[235] Zu den beiden Wappen vgl. Göbl, Wappen-Lexikon 134, 191f.

[236] Zu den unterschiedlichen Fassungen der Hoefnagel'schen Vogelschau von Wien vgl. van der Krogt, „Das ist das Auge von Österreich" 96–115. Zum Werk Hoefnagels im Allgemeinen vgl. die Hinweise unten Anhang 3, S. 163f. Nr. 8.

[237] Abgebildet etwa auf der Titelseite der Stadtmappe Wien im Österreichischen Städteatlas, vgl. Opll, Wien (Öst. Städteatlas).

unteren (nördlich gelegenen!) Blattrand am Donauufer (heute: Donaukanalufer) situierte Verbauung an. Dabei sind in Richtung Norden in der Verlängerung der Schlagbrücke (heute: Schwedenbrücke) die heutige Taborstraße, etwas weiter nach Westen zu die heutige Hollandstraße zu erkennen. Eine Bezugnahme auf die zeitlich weitaus aktuellere Vogelschau des Folbert van Ouden-Allen [auch Alten-Allen] (1635–1715) aus den 1680er Jahren[238], die zudem eine von Hoefnagel völlig abweichende Perspektive einnimmt, lässt sich dagegen nicht erkennen.

Die Andermüllersche Vogelschau wird zum einen durch Beschriftungen innerhalb der Darstellung selbst, zum anderen durch eine den Usancen frühneuzeitlicher kartographischer Werke entsprechende Legende ausführlich erläutert und zum Sprechen gebracht. Die Legende selbst, die hier am unteren Blattrand unterhalb des in lateinischer und deutscher Sprache gebotenen Titels zu stehen kommt, umfasst in grundsätzlich hierarchischer, im Detail aber immer wieder von diesem Prinzip abweichender Reihenfolge insgesamt 107 Objekte[239]. Dabei sind bei der Abstimmung zwischen Legende und Plan eine Reihe von Flüchtigkeitsfehlern festzustellen[240], die angesichts des gebotenen Detailreichtums freilich nicht wirklich ins Gewicht fallen. Die Frage nach dem Realitätsgehalt der Darstellung lässt – so wie dies bei vergleichbaren Werken dieses Genres vom Grundsatz her ebenso gilt – nur eine differenzierte Antwort zu. Insbesondere bei den zahlreichen Darstellungen nicht benannter, gleichsam anonymer bürgerlicher Häuser lässt sich kaum sagen, ob sie tatsächlich so ausgesehen haben, wie von Andermüller dargestellt. Dennoch fällt etwa in Bezug auf die Kärntner Straße, die noch auf der Vogelschau des Jacob Hoefnagel von 1609 mit ihren giebelseitig der Straße zugewendeten Häusern ein charakteristisch spätmittelalterliches Aussehen besaß[241], auf, dass dies ein Jahrhundert später nur mehr für den Bereich zwischen Stephans- bzw. Stock-im-Eisen-Platz und dem Nordende des Neuen Marktes (heute: Kupferschmiedgasse) gilt. Der Abschnitt von da an bis zur Stadtmauer ist dagegen schon weitgehend mit traufenseitig zur Straße stehenden Häusern verbaut.

Hinsichtlich der Kirchen[242] sind es zum überwiegenden Teil die mit den so typischen barocken Zwiebelhelmen versehenen Kirchtürme, die das Stadtbild beherrschen. Gotische Türme dagegen finden sich im Wesentlichen nur mehr bei der Bürgerspitalkirche, bei St. Michael, St. Stephan und Maria am Gestade. Wie aktuell die Vogelschau im Kontext der kirchlichen Gebäude ist, erkennt man insbesondere an der Darstellung der Peterskirche. In diesem Fall enthält auch der Legendentext mehr als die bloße Namensnennung des Gotteshauses, wird doch hinzugefügt: *S. Petri Kirch, a(nno) 800 von Carolo m(agno) erbauet, a(nno) 1701 von kays(er) Leopoldo viel prächtiger aufgeführet.* Die Ansicht der Peterskirche bei Andermüller weist in jedem Fall eindeutig barocken Charakter auf, und weder der noch bei Hoefnagel gut sichtbare Nordturm noch die an den mittelalterlichen

238 Folbert van Alten-Allen, der leider auf die Legende der Vogelschau Hoefnagels mit ihren insgesamt 56 Nummern keinen Bezug nimmt; siehe dazu auch unten Anhang 3, S. 164 Nr. 12.

239 Die Abweichung gegenüber der Zahl im Anhang 2 (umfasst 121 Nummern), unten S. 137, ergibt sich aus der Aufnahme mehrerer Verweise in diesen Anhang.

240 Auf Irrtümer im Hinblick auf die Abstimmung zwischen der Legende am unteren Blattrand und den in der Darstellung selbst angeführten Ziffern bzw. Buchstaben wird in der unten im Anhang 2 (S. 135–161) gebotenen Liste eingegangen.

241 Auf diesen Umstand hat völlig zu Recht Czeike, Das Wiener Stadtbild 13–44, hier 41f., hingewiesen.

242 Wien ist auf dieser Darstellung eindeutig eine Stadt der Adelspaläste und in zweiter Linie eine Stadt der Kirchen, doch ist dafür wohl auch das Auge des Betrachters, des sein Leben lange in Diensten des Hochadels stehenden Kanzleirats Bernhard Georg Andermüller verantwortlich.

Bau im Osten angebaute Valentinskapelle sind hier zu sehen – der Neubau war eben bereits im Gange[243]. In Summe finden sich 24 Kirchen und Ordenshäuser sowie acht Kapellen auf der Darstellung, eine Zahl, die freilich von den in der Vogelschau vermerkten Adelspalais und adeligen Gebäuden bei Weitem übertroffen wird. Neben sechs in der Verfügung des Kaisers befindlichen Gebäuden werden nämlich nicht weniger als 40[244] in adeligem Besitz stehende Baulichkeiten, Häuser wie regelrechte Palais, in der Vogelschau vermerkt.

Bei der Darstellung der kaiserlichen Burg, und zwar von deren Kernbereich, dem heutigen Schweizerhof, ist Andermüllers Darstellung gleichfalls recht genau und geht sogar über die Darstellung bei Hoefnagel, gleichfalls einer Ansicht von Norden her, hinaus. Sie zeigt nämlich den auf den älteren Plandarstellungen nur bei Bonifaz Wolmuet (1547) erkennbaren Wendeltreppenturm am Südwesttrakt, an der inneren Hoffassade des parallel zur Stadtmauer gelegenen Bauteils der Kernburg[245].

Die Einbeziehung einer Reihe anderer Gebäude in das von Andermüller gebotene Stadtbild Wiens spiegelt sicherlich Interessen und Erfordernisse wider, die sich aus seinem Amtsauftrag oder auch aus seiner privaten Lebensführung in der Kaiserstadt ergaben. Hervorgehoben werden etwa die Spanische Botschaft, die Päpstliche Nuntiatur, aber auch die für die Unterbringung der Diplomaten wichtigen Gasthäuser, darunter der Gasthof zu den drei Hacken in der Renngasse, das Haus „Zum Schwarzenthor“, wo seit 1660 ein Weinausschank nachzuweisen ist, oder das Stadtgasthaus in der Mehlgrube am Neuen Markt[246]. Auch die Eintragung des Palais Rabutin in der Rotenturmstraße 4/Ecke Wollzeile 1, wo Gräfin Dorothea Elisabeth Rabutin um die Wende vom 17. zum 18. Jahrhundert für ihre Soireen berühmt war[247], könnte vielleicht darauf hinweisen, dass ihm dieses in der Stadtgesellschaft bestens bekannte Palais zumindest ein Begriff war. Und beinahe selbstverständlich ist es, dass die für seine Tätigkeit absolut unersetzliche Post auf der Vogelschau eingetragen wird[248].

Schließlich ist unter den Elementen der Darstellung auch auf Objekte aufmerksam zu machen, die man vielleicht als Vertreter eines barocken „Stadtmobiliars“ zusammenfassen könnte. Es geht im Wesentlichen um Brunnen und um Denkmäler, die zwar auf der Vogelschau mit einer einzigen Ausnahme, nämlich dem seit der ersten Hälfte des 15. Jahrhunderts nachweisbaren „Schönen Brunnen“ vor dem nach ihm benannten

---

243 Zur Wiener Peterskirche vgl. immer noch Perger–Brauneis, Die mittelalterlichen Kirchen 17–26; Polleross, Geistliches Zelt- und Kriegslager.

244 Und zwar die Häuser der folgenden Familien (siehe unten Anhang 2, S. 135–161): Abensberg-Traun (Graf); Batthyány (Graf); Caprara (Graf); Corbelli (Graf); Czernin (Graf); Dietrichstein (Fürst Ferdinand); Dietrichstein (Graf Ferdinand Gundacker); Dietrichstein (Graf Philipp); Esterházy (Palatin); Flasching (Graf); Fondi (Fürst von, Graf Mansfeld); Hamilton (Graf); Harrach (Graf); Hoyos (Graf); Kaunitz (Graf); Lamberg (Graf); Liechtenstein (Fürst Adam); Liechtenstein (Fürst Johann Adam Andreas); Mollard (Graf); Montecuccoli (Fürst); Pálffy (Graf); Polheim (Graf); Porcia (Fürst); Questenberg (Graf); Rabutin (Graf); Rosenberg (Graf); Sachsen-Zeitz (Fürst, zugleich Bischof von Raab); Savoyen (Prinz); Schwarzenberg (Fürst); Sinzendorf (Graf Theodor); Starhemberg (Graf); Strattmann (Graf); Traun (Graf Ernst Otto); Trautson (Graf); Trauttmannsdorff (Graf Franz); Wagensperg (Graf); Wallstein/Waldstein (Graf Karl); Windischgrätz (Graf); Zinzendorf (Graf). – Dazu tritt als Nr. 40 das in der Legende nicht eigens ausgewiesene, aber im Besitz der Familie Hoyos stehende Gebäude Teinfaltstraße 2/Schottengasse 1, das in der Vogelschau die in der Legende fehlende Signatur *Ff* trägt, siehe unten Anhang 2, S. 160f. Nr. 121.

245 Mitchell, Der Baubestand 407f.

246 Zu diesen drei Gaststätten siehe unten im Anhang 2 (S. 143f. und 157), Nr. 31, 97 und 101.

247 Siehe dazu die Erläuterungen unten Anhang 2 (S. 154), Nr. 84.

248 Siehe dazu unten Anhang 2 (S. 153f.), Nr. 81.

„Schönbrunnerhaus"[249] nicht eigens benannt werden, aber eben doch eingetragen sind. Zu nennen sind hier die beiden Brunnen auf dem Neuen Markt, die diesen Platz bis zur Errichtung des Providentia- bzw. Donnerbrunnens beherrschten[250], die beiden Brunnen am Graben, nämlich Josefs- und Leopoldsbrunnen[251], der seit der Mitte des 15. Jahrhunderts bekannte Brunnen auf dem Platz Am Hof,[252] der seit 1317 fassbare Schöpfbrunnen auf dem Hohen Markt[253], ein anderweitig nicht bezeugter Brunnen in der Biegung der heutigen Schenkenstraße sowie zwei Brunnen in Höfen von Gebäuden an der Nordwestseite der heutigen Renngasse. Offenkundig fesselten auch mehrere Denkmäler und Säulen das Interesse von Georg Bernhard Andermüller, bietet er doch auf seiner Vogelschau Darstellungen der von Leopold I. errichteten Dreifaltigkeitssäule bzw. Pestsäule am Graben, der Mariensäule auf dem Platz Am Hof und des Prangers am Hohen Markt[254].

Freilich sind auch Auslassungen des einen oder anderen durchaus wichtigen Gebäudes sowie regelrechte Fehler auf dem Andermüllerschen Plan zu konstatieren. Dabei ist es schwierig bis regelrecht unmöglich, zu eruieren, worauf diese „Fehler"[255] zurückzuführen sind. Höchst erstaunlich bleibt es in jedem Fall, dass die gegenüber der Burg wie zugleich der Michaelerkirche (am Beginn der zu Andermüllers Zeiten noch als Teil der Herrengasse geltenden Reitschulgasse) befindliche Stallburg in der Darstellung nicht berücksichtigt und von ihrem Zeichner offenkundig vergessen worden ist, obwohl sie in der Legende der Vogelschau unter der Signatur *Vu* angeführt ist[256]. Und Vergleichbares gilt auch von einem der kirchlichen Gebäude, fehlt doch die Ruprechtskirche auf dieser Vogelschau. Im Hinblick auf den Straßengrundriss sind dem Dessauer einige wenige Fehler unterlaufen: So bricht die Naglergasse in ihrem Verlauf in Richtung Heidenschuss an der Kreuzung mit der heutigen Irisgasse ab, und von der Strauchgasse führt in einem Bogen zum Platz Am Hof eine in der Realität nicht existierende Gasse. Weitgehend zutreffend vermerkt Andermüller dagegen die Situation des freistehenden Häuserblocks am Ostende des Grabens, wo ein Häuserblock zwischen Schlossergasse im Norden, Grabengasse im Süden und einer unbezeichneten schmalen Gasse nach Osten zu den platzförmigen Graben vom Stock-im-Eisen-Platz abtrennte. Die Schlossergasse mündete in einem nach Norden gewandten Bogen direkt in die (heutige) Goldschmiedgasse, und zwischen dieser, der Schlossergasse, der soeben erwähnten, unbezeichneten schmalen Gasse und der Kärntner Straße (heute: Stephansplatz) befand sich gleichfalls ein eigener Häuserblock, in dem im Norden und im Süden je vier mit der Giebelseite zur Straße (Graben- bzw. Schlossergasse) gerichtete Häuser zu erkennen sind.

Wichtige zusätzliche Erkenntnisse brachte die gemeinsam durchgeführte Einsichtnahme beider Autoren in das Original in der Königlichen Bibliothek in Brüssel am 21.

---

249 Siehe dazu unten Anhang 2 (S. 155), Nr. 93.

250 Zu den älteren Brunnen auf dem Neuen Markt Art. Donnerbrunnen. *Wien Geschichte Wiki.*

251 Art. Grabenbrunnen. *Wien Geschichte Wiki.*

252 Art. Mariensäule. *Wien Geschichte Wiki.*

253 Art. Fischbrunnen. *Wien Geschichte Wiki.*

254 Zu diesen drei Säulen bzw. Monumenten höchst unterschiedlicher Funktion: Art. Mariensäule. *Wien Geschichte Wiki.* Art. Dreifaltigkeitssäule. *ebd*; Art. Pranger. *ebd.* – Zum Phänomen der in der Barockzeit so häufigen Errichtung derartiger Skulpturen im Stadtraum vgl. Scheutz, Säulentausch.

255 Zu diesen gehört etwa auch, dass der Chor der Kirche des Königinklosters hier nach Nordwesten (in Richtung zur Bräunerstraße) weist, während dieser doch tatsächlich zur Dorotheergasse hin ausgerichtet war. Gut überprüfen lässt sich dies durch den Vergleich mit der Situation auf dem Wien-Plan des Werner Arnold Steinhausen von 1710, vgl. dazu Art. Stadtplan Steinhausen (1710). *Wien Geschichte Wiki.*

256 Siehe dazu unten Anhang 2 (S. 157), Nr. 102.

September 2016. Dabei konnten zunächst die durchaus beachtlichen Abmessungen des Blattes eruiert werden: Das Papiermaß weist eine Breite von 636 und eine Höhe von 557 mm auf, der Bildrahmen inklusive der Legende eine Breite von 604 und eine Höhe von 534 mm. Der Legendenstreifen, mit dem Bildbereich durch den durchgehenden Bildrahmen in roter Farbe verbunden, ist an das 436 mm hohe Blatt äußerst sauber angeklebt. Aus diesen Abmessungen ergibt sich, dass Andermüller für sein Werk wohl ein Doppelblatt des im Kanzleibereich gängigen Formats des Doppelfolio (330 x 420 mm)[257] verwendet haben dürfte. Das eindrucksvolle Gesamtblatt ist senkrecht in der Mitte gefaltet. Da der Bug dieser Faltung nach oben weist, wurde die Vogelschau mit der Bildseite nach außen verwahrt.

Erst die Autopsie am Original machte es des Weiteren möglich, die in der bisherigen Literatur[258] gebotenen Hinweise auf das Wasserzeichen des Blattes zu korrigieren: In der linken unteren Blattecke, auf der Bildseite durch den Rahmen, den Wienfluss und die *Weissgerber Brücke* begrenzt, findet sich nämlich die folgende Kombination aus Wasserzeichen mit Gegenzeichen: Näher zum linken Bildrahmen ist ein einkonturiges dreiblättriges Kleeblatt mit Stängel[259] zu sehen, links daneben – allerdings eher undeutlich – undeutlich ein „V"-förmiges Gegenzeichen (Abb. 6)[260].

Eine Reihe weiterer Beobachtungen am Original machen wichtige Einblicke in den Produktionsprozess dieser Vogelschau möglich: Dabei ist zunächst auf eine Reihe von Vorzeichnungen mit Bleistift aufmerksam zu machen, die sich vor allem im Randbereich der Stadt, kaum dagegen im innerstädtischen Bereich erkennen lassen. Hinzuweisen ist auf solche Vorzeichnungen insbesondere bei Elementen der Stadtbefestigungen, darunter beim Augustinerravelin wie überhaupt im Abschnitt zwischen Augustinerkirche und Burgbastei, mehrfach aber auch am äußeren Grabenrand an der Ostseite der Stadt. An der Donaufront wurde das außerhalb des Einlasses in die Gonzagabastei eingezeichnete Haus ursprünglich viel näher an dem hier in die Donau mündenden Arsenalkanal eingezeichnet. Innerhalb der Befestigungen stechen Vorzeichnungen am Straßenrand der Häuser unterhalb von Maria am Gestade und im Hinblick auf den ursprünglich weiter westlich in Richtung Kärntner Tor hin eingezeichneten, dann durch Rasur entfernten Turm der Augustinerkirche hervor. Die Kartuschen der beiden Wappendarstellungen in den oberen Ecken des Blattes sind nur zum Teil in Feder ausgeführt, vor allem das Wiener Stadtwappen in der rechten oberen Blattecke zeigt die Kartusche zur Gänze in Bleistift.

Die Vornahme von Korrekturen ist darüber hinaus auch bei mehreren Elementen der Beschriftung des Blattes zu erkennen. Das gilt insbesondere für den Legendenstreifen, wo etwa bei der Eintragung des mit „S" bezeichneten Franziskanerklosters St. Hieronymus das Patrozinium offenbar ursprünglich *Ieronymo* lauten sollte und dann – im Übrigen alles bereits mit der Feder (!) – in *Hieronymo* abgeändert wurde. Unterschiedliche Tinten-

---

257 Siehe dazu den Eintrag bei Wikipedia zu „Historischen europäischen Formaten".

258 Siehe dazu unten Anhang, S. 166 Nr. 19.

259 Belegt u. a. in einem theologischen Sammelband in der Bayerischen Staatsbibliothek aus dem Spätmittelalter, siehe: DE5580-Clm14294_23 <Permalink>, fassbar aber auch in Mittelitalien, vgl. Piccard (Bearb.), Wasserzeichen Blatt 9 Abt. I Nr. 12 sowie 10 Abb. 12; online unter: http://www.piccard-online.de/bilder/einleitungen/012.pdf.

260 Vielleicht ein in der Mitte des 16. Jahrhunderts in Venedig oder Rom (?) bzw. in Venedig und Kreta fassbares Zeichen in Form eines einfachen „V" (siehe dazu: http://www.wasserzeichen-online.de/wzis/struktur.php?ref=DE5580-Codgraec64_150 sowie http://www.wasserzeichen-online.de/wzis/struktur.php?klassi=011001020001001001&anzeigeIDMotif=9423&zeigeWz=102392).

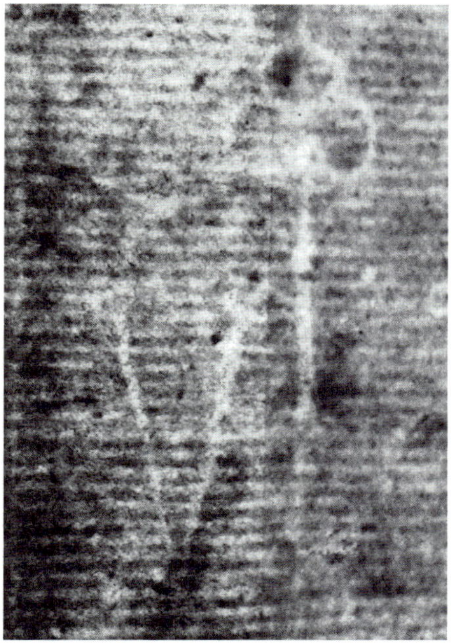

Abb. 6: Wasserzeichen der Vogelschau von Bernhard Georg Andermüller (Foto: Ferdinand Opll, Bearbeitung: Josef Pauser, Wien)

farben könnten bei Eintragungen in dieser Legende entweder auf Wechsel der Tinte in ein und demselben Arbeitszug oder auf zeitlich voneinander getrennte Arbeitssschritte hinweisen. Die Legende selbst wurde in jedem Fall graphisch genau vorbereitet, was aus der Vorzeichnung von Linierungen mit Bleistift sowohl in der Titelei als auch bei der Legende selbst zu ersehen ist. Beim lateinischen Titel wurde sogar eine durchgehende Bleistiftvorzeichnung vorgenommen, um eine möglichst symmetrische Anordnung sicherzustellen. Besonders deutlich wird dies in der nicht völlig durch Rasur getilgten Vorzeichnung in der zweiten Zeile, wo die Anfangsbuchstaben des Wortes *Tem* links neben dem in Feder ausgeführten Wort *Templa* noch gut zu sehen sind. In den gleichmäßig über die Blattbreite aufgeteilten Spalten der Legende, die durch bis auf die Trennung zwischen Spalte 3 und 4 stets mit Zierelementen ausgeführte Leisten voneinander geschieden sind, finden sich in den ersten beiden und dann wieder in den Spalten 6 bis 8 gleichfalls Linierungen mit Bleistift. Offenbar wegen der Schwierigkeiten, manche Beschriftungen in dieses Schema einzupassen[261], wurde dieses System aber nicht durchgehend beibehalten. Fein auf den übrigen Schriftbestand abgestimmt, finden sich für einige Textteile regelrechte Auszeichnungsschriften, nämlich in der lateinischen und deutschen Titelei für *VIENNA AVSTRIAE* bzw. *Wien in Oesterreich* und in der Legende selbst für den in hierarchischer Weise zu Anfang gebotenen „kaiserlichen Gebäudeblock" von der Burg bis zur Augustiner-Hofkirche.

---

261 So findet sich bereits in Spalte 1 bei der Eintragung der Peterskirche der in deutlich kleinerer Schrift gebotene, vielleicht sogar erst nachträglich angebrachte Hinweis: *a. 800 von Carolo M. erbauet, a. 1701 von Kays. Leopoldo viel prächtiger aufgeführet*; in Spalte 2 ließen sich die Texte *Ursuliner Kloster in der S. Johannisgasse* und *Jesuit: Collegium und Universität* wegen ihrer Länge gleichfalls nicht in einer Zeile unterbringen. All das sprengte somit das vorgegebene Linienschema.

Ein auffälliges Charakteristum des Andermüllerschen Plans liegt in der Darstellung des Lichteinfalles begründet. Insbesondere im Stubenviertel, dem nordöstlichen Stadtteil, und bei den bürgerlichen Giebelhäusern wird konsequent die nach Osten weisende Dachfläche hell (d. h. beleuchtet), die nach Westen zeigende Dachfläche dunkel (d. h. im Schatten) dargestellt. Ob damit tatsächlich ein Lichteinfall aus Osten und damit eine Aufnahme in den Morgenstunden suggeriert wird, oder ob es sich um eine graphisch-künstlerische Höhung handelt, lässt sich nicht eindeutig entscheiden.

Die für die eigentlichen Federzeichnungen verwendete Tinte unterscheidet sich auch bei den bildlichen Elementen in verschiedenen Teilbereichen des Blattes farblich voneinander. Zwei bis drei verschiedene Tintenfarben, eine satt schwarze (u. a. im Bereich des nordöstlichen Stubenviertels der Stadt), eine rot-bräunliche (westlich des Rotenturmtores) und eine weniger schwarze, eher gräuliche (Bereich Maria am Gestade und Rathaus) lassen sich ausmachen, sodass auch daraus ein – freilich nicht im Detail festzumachender – zeitlicher Ablauf bei der Herstellung der Vogelschau zu erkennen ist[262].

Das gesamte Blatt wurde zusätzlich farbig gestaltet. Mehrere Schattierungen von Grün finden für den Außenbereich der Stadt, die Böschungen des Stadtgrabens sowie die des Wienflusses Verwendung, mehrere Schattierungen von Rot bezeichnen die gemauerten Teile der Befestigungen, darunter vor allem die Mauerböschungen der Ravelins und der Basteien,[263] und schließlich wird die Farbe Blau für den Hinweis auf Gewässer gebraucht, u. a. beim Arsenal und beim Arsenalgraben und an den Rändern des Wienflusses und der Donau, allerdings nicht durchgehend. Ob die Kolorierung bereits auf Andermüller selbst zurückgeht, lässt sich nicht mit endgültiger Sicherheit sagen, ist aber durchaus vorstellbar.

Zuletzt ist mit Nachdruck auf die außerordentliche Feinheit und Kleinheit der graphischen Ausführung zu verweisen. Sowohl was die Beschriftungen innerhalb der Vogelschau selbst anlangt als auch was die Darstellung vor allem der herausragenden Gebäude betrifft, weist der ausgeprochen hohe Grad an Schärfe und Exaktheit darauf hin, dass Andermüller sich hier bei der Arbeit einer Lupe bedient haben muss. Gerade diese Annahme korreliert aber auch aufs beste mit seiner im Alter immer mehr zunehmenden Fehlsichtigkeit[264].

In Summe lässt sich festhalten, dass die von Georg Bernhard Andermüller 1703 angefertigte kolorierte Federzeichnung einer Vogelschau von Wien ein ganz außerordentlich interessantes Zeugnis nicht nur für die hohen Begabungen dieses Mannes, eines Vertreters der universitär ausgebildeten, bürgerlichen Mitglieder der Verwaltung frühneuzeitlicher Fürstentümer, ist, sondern zugleich unser Wissen um das Aussehen des barocken Wien entscheidend erweitert und vertieft. Ganz offenkundig handelte es sich dabei um eine private Initiative, um den Ausdruck individuell-privater Vorliebe für derartige Darstellungen, zugleich um den Wunsch, die eigene mehrjährige Gesandtentätigkeit in der Kaiserstadt zu dokumentieren. Wiewohl der anhaltisch-dessauische Amtsträger auch über Kontakte zu Verlegern seiner Zeit verfügte, kam es doch zu keiner Veröffentlichung in Form eines Kupferstiches, wahrscheinlich war daran auch gar nie gedacht. Angesichts der so besonders prächtigen Ausführung der Vogelschau wird man freilich weniger an

---

262 Freilich ist es nicht möglich, die Dauer der Herstellung dieses Blattes zu eruieren, doch wird man wohl kaum von einer Entstehung binnen weniger Tage ausgehen können.

263 Dabei sind jedoch die Kärntnerbastei gänzlich ohne Farbe und die Löblbastei nur in Teilen rot ausgeführt.

264 Dazu siehe die Hinweise in seiner Biographie im Kontext der auf ihn verfassten Leichenpredigt, oben S. 14 mit Anm. 30.

eine rein „privat ausgerichtete Zweckbestimmung" denken können. Vielmehr weist die hohe Qualität des Blattes darauf hin, dass es wohl von allem Anfang an als Dedikationsexemplar für seine/n fürstliche/n Herr(e)n gedacht war, vielleicht als krönende Beigabe zu seinen so ausführlichen Berichten von seiner mehrjährigen diplomatischen Tätigkeit in Wien. Da leider nicht zu klären ist, wann und unter welchen äußeren Umständen das so prächtige Blatt ausgerechnet in die Königliche Bibliothek in Brüssel gelangte, bleibt eine schmerzliche Lücke in unserem Erkenntnisstreben bestehen. Im Inventar der Königlichen Bibliothek in Brüssel wird die Erwerbung bloß unter dem Datum des 13. Februar 1929 mit Hinweis auf die Herkunft aus einem „alten Fonds" (Anc[ien] Fonds) vermerkt. Da in diesem Inventar unter diesem Datum und mit ebendieser Herkunftsangabe eine Reihe weiterer Pläne, darunter mehrerer Wien-Pläne, aber auch solcher von Venedig und Vilnius unter den Bibliothekserwerbungen verzeichnet werden, könnte damals ein größerer Ankauf getätigt worden sein.

# 9. Andermüllers Wien-Plan als Visualisierung seines höfisch-politischen Netzwerkes

Karten lassen sich als erkenntnisfördernde Werke verstehen, die helfen, unbekannte Regionen zu erschließen und für den Betrachter zu deuten. Einerseits stellt die Vogelschau Andermüllers Wien als eine Festungs- und noch mehr als eine Residenzstadt im Sinne eines bildlichen Reiseführers vor. Neben den Basteien und der damals bereits deutlich erweiterten Wiener Hofburg findet andererseits aber auch das diplomatisch-politische Netzwerk der Stadt Eingang in sein Kartenbild. Andermüller deutet Wien somit nicht nur als höfische und kirchliche Metropole, sondern verdeutlicht auch die Bedeutung der Stadt für die obersten Reichsinstitutionen, wie den Reichshofrat und die Reichshofkanzlei, zugleich die Zentralverwaltung der zusammengesetzten Habsburgermonarchie, vor allem die Geheime Konferenz und deren Mitglieder um 1700. Auch die Inhaber der obersten Hofämter des Wiener Hofes finden sich als ausgewiesene Nummern oder Zahlen in der Legende wieder.

Andermüller versuchte das politische System der Spätzeit Leopolds I. in sein Kartenbild zu integrieren, die Geheime Konferenz, die Zentral- und Hofbehörden des Kaisers spielten für ihn eine zentrale Rolle.

(1) Die Geheime Konferenz war das oberste Beratergremium Leopolds I., das ihn vor allem bei außenpolitischen Fragestellungen beriet. Die Mitglieder der „kaiserlichen Conferenz“ werden auch in den Hof-Schematismen genannt, so finden sich im Exemplar von 1704 die Namen von Ferdinand Bonaventura von Harrach (1636–1706), Wolfgang von Oettingen-Wallerstein (1629–1708), Johann Quintin von Jörger (1624–1705), Johann Franz von Würben (1634–1705), Heinrich Franz von Mansfeld-Fondi (1641–1715), Karl Theodor Otto von Salm (1645–1710), Dominik Andreas von Kaunitz (1655–1705) und Julius Friedrich Bucellini (1639–1712). Die ebenfalls mit der Konferenz in Zusammenhang gebrachten Namen von Anton Florian von Liechtenstein (1656–1721), Johann Friedrich von Seilern (1645/46–1715) und Georg Adam von Martinitz (1645–1714) fehlen dagegen im Schematismus. Die Geheime Konferenz als „Rat der Alten“[265] konstituierte sich aus den Vorsitzenden der verschiedenen Gremien der Zentralverwaltung und aus den obersten kaiserlichen, aber auch erzherzoglichen Amtsträgern, wobei die Berufung in die Geheime Konferenz durch den Kaiser ad personam erging und kein Automatismus – etwa der Präsident des Hofkriegsrates als zwangsläufiges Mitglied der Geheimen Konferenz – griff. Viele der Teilnehmer der Geheimen Konferenz versahen im Regelfall nach ihrer Kavalierstour eine Stelle im Reichshofrat, avancierten dann in den diplomatischen Dienst und kehrten im „höheren“ Alter zwischen 50 und 60 Jahren in eine

[265] Sienell, Die Geheime Konferenz 219.

bedeutsame Beraterfunktion am Wiener Hof zurück. Der Reichshofrat galt neben dem Grafen- und Fürstentitel als wichtige Sozialisierungsetappe, wollte man in das oberste Beratergremium des Kaisers vorrücken.

Andermüller lässt in seiner Karte der kaiserlichen Residenz zahlreiche Mitglieder der Geheimen Konferenz aufmarschieren, einige der im Kartenbild aufgeführten „Personen" waren zwar 1703 schon tot, aber der Dessauer Regierungsrat nahm wohl zu Recht an, dass die in dem betreffenden Haus wohnenden Familien weiter über Patronagenetzwerke und über Einfluss in den Entscheidungszentralen des Heiligen Römischen Reiches sowie, eng damit verbunden, der Habsburgermonarchie verfügten. Mit Otto Ehrenreich von Abensberg-Traun (1644–1715)[266], Ferdinand Fürst von Dietrichstein[267] (1636–1698), Ferdinand Bonaventura von Harrach[268], Dominik Andreas von Kaunitz[269], Fürst Hans Adam von Liechtenstein (1657–1712)[270], Heinrich Franz von Mansfeld-Fondi[271], Johann Adolf von Schwarzenberg (1615–1683)[272], Theodor Athletus Heinrich Graf Strattmann (um 1637–1693)[273], Karl Ferdinand von Waldstein (1634–1702)[274], Gottlieb Amadeus von Windischgrätz (1630–1695)[275] und Albrecht von Zinzendorf (1619–1683)[276] finden sich auf Andermüllers Plan die Palais maßgeblicher Teilnehmer der Geheimen Konferenz genannt. Der Landeshauptmann in Österreich ob der Enns, Graf Franz Joseph von Lamberg (1637–1712), galt offenbar schon zeitgenössisch als Mitglied der Geheimen Konferenz, obwohl dies nicht zutrifft[277].

(2) Aber nicht nur die Geheime Konferenz, sondern auch die Häuser von Inhabern wichtiger Hofämter oder von Inhabern von Ämtern der Zentralverwaltung finden sich auf Andermüllers Wien-Ansicht. Um ein oberstes Hofamt zu erlangen, musste man eine lange Tour durch verschiedene Institutionen der Habsburgermonarchie hinter sich gebracht haben, um schließlich als Obersthofmeister oder Oberstkämmerer die Ämterkarriere zu beschließen. Meist begannen die späteren Inhaber von Spitzenämtern nach einer Kavalierstour oder einem Studium an einer Universität mit einem ersten Einstiegsamt bei

[266] Biographie bei SIENELL, Die Geheime Konferenz 210. – Sein Palais ist auf der Andermüllerschen Vogelschau vermerkt, siehe unten Anhang 2, S. 158 Nr. 108.

[267] Biographie ebd. 180–182. Drei Dietrichsteinsche Palais sind auf der Andermüllerschen Vogelschau vermerkt, siehe unten Anhang 2, S. 142 Nr. 19–21.

[268] Biographie ebd. 191–193. – Sein Palais ist auf der Andermüllerschen Vogelschau vermerkt, siehe unten Anhang 2, S. 144 Nr. 36.

[269] Biographie ebd. 198f. – Sein Palais ist auf der Andermüllerschen Vogelschau vermerkt, siehe unten Anhang 2, S. 148 Nr. 52.

[270] Biographie ebd. 210f. – Seine beiden Palais sind auf der Andermüllerschen Vogelschau vermerkt, siehe unten Anhang 2, S. 149 Nr. 59–60.

[271] Biographie ebd. 199–201. – Sein Palais ist auf der Andermüllerschen Vogelschau vermerkt, siehe unten Anhang 2, S. 143 Nr. 27.

[272] Biographie ebd. 85–87. – Sein Palais ist auf der Andermüllerschen Vogelschau vermerkt, siehe unten Anhang 2, S. 156f. Nr. 96.

[273] Biographie ebd. 178–180. – Sein Palais ist auf der Andermüllerschen Vogelschau vermerkt, siehe unten Anhang 2, S. 158 Nr. 106.

[274] Biographie ebd. 193f. – Sein Palais ist auf der Andermüllerschen Vogelschau vermerkt, siehe unten Anhang 2, S. 160 Nr. 114.

[275] Biographie ebd. 188–190; VON GSCHLIESSER, Reichshofrat 275f. – Sein Palais ist auf der Andermüllerschen Vogelschau vermerkt, siehe unten Anhang 2, S. 160 Nr. 116.

[276] Biographie bei SIENELL, Die Geheime Konferenz 173–175; VON GSCHLIESSER, Reichshofrat 255. – Sein Palais ist auf der Andermüllerschen Vogelschau vermerkt, siehe unten Anhang 2, S. 160 Nr. 120.

[277] SIENELL, Die Geheime Konferenz 213. – Sein Haus ist auf der Andermüllerschen Vogelschau vermerkt, siehe unten Anhang 2, S. 148 Nr. 55.

Hof (Kämmerer). Zwischen dem zwanzigsten und dreißigsten Lebensjahr wurden viele der späteren Inhaber von Hofspitzenämtern in den Reichshofrat berufen, wo sie nicht auf der Gelehrten-, sondern der Herrenbank Platz nahmen und so das Reichsrecht aus der Nähe in „Augenschein" nehmen konnten. Ein diplomatischer Dienst an einem europäischen Hof (Rom, Madrid, London etc.) schloss sich an, der nahezu als Voraussetzung für den späteren Dienst bei Hof gelten muss. Erst mit diesem Erfahrungswissen ausgestattet waren diese Adeligen zum Dienst bei Hof vorbereitet, wobei die Inhaber der obersten Hofämter immer auch verschiedene Funktionen in den landesfürstlichen und kaiserlichen Beratergremien erfüllen mussten. Der zuerst als Gesandter in Madrid und später in höfischer Funktion dienende Ferdinand Bonaventura von Harrach war zwischen 1699 und 1705 Obersthofmeister von Leopold I. und damit für die gesamte Hofverwaltung und Organisation verantwortlich. Harrach saß aber gleichzeitig seit Beginn der 1690er Jahre in der Geheimen Konferenz als wichtiger Berater.

Am Beginn des 18. Jahrhunderts galt Johann Leopold Donat von Trautson (1659–1724) als Aufsteiger. Am deutlichsten wird dies auch durch die Erhebung in den Reichsfürstenstand, die Trautson zwar 30.000 Gulden kostete[278], ihn aber aus der Gruppe der österreichischen Adeligen sozial und zeremoniell nochmals heraushob. Trautson, seit 1698 Träger des Goldenen Vlieses, versah diplomatische Dienste (etwa als Gesandter in Bayern 1704) und avancierte mit dem Regierungsantritt Josephs I. rasch: Oberstkämmerer des Kaisers 1705 und schließlich Obersthofmeister 1709[279] – gefolgt nach seinem Abgang 1711 übrigens von Anton Florian von Liechtenstein (Obersthofmeister 1711–1721).

Die österreichische Zentralverwaltung, die sicherlich auch über Einfluss auf die Fragen des Heiligen Römischen Reiches verfügte, findet sich bei Andermüller ebenfalls genannt. Als Oberstkämmerer des alten Kaisers Leopold fungierte seit 1703 (bis 1705) Heinrich Franz von Mansfeld-Fondi, Teilnehmer der Geheimen Konferenz seit rund 1700. Viele Familien wiesen neben ihrer Verwaltungstätigkeit als Fürstendiener auch zusätzlich Hofnähe auf, was sich in späteren Hofkarrieren niederschlug. Ferdinand Ernst von Mollard (1648–1716) fungierte zwischen 1712 und 1716 als Oberstküchenmeister und ab 1714 als Hofmusikdirektor[280].

Obwohl schon 1693 – und damit vor Antritt der Wiener Delegation Andermüllers – verstorben, zog der Name des seit 1683 als österreichischer Hofkanzler tätigen Theodor Athletus Heinrich Graf Strattmann (um 1637–1693) offenbar weiterhin[281]. Die österreichische Hofkanzlei war als zentrale Verwaltungsbehörde für die deutschen Erbländer zuständig. Auch Bezüge zur wichtigsten in Wien amtierenden Finanzbehörde, der Hofkammer, und zum Hofkriegsrat finden sich bei Andermüller: Der schon genannte Ferdinand Ernst von Mollard fungierte als Vizepräsident der Hofkammer, Prinz Eugen (1663–

[278] Hadriga, Trautson 112.

[279] Scheutz, Elite der hochadeligen Elite 189f.; Kubiska-Scharl–Pölzl, Die Karrieren des Wiener Hofpersonals 719. – Sein Palais ist auf der Andermüllerschen Vogelschau vermerkt, siehe unten Anhang 2, S. 158 Nr. 109.

[280] Kubiska-Scharl–Pölzl, Die Karrieren des Wiener Hofpersonals 648. Sein Palais ist auf der Andermüllerschen Vogelschau vermerkt, siehe unten Anhang 2, S. 152 Nr. 70.

[281] Auffällig ist, dass dessen Haus auch bei Johann Jordan in dessen gedruckten Häuserzeichnis von 1701 (Jordan, Schatz / Schutz / und Schantz 42f.), als „Ihro Excell. Herrn Graffen Theodor Althet (!) Heinrich von Strattmann seel. Erben [...]" bezeichnet wird.

1736)[282] amtierte seit 1703 bis zu seinem Tod als Präsident des Hofkriegsrates. Heinrich Franz von Mansfeld-Fondi (1641–1715) scheint ebenfalls im Plan auf, er war Geheimer Rat sowie Generalfeldmarschall, zwischen 1701 und 1703 fungierte er als Hofkriegsratspräsident[283]. Auch der viele Jahre als militärischer Befehlshaber dienende Aeneas Silvius Graf Caprara (1631–1701)[284] amtierte im Hofkriegsrat. Die verschiedenen Finanzbehörden scheinen Andermüller bzw. seine Dienstgeber breiter interessiert zu haben. Mit Hans Adam von Liechtenstein und Heinrich Franz von Mansfeld-Fondi sind nicht nur wichtige Teilnehmer der Geheimen Konferenz benannt, sondern beide amtierten als Vorstände des nach dem Tod von Samuel Oppenheimer (1. Mai 1703) zur Finanzierung der Habsburgermonarchie begründeten Banco del Giro.

(3) Als dritter, vielleicht für Andermüller wichtigster Verwaltungskomplex scheinen der Reichshofrat und die Reichshofkanzlei im Kartenbild von 1703 auf – Reichsbehörden also. Im Reichshofrat – neben dem Reichskammergericht das oberste Reichsgericht – konnten die einzelnen Reichsstände Beschwerde und Klage führen, aber auch Appellationen geltend machen. Andermüller musste in diesen Institutionen antichambrieren und versuchen, auf den Gang, aber auch die Richtung der anhängigen Verfahren Einfluss zu nehmen – eine aufreibende Tätigkeit. Viele der Besitzer von Wiener Palais hatten eine Vergangenheit im Reichshofrat, weil sich diese Einrichtung neben dem Hofdienst als eine essentielle „Initiations-, Sozialisierungs- und Vernetzungsetappe“[285] des gesamtösterreichischen Hochadels darstellte. Hermann Jakob von Czernin von Chuednitz (1659–1710) wurde beispielsweise 1686 zum Reichshofrat ernannt, fungierte später als kaiserlicher Gesandter in Polen 1695 und starb schließlich 1710 als böhmischer Statthalter[286]. In unmittelbarer Nähe des kaiserlichen Wohnsitzes lag die Reichshofkanzlei, die zwar nominell vom Mainzer Erzbischof präsidiert, faktisch aber vom Reichsvizekanzler geleitet wurde. Die Reichshofkanzlei war die wichtigste Kanzlei bei allen Belangen des Heiligen Römischen Reiches. Nicht von ungefähr führt Andermüller deshalb die beiden Reichsvizekanzler Gottlieb Amadeus von Windischgrätz[287] und Dominik Andreas von Kaunitz in seiner Vogelschau mit ihren Wohnsitzen an. Windischgrätz, seit 1694 (und bis zu seinem Tod 1695) Reichvizekanzler, agierte ab 1688 als Prinzipalkommissar in Regensburg und war das wichtigste kaiserliche Sprachrohr am permanenten Reichstag. Sein Nachfolger (1696–1705) Kaunitz (Abb. 7)[288] hatte zuvor Gesandtschaftsreisen in London (1687), Köln (1687/88), München (1688/89) und Den Haag (1694–1697) absolviert und war zudem ebenso wie Windischgrätz Teilnehmer der Geheimen Konferenz.

Ohne genauere Angaben zur Anlageintention der Karte zu besitzen, lässt sich auf jeden Fall deutlich nachweisen, dass Andermüller die wichtigsten Personen der Verwaltungselite sowohl des Heiligen Römischen Reiches als auch der Habsburgermonarchie – etwa auch den seit 1681 amtierenden Palatin Paul I. Esterházy de Galantha (1635–1713)[289] – mit ihren Häusern und Palais in seiner Wiener Vogelschau anführte.Umge-

---

282 Das Winterpalais des Prinzen Eugen wird in der Andermüllerschen Vogelschau vermerkt, siehe unten S. 155 Nr. 91.

283 Daten nach Fellner–Kretschmayr, Zentralverwaltung I/1 275–288.

284 Sein Palais ist auf der Andermüllerschen Vogelschau vermerkt, siehe unten Anhang 2, S. 141 Nr. 15.

285 Maťa, Der Adel aus den böhmischen Ländern 217.

286 von Gschliesser, Reichshofrat 315.

287 Sienell, Die Geheime Konferenz 188–190; von Gschliesser, Reichshofrat 275f.

288 Sienell, Die Geheime Konferenz 198f.

289 Johann Christoph Allmayer-Beck, Art. Esterházy von Glántha, Paul Graf. *NDB* 4 (1959) 662f.

Abb. 7: Dominik Andreas Graf von Kaunitz (1655–1705). Kupferstich von Hendrik Causé. Verlag Carl Gustav Merian (Erben), datiert 1717 (ÖNB, Bildarchiv, PORT_00067067_01)

kehrt zeichnete Andermüller die Palais anderer großer Familien, die um 1700 schon bestanden, aber für sein Anliegen nicht wichtig waren, nicht ein: Palais Herberstein, Palais Kaiserstein, Palais Selb[290].

[290] Haider, Verlorenes Wien 51–59, 75.

# 10. Die Transformation des Wiener Stadtbildes in der Frühen Neuzeit (16. bis 18. Jahrhundert)

Veränderungen im Stadtbild stellen ganz grundsätzlich eines der zentralen Elemente städtischen Daseins dar, sind es doch nicht zum Wenigsten ausgeprägte Dynamik und markanter Wandel, die städtische Agglomerationen von dörflichen Siedlungen ganz markant unterscheiden. Gerade die untrennbare Verbindung aus städtischer Topographie und Struktur zum einen, dem Baugeschehen an Plätzen, in Straßen und Gassen und dabei vor allem innerhalb der von den Verkehrsflächen gebildeten Baublöcken zum anderen ist im Rahmen der vielfachen Veränderungen und Transformationen permanentes Spiegelbild der für den städtischen Lebensraum so maßgeblichen Eigenschaften. Dabei treten in diachroner Betrachtung Phasen und Stadien von höchst unterschiedlicher Intensität hervor. So war – für die historische Forschung nur mit größtem Bedauern zu konstatieren – gerade die Frühphase, waren die Anfänge von Städten ohne Zweifel von ungeheurer baulicher Dynamik geprägt, die in ihren Details leider freilich mangels ausreichender und entsprechender Quellen für diese frühe Anfänge der Stadtentwicklung nur selten in erwünschter Klarheit zu rekonstruieren sind[291]. Auf diese Anfänge folgte im Regelfall eine Konsolidierungsphase, die weitere Ausbauschritte kannte und in der zumeist die Grundstruktur von Städten ausgebildet wurde, die dann bis zur Gegenwart bestehen bleibt oder zumindest maßgeblich weiterwirkt. Einschnitte, ja Zäsuren innerhalb dieser Entwicklung können durch äußere oder innere Katastrophen bedingt sein, und dabei ist zum einen an Stadtbrände und an Naturkatastrophen wie Hochwässer oder Erdbeben zu denken, zum anderen an kriegerische Ereignisse, Belagerungen oder Eroberungen der Stadt sowie an Auswirkungen innerer Unruhen mit all den von ihnen ausgelösten Schäden am städtischen Organismus[292].

Quellen, die uns derartige Vorgänge dokumentieren und damit helfen, einzelne Entwicklungs- und Ausbauphasen zu belegen und in ihrer Bedeutung zu rekonstruieren, lassen sich vom Grundsatz her in Textzeugnisse und bildliche Überlieferungen, vor allem Ansichten und Pläne, trennen. Zeitlich weiter zurück reichen in jedem Fall die schriftlichen Dokumente, wobei insbesondere das Amtsschrifttum in Form von Grund-

[291] Dabei ist zwischen Städten des deutschen und des italienischen Bereichs im hohen Mittelalter grundlegend zu unterscheiden: So lässt sich etwa die Frühzeit einer der bedeutendsten deutschen Gründungsstädte, nämlich Freiburgs im Breisgau, im Wesentlichen auf der Grundlage archäologischer Erkenntnisse rekonstruieren, vgl. dazu Baeriswyl, Stadt, Vorstadt und Stadterweiterung; ders., Auf der grünen Wiese; für das von Friedrich Barbarossa 1158 neu gegründete Lodi südöstlich von Mailand dagegen liegen schon für die ersten Jahre seines Bestehens derartige reichhaltige Textzeugnisse vor, dass daraus siedlungsgenetische Erkenntnisse in großer Zahl abgeleitet werden können, vgl. dazu Opll, Friedrich Barbarossa als Gründer von italienischen Städten; ders., Städtegründungen.

[292] Vgl. dazu die Bände von Stadtzerstörung und Wiederaufbau, 3 Bde.

büchern, Steuerverzeichnissen und auch Urkunden im Hinblick auf den städtischen Immobilienmarkt hervorzuheben ist[293]. Gerade auf diesem Felde kam es für Wien ab der Frühen Neuzeit zu einer markanten Ausweitung der Überlieferung, und dabei sind ab der zweiten Hälfte des 16. Jahrhunderts bis ins 18. Jahrhundert die Hofquartierbücher mit ihrer bis ins Detail gehenden Erfassung des Häuserbestandes der Stadt zu Zwecken der Einquartierung in bürgerlichen Häusern an hervorragender Stelle zu nennen[294]. Aus dem Bereich des literarischen Schrifttums ist auf Stadtbeschreibungen hinzuweisen, wobei nach einer Reihe eher allgemein gehaltener Überlieferungen der mittelalterlichen Epoche mit dem 1547 gedruckten Werk des Wolfgang Schmeltzl erstmals ein umfassenderer und detaillierterer Text zu verzeichnen ist[295]. Der Privatinitiative des Briefträgers Johann Jordan (1655–1738) verdankt dann die erste gedruckte, „sehr genaue und ordentliche Beschreibung aller Gassen, Platz, Palläst, Häuser und Kirchen" Wiens ihre Entstehung. Dabei ist es interessant zu beobachten, wie der Autor sich in der Einleitung zwar Mühe gibt, sein Werk in die Tradition von antiken Stadtbeschreibungen, etwa eines Strabo über Karthago, einzufügen, zugleich aber betont, dass er nach den Erfahrungen des ihm übertragenen Amtes als Briefträger der Erste ist, der die Gassen und Häuser der Stadt „in genaue Ordnung und Zahl" gebracht hat[296]. Eine völlig unverzichtbare Hilfe für jegliches wissenschaftliche Eindringen wie auch die Durchdringung der älteren Topographie Wiens bietet – für den Raum der ummauerten Innenstadt – nicht zuletzt das von Paul Harrer-Lucienfeld (1883–1958) in wahrer Kärrnerarbeit zusammengetragene, 17-bändige Werk „Wien – seine Häuser, Menschen und Kultur". „Der Harrer" bietet darin auf der Grundlage der Auswertung der städtischen Grundbücher eine Häusergeschichte der heutigen Innenstadt[297].

Bildliche Überlieferungen zum Stadtbild haben im Vergleich zu Textzeugnissen den Vorzug einer ungleich intensiveren Wirkung auf deren Benutzer. Zugleich ist aber auch hier eine profunde Quellenkritik bei Analyse und Auswertung völlig unabdingbar. Vielfach bilden sie nämlich weniger exakt die Realität ab, sondern fokussieren auf einen ganz spezifischen Entstehungszweck, wählen damit Dargestelltes aus, heben Details hervor und lassen andere zurücktreten oder gar weg. Dies gilt sowohl für Ansichten, und hier solche der Gesamtstadt, wie auch von Einzelheiten des Stadtbildes, als auch für kartographische Dokumente im engeren Sinne in Form von Stadtplänen. Dass es dabei alles andere als einfach ist, zwischen Ansichten und Plänen exakt zu scheiden, zeigt sich gerade im Kontext der einschlägigen Bildüberlieferung der Frühen Neuzeit, die in so mancher Hinsicht geradezu fließende Übergänge zwischen Plandarstellungen, Perspektivdarstellungen, Vogelschauen und Panoramen aufweist. Von maßgeblicher Bedeutung ist es nicht zuletzt, dass auf den Entstehungskontext der betreffenden bildlichen Überlieferung ganz besonderes Augenmerk zu richten ist. Es ist eben alles andere als unwichtig, ob es sich um die Gesamtansicht einer Stadt handelt, die als Hintergrund einer biblischen Szene, im Auftrag der Stadt selbst, im Rahmen einer Dedikation an den Fürsten oder Landesherrn bzw. die Repräsentanten der Stadt oder für den breiteren Markt eines in dieser Epoche zunehmend

293 Opll, The basis of our knowledge.

294 Vgl. dazu Kallbrunner, Hofquartierwesen; zuletzt Maurer, Hofquartierwesen; dazu auch Rescher, Herrschaft und Ressourcenverteilung.

295 Zum Schmeltzlschen Lobspruch vgl. Opll, Innensicht und Außensicht.

296 Vgl. Art. Johann Jordan. *Wien Geschichte Wiki* sowie Fischer, Der Himmel ist nackt 13f. und 29 Anm. 4f.; Huber, Analyse der Topographie.

297 Harrer, Wien; siehe zum Autor auch Art. Paul Harrer-Lucienfeld. *Wien Geschichte Wiki*.

wachsenden Publikums konzipiert und angefertigt wird, ob das betreffende Stadtbild als Dokumentation eines besonders dramatischen Geschehens entsteht oder ob Pläne den Ausbau der städtischen Befestigungen gleichsam begleiten bzw. ob ihre Entstehung in einem administrativen Kontext zu sehen ist.

All diese Varianten bildlicher Überlieferungen gibt es gerade auch für Wien zwischen dem 15. und dem 18. Jahrhundert in großer Zahl und Fülle. In den letzten Jahren ist es dabei gelungen, gegenüber der älteren Forschung einen weitaus verbesserten Kenntnisstand zu erarbeiten, was sich zum gegenwärtigen Zeitpunkt[298] in den folgenden vier Punkten zusammenfassen lässt:

1. Das Wissen zu den seit langem bekannten Cartographica konnte in den letzten 25 Jahren im Rahmen zahlreicher Einzelstudien entscheidend vertieft werden.
2. Eine Gesamtübersicht der einschlägigen Überlieferung von den Anfängen an der Wende vom 14. zum 15. Jahrhundert bis zur Vogelschau des Jacob Hoefnagel (1609) wurde im Rahmen der Analyse einer auf einem Fresko im Palazzo Lantieri in Görz überlieferten, bislang unbekannten Stadtansicht von Wien aus der Mitte des 16. Jahrhunderts vorgelegt[299]. Eine weitere wichtige Übersicht zur historischen Cartographica unter dem Blickwinkel österreichischer Flusslandschaften hat kürzlich Severin Hohensinner[300] vorgelegt, wobei selbstverständlich die Wien-Bezüge äußerst umfassend abgehandelt werden.
3. Zu mehreren, für ein breiteres Publikum besonders attraktiven älteren Stadtansichten, darunter den Vogelschauen des Jacob Hoefnagel (1609), des Folbert van Ouden-Allen (vor 1683/1686) und des Joseph Daniel Huber (1769–1773/1778) sind mit Kommentar versehene Faksimile-Editionen[301] erschienen. Das Wiener Stadt- und Landesarchiv bietet über sein Archivinformationssystem (WAIS) Digitalisate wichtiger, in seinen Beständen befindlicher Pläne. Dabei ist zu betonen, dass insbesondere hochauflösende Digitalisate, wie sie heutzutage zunehmend von den einschlägigen Sammlungen online zur Verfügung gestellt werden, die Möglichkeiten der Analyse gegenüber den Faksimile-Editionen in einem derart hohen Ausmaß verbessert haben, dass nachgerade von einem echten Fortschritt zu sprechen ist.
4. Schließlich sind in jüngster Vergangenheit Spezialstudien zu bislang nur wenig beachteten Wien-Plänen des 16. Jahrhunderts erschienen[302] und auch bislang seitens der Wien-Forschung unberücksichtigt gebliebene Cartographica, wie vor allem der Schlierbach-Plan aus den frühen 1620er Jahren[303] und die im vorliegenden Buch behandelte im Zentrum stehende Wien-Vogelschau des Bernhard Georg Andermüller

---

[298] Eine Übersicht mit Hinweisen auf die ältere Literatur findet sich unter dem Art. Stadtpläne. *Wien Geschichte Wiki*; Zugang zu den einschlägigen Beständen des Wiener Stadt- und Landesarchivs findet sich einfach unter dem Art. Karten. *Wien Geschichte Wiki*.

[299] Eine Zusammenfassung der Überlieferung bis zum frühen 17. Jahrhundert haben vorgelegt: Opll–Stürzlinger, Ansichten und Pläne; die dort gebotene Liste ist unter dem Art. Liste von Plänen und Ansichten von Wien. *Wien Geschichte Wiki* auch online verfügbar.

[300] Hohensinner, Bibliografie.

[301] Wien 1609; Folbert van Alten-Allen. Siehe auch die Hinweise unten Anhang 3, S. 163f. Nr. 8, S. 164 Nr. 12 und S. 168f. Nr. 26; Huber, Vogelschauplan der Stadt Wien.

[302] Opll–Krause–Sonnlechner, Wien als Festungsstadt; darin findet sich in einem eigenen Anhang (S. 483 Nr. 7) ein ausführlich kommentiertes „Chronologisches Verzeichnis der in diesem Buch häufig verwendeten Wien-Pläne und Wien-Ansichten (15.–18. Jahrhundert)".

[303] Opll–Scheutz, Schlierbach-Plan.

von 1703, wurden wissenschaftlich erschlossen. All das hat die Kenntnisse betreffs des älteren Wiener Stadtbildes ganz maßgeblich erweitert.

Vor allem mit der hier vorgelegten Erschließung der Andermüllerschen Vogelschau hat sich im Hinblick auf die Analyse des Wiener Stadtbildes die bislang als schmerzlich empfundene Lücke zwischen den Vogelschauen des Jacob Hoefnagel und des Joseph Daniel Huber zwar nicht schließen, aber doch deutlich verringern lassen. Die Wien-Vogelschau des Folbert van Ouden-Allen (1635–1715)[304] aus den 1680er Jahren bildet in diesem Kontext in jedem Fall eine Ausnahme. Sie entstand als Teil eines umfassenderen kaiserlichen Auftrags an den aus den Niederlanden stammenden kaiserlichen Kammermaler zur Porträtierung von insgesamt zehn habsburgischen Städten (neben Wien: Graz, Prag/Praha, Preßburg/Bratislava, Brünn/Brno, Olmütz/Olomouc, Fiume/Rijeka, Görz/Gorizia, Laibach/Ljubljana und Klagenfurt) aus der Vogelperspektive. Sie weist allerdings wegen des von der Stadt deutlich abgerückten Standpunktes des die Stadt porträtierenden Künstlers im Vergleich zu Hoefnagels Vogelschau eine ungleich geringere Detailgenauigkeit auf[305].

Die Gegenüberstellung von Hoefnagel und Andermüller macht das Ausmaß der Transformation, die das Wiener Stadtbild innerhalb von hundert Jahren erlebte, deutlich. Dabei geht es nicht um eine durchgehende, den gesamten Baubestand der ummauerten Stadt erfassende Veränderung unter dem Prätext einer durchgreifenden, gar völligen Barockisierung. Es gibt vielmehr durchaus noch eine Reihe von Häuserzeilen, für die das (spät)mittelalterliche „Kleid", d. h. das giebelseitig zur Straße hin ausgerichtete Haus, weiterhin dominant ist. Besonders auffällig ist dies etwa im Abschnitt der Kärntner Straße zwischen dem Stock-im-Eisen-Platz und dem Bereich des Neuen Marktes zu erkennen. Erst im weiter südlich davon gelegenen Straßenverlauf hin zum Kärntner Tor sind es traufenseitig zur Straße ausgerichtete Häuser, welche das Bild prägen. In ganz besonders eindrücklicher Weise tritt die barocke Transformation freilich in der gegenüber 1609 ungeheuer stark gestiegenen Zahl von Türmen hervor, solche von Kirchen inklusive der Dachreiter, aber auch solche auf adeligen Palais, die nun in weitaus überwiegender Zahl mit dem für das Barock so kennzeichnenden Zwiebelhelm bekrönt sind und eben nicht mehr das spitz zulaufende Dach der älteren Epochen tragen. Wiewohl die eingehende Analyse des Andermüllerschen Werks deutlich zeigt, dass der Dessauer Kanzleirat bei seiner Arbeit nicht immer exakt und präzise vorging, somit nicht jeder von ihm dargebotene Zwiebelturm auch der Realität entsprochen haben muss, die Tendenz bleibt klar und ist eben für den Wandel des Wiener Stadtbildes symptomatisch.

Dieser hier zunächst in letztlich unzulässiger Verknappung und bloß mit einigen wenigen Hinweisen angedeutete Transformationsprozess, den Wien somit im 17. Jahrhundert durchlief, lässt sich freilich bei eingehenderer Analyse als Teil eines geradezu säkularen Prozesses, der die Jahrhundertgrenze in beide Richtungen hin durchstieß, verstehen und begreifen. Der vorliegenden Stadtgeschichtsforschung zu Wien ist dieser Vorgang tiefgreifender baulicher Veränderung alles andere als fremd – und dennoch: Im Regelfall

[304] Die Verwendung der niederländischen Schreibweise seines Namens (in der Literatur vielfach: Alten-Allen) scheint allemal adäquater.

[305] Vgl. die Hinweise bei Folbert van Alten-Allen, sowie unter dem Art. Folbert van Alten-Allen. *Wien Geschichte Wiki*. Dasselbe Verdikt ist im Übrigen auch auf die von Domenico Cetto 1689 im Auftrag der Stadt angefertigte Kopie des Alten-Allen-Werks in Form eines Ölgemäldes, die allerdings nur die befestigte Stadt ohne das Umland zeigt, gültig, vgl. zu diesem Opll, Wiener Stadtansichten 171f.

wurde dieser Transformationsprozess entweder mit den tiefen Zäsuren der beiden osmanischen Belagerungen von 1529 und 1683 bzw. mit Schlagworten, wie dem durchaus zutreffenden der sogenannten „Klosteroffensive“[306] der Gegenreformation oder dem Aufkommen des Barockpalais, beschrieben, ohne dass das Wesen des Wandels eingehender untersucht und so besser begreifbar und verständlich gemacht wurde. Im Folgenden wird daher der Versuch unternommen, die Transformation des Wiener Stadtbildes in der Frühen Neuzeit und deren Implikationen auf Lebensbereiche und -formen der Wiener Bevölkerung unter Bezugnahme auf drei Bereiche, nämlich die ummauerte Stadt selbst, die Befestigungsanlagen und die Vorstadtgebiete, somit in gewisser Weise von Innen nach Außen, näher zu skizzieren.

## 10.1 Die Transformation des Stadtbildes der ummauerten Stadt

Das Jahr 1529 mit der nur mit Mühe abgewehrten osmanischen Belagerung gilt seit jeher, und das zu Recht, als Zäsur in der Entwicklung Wiens. Bis dahin hatte sich die Stadt seit ihren Anfängen in der babenbergischen Epoche zu einem gerade auch baulich in vieler Hinsicht bürgerlichen Gemeinwesen entwickelt. Mit dieser Etikettierung soll und kann freilich in keiner Weise verdeckt werden, dass es im Wesentlichen die geistlichen Bauwerke, in Sonderheit Kirchen und Kapellen sind, die schon aufgrund der reichhaltiger fließenden Überlieferung unser Wissen um das bauliche Gefüge und Gepräge des mittelalterlichen Wien bestimmen. Zwar liegt für den bürgerlichen Hausbau sowohl mit den Beurkundungen zahlreicher Immobilientransaktionen als auch den seit dem 14. Jahrhundert auf uns gekommenen Grundbüchern ebenfalls eine durchaus beachtliche Dokumentation vor, architektonische Spezifika treten aber nicht in vergleichbar prägnanter Weise[307] hervor, wie dies eben bei kirchlichen Bauwerken der Fall ist. Vor allem Letztere sind es, die uns nicht zuletzt auch eine Vorstellung von der allmählichen Verdichtung der Verbauung im Stadtkern[308] vermitteln. So sind etwa schon für das 12. Jahrhundert mit St. Peter[309], St. Ruprecht[310], St. Stephan[311], Maria am Gestade[312] und dem Schottenkloster[313] wichtige Markierungen im städtischen Gefüge gegeben. Im 13. Jahrhundert setzt sich dieser Prozess in beschleunigter Weise fort. Dabei sind mit der Pfarrerhebung der Schot-

---

306 Art. Klosteroffensive. *Wien Geschichte Wiki.*

307 Wichtige Erkenntnisse zum älteren Hausbestand in Wien bietet vor allem LICHTENBERGER, Wiener Altstadt.

308 Zur Kirchenlandschaft vgl. insbesondere PERGER–BRAUNEIS, Die mittelalterlichen Kirchen, sowie SCHEDL, Klosterleben und Stadtkultur; zur Siedlungsentwicklung im 12. und 13. Jahrhundert ist zu verweisen auf OPLL, Planung oder Genese; DERS., Seigneurial Power and Planning; DERS., Wien um die Mitte des 13. Jahrhunderts; ein Gesamtüberblick zur mittelalterlichen Stadtgeschichte Wiens findet sich in den einschlägigen Abschnitten: Wien. Geschichte einer Stadt 1. Kartographische Umsetzung nach dem Forschungsstand um 1980 fand dies bei OPLL, Wien (Öst. Städteatlas); jetzt auch online unter: http://mapire.eu/oesterreichischer-staedteatlas/wien/.

309 Siehe dazu unten Anhang 2, S. 152f. Nr. 77.

310 Da die Ruprechtskirche auf der Andermüllerschen Vogelschau fehlt, ist hier zu verweisen auf Art. Ruprechtskirche. *Wien Geschichte Wiki.*

311 Siehe dazu unten S. 158 Nr. 104; zum Dom vgl. auch 850 Jahre St. Stephan. Symbol und Mitte in Wien (Katalog, 1997).

312 Siehe dazu unten Anhang 2, S. 150 Nr. 64.

313 Siehe dazu unten Anhang 2, S. 155f. Nr. 94.

tenkirche und von St. Michael[314] wichtige Hinweise auf das in den Einzelheiten sonst nicht fassbare Bevölkerungswachstum gegeben. Mit etlichen neuen Ordensniederlassungen noch während der spätbabenbergischen Epoche und auch in der Folgezeit (Johanniter-[315] und Deutschordenskommende[316], Dominikaner-[317] und Minoritenkloster[318], St. Jakob auf der Hülben[319], Himmelpfortkloster[320], St. Niklas[321] in der Singerstraße) ist eine hohe Dynamik zu erkennen. Die Gründungsinitiativen hielten noch bis in das frühe 14. Jahrhundert hinein weiter an, wobei im Stadtinneren das Laurenzerinnen-[322], das Clarissenkloster[323] und das unter Auflassung der vorstädtischen Niederlassung entstandene Augustinerkloster[324] hinzutraten. Darüber hinaus ist auf zum Teil tiefgehende Umgestaltungen vorhandener Kirchenbauten hinzuweisen, die – äußerst summarisch – unter dem Schlagwort einer „Gotisierung der Wiener Kirchenlandschaft" zusammengefasst werden können. In ebendiesem Säkulum erfolgten dann mehrfach Übersiedlungen von Ordensniederlassungen aus dem Bereich außerhalb der Stadtmauern hinein in die Stadt, wo neue Gebäudekomplexe samt Kirchen entstanden. Beispiele dafür bieten in den 1320er Jahren das bereits erwähnte Augustinerkloster unweit der landesfürstlichen Burg und einige Jahrzehnte später das Karmeliterkloster[325] Am Hof (1365). Zuletzt sind noch die aus bürgerlicher Initiative hervorgegangenen Gründungen des Büßerinnenhauses St. Hieronymus (1384)[326] und des Pilgrim- bzw. Pilgramhauses zu St. Anna (1415)[327] anzuführen.

Dieser ausgesprochene Reichtum der Wiener Kirchenlandschaft, vor allem freilich die außerhalb des Schutzes der Stadtmauern in den Vorstädten gelegenen Einrichtungen und Niederlassungen[328] sollten im Zuge der ersten osmanischen Belagerung Wiens 1529 schweren Schaden nehmen. Aber auch im Stadtinneren zeitigten die schwerwiegenden Geschehnisse vielfach Wirkung. Ab nun sind es neben den Bauten der Geistlichkeit vermehrt auch solche der landesfürstlichen und adeligen Sphäre, die aus der Überlieferung verstärkt hervortreten und den Transformationsprozess in einer gegenüber früher doch sehr viel mehr differenzierten Weise kenntlich machen.

In struktureller Hinsicht ist es nun weniger die Gründung neuer Einrichtungen, als sehr viel mehr der Um- und Ausbau, die Neugestaltung sowie die Adaptierung von Vorhandenem, die von jetzt an im Vordergrund stehen. Die an Zahl viel geringeren, echten Neugründungen, darunter etwa aus der geistlichen Sphäre das 1582/83 von der verwitweten Königin Elisabeth von Frankreich gestiftete Königinkloster (Abb. 8)[329], aus der

314 Siehe dazu unten Anhang 2, S. 151 Nr. 66.

315 Siehe dazu unten Anhang 2, S. 147 Nr. 50.

316 Siehe dazu unten Anhang 2, S. 141f. Nr. 18.

317 Siehe dazu unten Anhang 2, S. 142 Nr. 22.

318 Siehe dazu unten Anhang 2, S. 151 Nr. 68.

319 Siehe dazu unten Anhang 2, S. 146 Nr. 46.

320 Siehe dazu unten Anhang 2, S. 144 Nr. 38.

321 Siehe dazu unten Anhang 2, S. 152 Nr. 73.

322 Siehe dazu unten Anhang 2, S. 148f. Nr. 58.

323 Art. Clarakloster. *Wien Geschichte Wiki*; Schedl, Klosterleben und Stadtkultur 235–256.

324 Siehe dazu unten Anhang 2, S. 138f. Nr. 7.

325 Art. Jesuitenkirche. *Wien Geschichte Wiki*.

326 Art. Hieronymuskloster. *Wien Geschichte Wiki*. Ergänzend vgl. auch Schedl, Klosterleben und Stadtkultur 257–273.

327 Art. Pilgramhaus. *Wien Geschichte Wiki*.

328 Zu diesen siehe die Hinweise, die im Abschnitt über die Transformation des Stadtbildes der Vorstädte geboten werden (unten S. 97–124).

329 Siehe dazu unten Anhang 2, S. 148 Nr. 54.

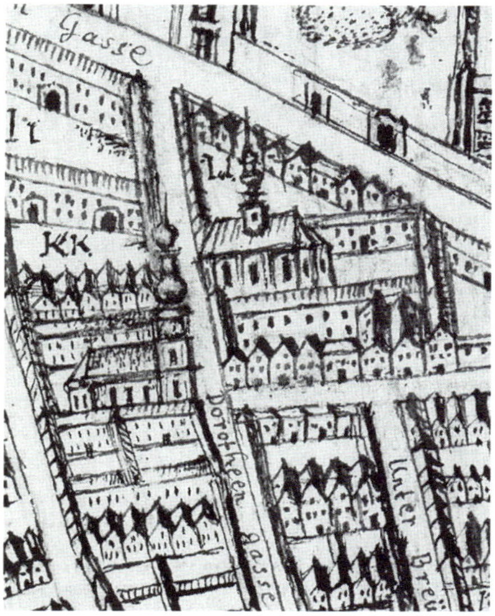


Abb. 8: Ansicht des Königinklosters in der Dorotheergasse auf der Vogelschau des Bernhard Georg Andermüller von 1703.

landesfürstlichen Sphäre die Stallburg[330], das Arsenal[331] und die beiden kaiserlichen Zeughäuser in der Renngasse[332] und in der Seilerstätte[333], aus adelig-ständischem Umfeld das Landhaus in der Herrengasse (ab 1513)[334] und aus bürgerlichem Umfeld das Bürgerliche Zeughaus (um 1562–1564)[335], verdanken ihre Entstehung regelrechten Aufkaufaktionen von an diesen Bauplätzen zuvor gegebenem älteren Hausbestand.

Für die vor 1529 außerhalb der Stadtbefestigungen in den Vorstädten bestehenden geistlichen und sozial-karitativen Einrichtungen, die allesamt dem Belagerungsgeschehen zum Opfer gefallen waren, musste im geschützten Stadtkern Vorkehrung getroffen werden. Vielfach waren diese Verlagerungen von Stadtaußen nach Stadtinnen aufs engste mit den tiefgreifenden religiösen Veränderungen in dieser Epoche verbunden. Mitunter ergab sich jedoch ganz offenkundig auch aus der Flucht von Konventen vor der Türkengefahr und der militärischen Verwendung ihrer Gebäude im Türkenjahr die Möglichkeit, den vorhandenen Baukomplex einer anderen Verwendung zuzuführen. Bestes Beispiel dafür ist sicherlich die Übersiedlung des 1529 zerstörten Bürgerspitals vor dem Kärntner Tor in das ehemalige Clarissenkloster am Schweinemarkt (heute: Lobkowitzplatz) schon ab dem Jahr 1530[336]. Manche Konvente vorstädtischer Klöster mussten nach 1529 ein regelrechtes Wanderleben führen und wurden in bestehende Baulichkeiten anderer religiöser Kommunitäten eingewiesen. Die Zisterzienserinnen von St. Niklas vor dem Stubentor, deren Kloster 1529 vollständig zerstört worden war, traf es besonders hart[337], konnten sie doch nicht in ihr Stadtkloster (St. Niklas in der Singerstraße) übersiedeln, da dieses bereits für

[330] Siehe dazu unten Anhang 2, S. 157 Nr. 102.
[331] Siehe dazu unten Anhang 2, S. 138 Nr. 5.
[332] Siehe dazu unten Anhang 2, S. 138 Nr. 6.
[333] Siehe dazu unten Anhang 2, S. 160 Nr. 118.
[334] Siehe dazu unten Anhang 2, S. 148 Nr. 56.
[335] Siehe dazu unten Anhang 2, S. 160 Nr. 117.
[336] Siehe dazu unten Anhang 2, S. 140 Nr. 14.
[337] Die Einzelheiten bei Perger–Brauneis, Die mittelalterlichen Kirchen 182f.

Abb. 9: Ansicht des Clarissenklosters St. Niklas in der Singerstraße auf der Vogelschau des Bernhard Georg Andermüller von 1703.

die Aufnahme der Nonnen des Magdalenerinnenklosters vor dem Schottentor bestimmt worden war. Die Zisterzienserinnen zogen dann nach St. Bernhard bei Horn, und das Vermögen ihrer früheren vorstädtischen Niederlassung wurde auf St. Dorothea und die Wiener Universität aufgeteilt. Das innerstädtische Niklaskloster beherbergte vorübergehend die Nonnen von St. Maria Magdalena, die dann bereits 1533 nach St. Laurenz weiterzogen[338]. St. Niklas selbst wurde nach unterschiedlichen Fährnissen zwischen 1545 und 1589 Sitz der Franziskaner, in der Folge ein städtisches Waisenhaus und schließlich ab 1625 zum Sitz des neu gegründeten Clarissenklosters (Abb. 9)[339].

Ein unmittelbarer Zusammenhang zwischen Reformation und Umgestaltungen bzw. Veränderungen im Stadtbild Wiens lässt sich zum einen bei der Berufung der Jesuiten in die habsburgische Residenzstadt (1554), zum anderen bei der Neunutzung des durch markanten Niedergang frei gewordenen Büßerinnenhauses St. Hieronymus durch den Franziskanerorden (ab 1589) aufzeigen. Der Jesuitenorden wurde unter maßgeblicher Förderung vonseiten Ferdinands I. Kern und Motor der eigentlichen Gegenbewegung gegen den sich in der Spätzeit der Regierung Ferdinands und vor allem unter Maximilian II. stark ausbreitenden Einfluss protestantischen Denkens. Ihr erster Sitz in Wien war das im Zuge der Ausbreitung des Protestantismus nahezu entvölkerte Karmeliterkloster Am Hof[340], ab 1573 verfügten sie auch an der Ostseite der Stadt in der heutigen Postgasse über ein eigenes Konvikt mit der Barbarakapelle[341]. Die Franziskaner, denen man 1545 das Niklaskloster in der Singerstraße übertragen hatte, erhielten das seit der Zeit um 1570

338 Ebd. 188f.

339 Zusammengefasst unter dem Art. Nikolaikloster. *Wien Geschichte Wiki*.

340 Siehe dazu unten Anhang 2, S. 146f. Nr. 48.

341 Siehe dazu unten Anhang 2, S. 139 Nr. 9.

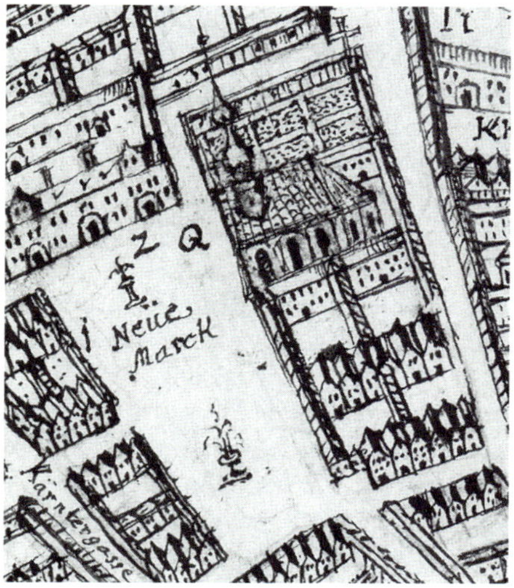


Abb. 10: Ansicht des Kapuzinerklosters am Neuen Markt auf der Vogelschau des Bernhard Georg Andermüller von 1703.

regelrecht verödete, einige Jahre hindurch als städtisches Waisenhaus genutzte Hieronymuskloster[342].

Landesfürstliche Bauinitiativen umfassenden Ausmaßes sind – gleichfalls ab dem Jahr der Ersten Türkenbelagerung – insbesondere im Bereich ihres Sitzes in der Stadt, der Wiener Burg[343] zu konstatieren. Zügig schritt man dabei über den Kernbereich der spätstaufischen Kastellburg, des Schweizerhofes, hinaus, und unter Ferdinand I. wurde bereits in den 1530er Jahren ein Erweiterungsbau entlang der Stadtmauer in Form des sogenannten „Kindertraktes" errichtet. Für seinen Sohn und Nachfolger Maximilian ließ Ferdinand in den 1550er Jahren eine eigene Residenz neben der Burg in Form der späteren (und heutigen) Stallburg errichten. Dieser wiederum, Kaiser Maximilian II., ließ das kaiserliche Zeughaus gegenüber der Burg in die Renngasse verlegen und an dieser Stelle in den 1570er Jahren für seinen Sohn Erzherzog Rudolf, den späteren Kaiser Rudolf II., eine eigene Residenz aufführen. Sie wurde nach Rudolfs Thronbesteigung in der Folge für dessen Bruder Erzherzog Ernst verwendet und als „Neue Burg" (heute: Amalienburg) bezeichnet.

Das 17. Jahrhundert[344] war in der innerstädtischen Wiener Bauentwicklung ganz maßgeblich von den Faktoren der Gegenreformation wie auch der Umgestaltung unter Übernahme moderner Bautrends, vor allem des Frühbarock und des Barock selbst, geprägt. Wenn für das 14. Jahrhundert das Schlagwort einer „Gotisierung der Wiener Kirchenlandschaft" angebracht scheint, so ist es für das 17. Jahrhundert (und in weiterer Folge auch für das 18. Jahrhundert), allerdings unter deutlicher Einbeziehung auch des adeligen, vielleicht sogar des bürgerlichen Bauens, durchaus berechtigt von einer „Barockisierung des Wiener Stadtbildes" zu sprechen. Wenden wir unser Augenmerk von

342 Siehe dazu unten Anhang 2, S. 143 Nr. 28.

343 Zur Entwicklung der landesfürstlichen, dann kaiserlichen Burg in Wien sind jetzt die beiden Bände für die mittelalterliche und frühneuzeitliche Entwicklung des Hofburgprojekts der Österreichischen Akademie der Wissenschaften zu vergleichen: Die Wiener Hofburg im Mittelalter; Die Wiener Hofburg 1521–1705.

344 Zur Stadtgeschichte Wiens in der ersten Hälfte dieser Epoche vgl. den Sammelband: Wien im Dreißigjährigen Krieg, sowie die einschlägigen Abschnitte bei Wien. Geschichte einer Stadt 2.

neuem den innerstädtischen Kirchen und Ordensniederlassungen zu, so gilt im Hinblick auf das Verhältnis zwischen Neugründungen und Umbauten verschiedenen Grades und Ausmaßes Vergleichbares wie für das vorangegangene Säkulum. Dennoch kam es weiterhin mehrfach zu tatsächlichen neuen Stiftungen, und diese führten zum Teil doch zu recht massiven Eingriffen in das städtische Gefüge. Dies gilt vor allem für das im Gefolge einer Stiftung Kaiserin Annas ab den frühen 1620er Jahren errichtete Kapuzinerkloster am Neuen Markt (Abb. 10), das auf dem diesen Jahren entstammenden Schlierbach-Plan der Wiener Innenstadt eben noch nicht eingezeichnet ist[345]. Der Orden war bereits seit 1600 unter besonderer Förderung des Ernst Freiherrn von Mollard zunächst bei St. Ulrich (heute: Wien VII) vor den Stadtmauern ansässig gewesen. Für den Bau seiner innerstädtischen Niederlassung wurde die Seilergasse, die bis dahin durchgehend über die heutige Plankengasse bis zur heutigen Gluckgasse verlaufen war, gekappt und dieser Bereich den Kapuzinern übergeben. Die Wiener Universität, die mit der „Pragmatischen Sanktion" Kaiser Ferdinands II. vom 9. August 1623 an die Jesuiten überging, erhielt von 1623 bis 1627 ihre eigene Kirche[346]. Ebenfalls auf eine kaiserliche Initiative, nämlich die von Kaiserin Eleonora aus dem Jahre 1628, geht die Entstehung einer weiteren Neugründung dieser Epoche zurück.[347] Zur bestehenden Kirche gleichsam „hinzu gegründet" wurden das von Kaiserin Eleonora ins Leben gerufene Clarissenkloster zu St. Niklas in der Singerstraße, dessen Kirche dann in den frühen 1650er Jahren neu erbaut wurde[348], und das Barnabitenkloster[349], das ab 1626 bei St. Michael bestand. Das Karmelitinnenkloster St. Josef, genannt Siebenbüchnerinnenkloster (Abb. 11), entstand unter Beseitigung eines Teiles der älteren hier unweit der Donaufront der Stadtmauer gelegenen bürgerlich geprägten Verbauungszone im Wesentlichen in den 1630er Jahren, die Kirche wurde 1640 geweiht[350]. Drei Jahrzehnte später mussten dann sechs aufgekaufte Häuser dem im Baublock zwischen Seilerstätte, Johannes- und Annagasse gegründeten Ursulinenkloster (erbaut 1673–1675) weichen[351].

Ungleich häufiger als Neugründungen waren Umbauten unterschiedlichen Grades und Ausmaßes, die allesamt unter dem Begriff der „Barockisierung" zusammengefasst werden können und für die insbesondere der barocke Zwiebelhelm von Turmbauten geradezu ein visuelles Leitmotiv darstellt. Derartige Veränderungen erfuhren die Annakirche zwischen 1629 und 1634, die Deutschordenskirche in den Jahren zwischen 1667 und 1682, das Dominikanerkloster zwischen 1631 und 1634 (Abb. 12), das Franziskanerkloster zwischen 1603 und 1614, das Laurenzerkloster ab 1630 sowie die Schottenkirche, deren Neubau 1638 bis 1649 erfolgte. Vielfach wurden bei diesen Umbauten den bestehenden Baulichkeiten Türme hinzugefügt, mittels derer dem Trend einer „Barockisierung" Rechnung getragen wurde. Beispiele bieten der 1602 entstandene, neue Glockenturm der Augustinerkirche, der 1652 erhöht und mit einer barocken Zwiebelhaube bekrönt wurde, oder der 1620 errichtete Turm des Dorotheerklosters, dem dann ab 1705 ein zweiter hinzugefügt wurde[352].

345 Opll–Scheutz, Schlierbach-Plan 138. Siehe dazu auch unten Anhang 2, S. 147f. Nr. 51.

346 Siehe dazu unten Anhang 2, S. 159 Nr. 111.

347 Schnettger, Die Kaiserinnen.

348 Siehe dazu unten Anhang 2, S. 152 Nr. 73.

349 Perger–Brauneis, Die mittelalterlichen Kirchen 87f.; Art. Barnabitenkloster. *Wien Geschichte Wiki*.

350 Siehe dazu unten Anhang 2, S. 157 Nr. 98.

351 Siehe dazu unten Anhang 2, S. 159 Nr. 112.

352 Die jeweiligen Hinweise finden sich unter den betreffenden Schlagworten im *Wien Geschichte Wiki*.

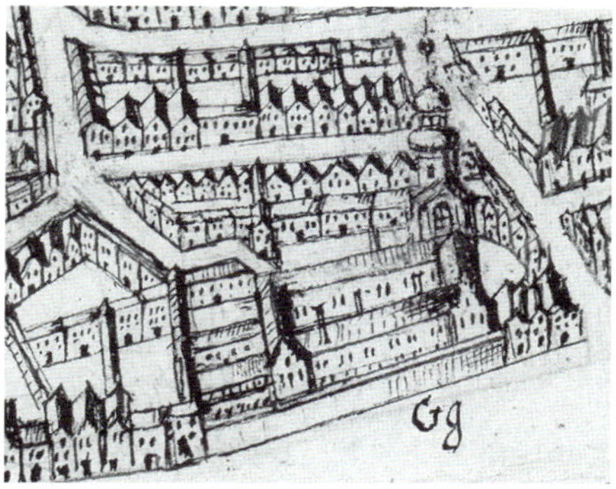

Abb. 11: Ansicht des Siebenbüchnerinnenklosters auf der Vogelschau des Bernhard Georg Andermüller von 1703.

Abb. 12: Ansicht des Dominikanerklosters auf der Vogelschau des Bernhard Georg Andermüller von 1703.

Auch der Sitz des Landesfürsten, zugleich kaiserliche Residenz, die Wiener Hofburg erlebte in diesem Zeitalter, geprägt von Gegenreformation, den schweren Erschütterungen des Dreißigjährigen Krieges und den permanenten Erfordernissen, an der langen Türkengrenze Vorkehrungen gegen ein Wiederaufflammen bzw. eine erneute Intensivierung osmanischen Expansionsdrängens zu treffen, einen weiteren Ausbau. Der Baukomplex war im 16. Jahrhundert, ausgehend von der Kastellburg des Schweizerhofes, insbesondere in Richtung nach Nordwesten ausgedehnt worden. In die Gegenrichtung war eine vergleichbare Erweiterung schon seit dem 14. Jahrhundert infolge der Anlage des Augustinerklosters unmöglich geworden – an dieser Seite sollten dann erst im frühen 18. Jahrhundert mit der Errichtung der Hofbibliothek und der Winterreitschule neue Bauten hinzutreten. Die Ausbauten in Richtung Westen und Norden waren zunächst von der Unterbringung der unter Ferdinand I. größer gewordenen habsburgischen Familie (Kindertrakt) und der Notwendigkeit, für Thronfolger standesgemäße Unterkünfte bereitzustellen (Stallburg, Neue Burg bzw. spätere Amalienburg), bestimmt. Insbesondere die zunächst für Rudolf II., dann für dessen Bruder Erzherzog Ernst an der Stelle des abgesiedelten Zeughauses gebaute Neue Burg hatte an der Stadtaußenseite, somit im Bereich der hier gelegenen Stadtmauer, eine bauliche Lücke entstehen lassen. Zu den frühen Initiativen der beinahe ein halbes Jahrhundert währenden Regierungszeit Kaiser Leopolds I. (1658–1705) gehörte der an italienische Architekten der Epoche – Philiberto Lucchese (1606–1666), Carlo Martino Carlone (1616–1667) und Domenico Carlone (1615–1679) – vergebene Bauauftrag zur Schließung dieser Lücke. In den Jahren 1660 bis 1666 entstand somit der nach seinem Bauherrn benannte Leopoldinische Trakt der Wiener Hofburg (Abb. 13), der nach einem schweren Brand von 1668 bis 1680 durch Giovanni Pietro Tencala erneuert und dabei auch aufgestockt wurde[353]. Ab der Wien-

353 Zur Entwicklung der Wiener Burg im 17. Jahrhundert vgl. jetzt die einschlägigen Abschnitte bei Die Wiener Hofburg 1521–1705.

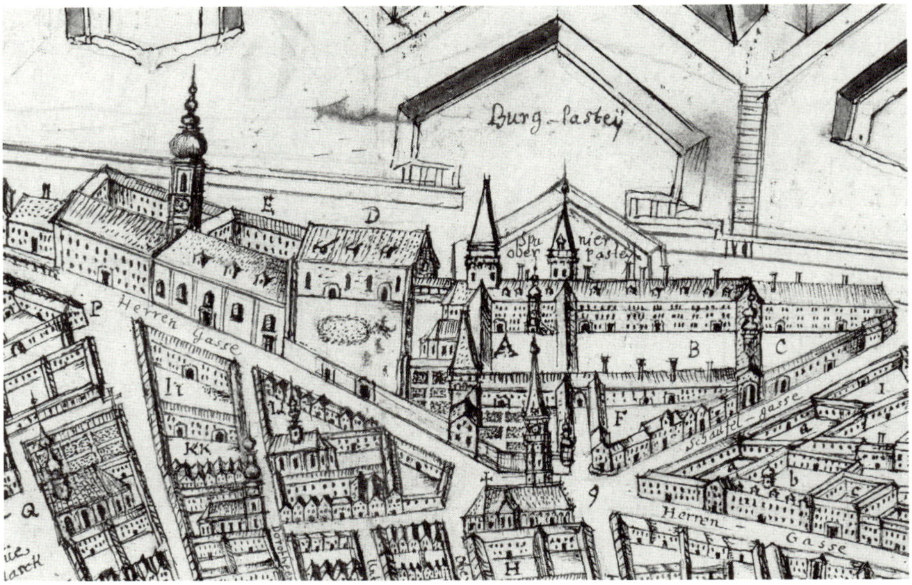


Abb. 13: Ansicht der Hofburg auf der Vogelschau des Bernhard Georg Andermüller von 1703.

Ansicht des Folbert van Ouden-Allen aus den frühen 1680er Jahren[354] ist es insbesondere dieser langgestreckte und massive Bauriegel, der die Ansicht Wiens im Süden maßgeblich prägt und bestimmt.

Im 17. Jahrhundert, umfassend freilich erst gegen Ende dieses Zeitraums, waren es aber nicht mehr bloß landesfürstliche Initiativen und kirchliche Bauwerke, an denen sich die Transformation des Stadtbildes ablesen lässt. Nun trat insbesondere auch der adelige Palastbau hinzu und begann seinen regelrechten Siegeszug, der bis auf den heutigen Tag in zahlreichen Barockpalais der Wiener Innenstadt dokumentiert ist. Im Gegensatz zu den kirchlichen Gebäuden ist auf diesem Felde jedoch eine deutliche Verzögerung zu konstatieren, setzte doch der eigentliche „Bauboom" des barocken Palais[355] in Wien zum weitaus überwiegenden Teil erst nach dem großen Schock der Zweiten Wiener Türkenbelagerung von 1683 ein. Wenige Adelshäuser hatten ihre Wiener Sitze, die sie zum Teil ja schon seit langem innehatten, bereits vor diesem Ereignis dem neuen Zeitgeist, dem neuen Stilempfinden entsprechend aus- und umgestalten lassen. So hatte sich etwa die Familie Starhemberg bereits in den 1650er Jahren ihr Palais beim Minoritenkloster (Minoritenplatz 5, Abraham-a-Sancta-Clara-Gasse 2, Bankgasse 5–7, Petrarcagasse 1)[356] errichten

[354] Siehe dazu unten Anhang 3, S. 164 Nr. 12.

[355] Neben den im Folgenden angeführten Artikeln im *Wien Geschichte Wiki* und der dort angeführten Literatur sei auch hingewiesen auf das Werk von Haider, Verlorenes Wien, sowie die in der wikipedia gebotene „Liste der Palais in Wien" (siehe: https://de.wikipedia.org/wiki/Liste_der_Palais_in_Wien). Etliche der im Folgenden erwähnten Adelspalais sind in der Andermüllerschen Vogelschau zu sehen, und so sind als Belegstellen Verweise auf die Legende der Andermüllerschen Vogelschau in alphabetischer Reihenfolge (unten Anhang 2, S. 135–161) anzugeben.

[356] Siehe dazu unten Anhang 2, S. 157f. Nr. 103.

lassen, das Palais des Grafen Abensberg-Traun (Freyung 2, Herrengasse 14)[357] war 1670 durch die Verbauung von zwei älteren Häusern, das Trautson-Palais (Bankgasse 4–6)[358] ab 1676 entstanden und das Haus Hoyos, deren Haus sich 1626 an der südwestlichen Stadtmauer (Schenkenstraße 12, Löwelstraße 14–16)[359] befand, war 1672 an den Ausbau seines hiesigen Gebäudes zum Palais gegangen.

Deutlich tritt somit schon in den Anfängen des barocken Palaisbaus in der Stadt eine Massierung im Bereich von der kaiserlichen Burg entlang der Herrengasse in Richtung Nordwesten hervor. Bei dem erwähnten Straßenzug handelt es sich um einen der ältesten fassbaren Verkehrswege durch die sich im 12. und 13. Jahrhundert ausbildende städtische Agglomeration, wobei die noch bis ins frühe 18. Jahrhundert zu belegende ursprüngliche Benennung als „Hochstraße“[360] deutlich macht, dass es sich hier um einen Teilabschnitt einer antik-römerzeitlichen Verbindung handelt. Ab der Errichtung des ständischen Landhauses[361] zwischen dieser Straße und dem Minoritenkloster im frühen 16. Jahrhundert, als der für das Funktionieren des frühneuzeitlichen Staates so wichtige Sitz der Stände seinen endgültigen Standort unweit der landesfürstlichen Residenz fand, reifte dieser Bereich zum eigentlichen Herrenviertel heran, wo der Adel eine stattliche Anzahl seiner bedeutendsten Wiener Paläste aufführen ließ. Zur Zeit des nach der Überwindung der osmanischen Bedrohung einsetzenden Palastbooms – einer das Gefüge, die Prägung und das Aussehen Wiens tiefgreifend transformierenden Entwicklung, die Bernhard Georg Andermüller genau zwei Jahrzehnte später mit eigenen Augen verfolgen konnte – entstanden an der Herrengasse, beginnend von der Ecke zur Schauflergasse bis hin zur Freyung, neue, zumeist markant dem Stilempfinden des Barock entsprechende Adelspaläste. Etliche davon bildeten freilich erst eine Art von Nukleus für den späteren Ausbau, wobei das betreffende Adelshaus durch Ankauf von Objekten den Grundstein für später genutzte Möglichkeiten schuf.

Exemplarisch zu erwähnen – und von Andermüller auf seiner Vogelschau auch fein säuberlich vermerkt – ist an diesem Straßenzug das spätere Palais Dietrichstein-Herberstein (Schauflergasse 2/Herrengasse 1), für das Graf Gundacker von Dietrichstein 1686 mit dem Ankauf von zwei hier gelegenen Häusern die Grundlage schuf[362]. Anschließend an dieses Gebäude befand sich ein weiterer Dietrichsteinscher Besitz (heute: Modena-Palais, Herrengasse 7), nämlich das bei Andermüller mit barockem Dachreiter versehene Anwesen des Erblandmundschenks Ferdinand Fürst von Dietrichstein (1655–1698)[363]. Das Nachbarhaus (Herrengasse 9) stand schon seit dem 16. Jahrhundert im Besitz der Familie Mollard. Franz Max Graf Mollard, der Landmarschall von Niederösterreich, ließ sich hier 1696–1698 sein barockes Palais errichten[364]. Vom ständischen Landhaus (Herrengasse 13) weiter in Richtung Nordwesten schlossen sich im frühen 18. Jahrhundert Polheimischer[365] und Zinzendorfischer[366] Besitz an, ohne dass sie auf der Ansicht Ander-

---

357 Siehe dazu unten Anhang 2, S. 158 Nr. 108.
358 Siehe dazu unten Anhang 2, S. 158 Nr. 109.
359 Siehe dazu unten Anhang 2, S. 146 Nr. 45.
360 Perger, Straßen 61.
361 Siehe dazu unten Anhang 2, S. 148 Nr. 56.
362 Siehe dazu unten Anhang 2, S. 142 Nr. 20.
363 Siehe dazu unten Anhang 2, S. 142 Nr. 19.
364 Siehe dazu unten Anhang 2, S. 152 Nr. 70.
365 Siehe dazu unten Anhang 2, S. 153 Nr. 79.
366 Siehe dazu unten Anhang 2, S. 160 Nr. 120.

müllers als Barockpalais zu erkennen wären. Nach der Vorderen Schenkenstraße, der heutigen Bankgasse weiter nach Norden freilich zeigten sich dem Dessauer 1703 die Häuser des Grafen von (Orsini-)Rosenberg (Herrengasse 19)[367], der Fürsten von Porcia (Herrengasse 23)[368] und der Grafen von Wallstein (Waldstein, Wallenstein; Freyung 4)[369] durch verschiedene bauliche Accessoires trotz erst später erfolgten tatsächlichen Um- und Ausbaus gewissermaßen schon auf dem Wege zum Barockpalais. An der gegenüberliegenden Seite der Herrengasse war die Zahl vergleichbarer Objekte zwar deutlich geringer, aber diese waren ungleich größer und stattlicher als die soeben erwähnten. Hinzuweisen ist zum einen auf den riesigen Besitzkomplex des Hauses Liechtenstein (Herrengasse 6–8), der bereits seit dem 15. Jahrhundert im Besitz dieser Familie stand und im Stich von Salomon Kleiner – somit nach Andermüllers Autopsie – barockes Kleid trägt[370], zum anderen das bereits zuvor erwähnte Palais des Grafen Abensberg-Traun (Freyung 2, Herrengasse 14)[371].

Die Umgestaltung zur Barockstadt, wie sie Wien dann vor allem nach dem Türkenjahr 1683 erlebte und wie sie in der Vogelschau des Bernhard Georg Andermüller von 1703 bereits hervortritt, noch markanter freilich dann in den Stichen des Salomon Kleiner um 1720/30 zu fassen ist, nahm, beginnend ab dem letzten Jahrzehnt des 17. Jahrhunderts, einen rasanten Verlauf. Auf die führenden italienischen Architekten, etwa einen Giovanni Pietro Tencala (1629–1702), einen Domenico Martinelli (1650–1718) oder einen Francesco Martinelli (1651–1708) folgten an der Wende vom 17. zum 18. Jahrhundert dann die das Baugeschehen so nachhaltig prägenden einheimischen Fachleute, wie Johann Bernhard Fischer von Erlach (1656–1723), dessen Sohn Joseph Emanuel (1693–1742) und der zwar aus Italien gebürtige, aber erst in Wien zu seinen Höchstleistungen aufsteigende Johann Lukas von Hildebrandt (1668–1745). Anders als zuvor, als sich das adelige Baugeschehen doch sehr maßgeblich auf den vorhin angesprochenen Bereich entlang der Herrengasse konzentriert hatte, sollte sich der adelige Palastbau an der Wende vom 17. zum 18. Jahrhundert, damit exakt in den Jahren unmittelbar vor und dann während des Aufenthalts Andermüllers in Wien (1699–1703), verstärkt auch auf andere Bereiche der ummauerten Stadt ausdehnen. Gleichwohl wies die Zone an und zu beiden Seiten der Herrengasse weiterhin die höchste Attraktivität auf. Im Gange war damals etwa die Umgestaltung des alten Schlögelhofes (Renngasse 4) zum hochbarocken Palais der Familie Batthyány (später: Palais Batthyány-Schönborn)[372]. Parallel zur Herrengasse war die Wallnerstraße Schauplatz bedeutender Bauinitiativen dieser Zeit, und dabei ist etwa auf das ab 1698 errichtete Palais Caprara (Wallnerstraße 8)[373] oder das bereits 1687–1695 vollendete Esterházy-Palais (Wallnerstraße 4)[374] zu verweisen. Auf der gegenüberliegenden Seite der Herrengasse reihten sich mehrere Palais im Bereich des heutigen Minoritenplatzes und der Bankgasse aneinander. Dort hatte etwa im Jahr 1700 Maximilian Ernst Graf von Flasching ein Gebäude erworben und umbauen lassen (Bankgasse

[367] Siehe dazu unten Anhang 2, S. 155 Nr. 87.
[368] Siehe dazu unten Anhang 2, S. 153 Nr. 80.
[369] Siehe dazu unten Anhang 2, S. 160 Nr. 114.
[370] Siehe dazu unten Anhang 2, S. 149 Nr. 59.
[371] Siehe dazu unten Anhang 2, S. 158 Nr. 108.
[372] Siehe dazu unten Anhang 2, S. 139f. Nr. 10.
[373] Siehe dazu unten Anhang 2, S. 141 Nr. 15.
[374] Siehe dazu unten Anhang 2, S. 142f. Nr. 24.

10)[375]. An der gegenüberliegenden Seite dieser Gasse (Minoritenplatz 4, Bankgasse 9) wurde zwischen 1604 und 1705 das Liechtensteinsche Majoratshaus[376] errichtet. In der Nachbarschaft lag das Palais, das sich der Hofkanzler Theodor Athletus Heinrich Graf Strattmann[377] in den frühen 1690er Jahren von Johann Bernhard Fischer von Erlach unmittelbar neben dem bereits erwähnten, nach 1676 entstandenen älteren Palais Trautson hatte erbauen lassen (Bankgasse 4–6; Teil der heutigen Ungarischen Botschaft).

Jedoch auch abseits des engeren Herrenviertels kam es in dieser Epoche zum Bau barocker Palais, und dafür legt Andermüllers Vogelschau von 1703 reiches Zeugnis ab. Philipp Sigmund Graf Dietrichstein, der sich 1687 an der Ecke Schweinemarkt/Hochstraße gegenüber dem Bürgerspital angekauft hatte, ließ sich hier (heute: Lobkowitzplatz 2) in den Jahren 1689–1694 nach einem Entwurf von Giovanni Pietro Tencala sein Palais (jetzt: Palais Lobkowitz) erbauen[378]. Ähnlich ging Johann Andreas Graf von Corbelli vor, der 1695 östlich der Kärntner Straße Hausbesitz von den Grafen von Herberstein erworben hatte und sich hier bis 1704 einen Neubau (Johannesgasse 7) errichten ließ[379]. Das wohl bedeutendste Barockpalais in der Zone östlich der Kärntner Straße war in Andermüllers Wien-Jahren ohne jeden Zweifel das Winterpalais des Prinzen Eugen von Savoyen (Himmelpfortgasse 8), dessen Bau 1695–1698 in den Händen des Johann Bernhard Fischer von Erlach gelegen war, von dem die Bauleitung ab 1702 an Johann Lukas von Hildebrandt überging[380]. Westlich der Kärntner Straße an der Südseite des Neuen Marktes lag ein schon 1639 aus mehreren älteren Häusern entstandenes großes Objekt (Kärntner Straße 26, Marco-d'Aviano-Gasse 1, Neuer Markt 8–8a, Tegetthoffstraße 1), das seit 1674/1688 in den Besitz der Grafen Schwarzenberg gelangt war, die es in den Jahren 1701 bis 1705 zu ihrem hiesigen Palais umgestalten ließen. Selbstverständlich ist es auf der hier im Mittelpunkt des Interesses stehenden Vogelschau eingezeichnet[381].

Mehrfach führt Bernhard Georg Andermüller auf seiner Wien-Vogelschau adelige Objekte an, über deren barockes Gepräge mangels anderer Überlieferungen schwer Aussagen zu treffen sind bzw. die ihre Barockisierung eben erst später erfuhren, als der Dessauer Amtsträger die kaiserliche Residenzstadt bereits wieder verlassen hatte. Um auch dies mit einigen wenigen Beispielen zu verdeutlichen: So steht die Eintragung des Palais Rabutin (Rotenturmstraße 4/Wollzeile 1)[382] in die Vogelschau wohl für den Umstand, dass es sich hier infolge der Soireen der Gräfin um ein Kommunikationszentrum allerersten Ranges für die Gesellschaft der Epoche handelte, was für den Auftrag Andermüllers ohne jeden Zweifel von außerordentlicher Bedeutung war. Nur wenige Jahre stand ein Gebäude an der Kreuzung von Tiefem Graben und Wipplingerstraße im Besitz des Fürsten Christian August (1666–1725), Bischofs von Raab (Győr), Herzogs von Sachsen-Zeitz, Landgrafen in Thüringen und Markgrafen zu Meißen, Ober- und Niederlausitz. Der Fürst hatte es 1699, somit im Jahr des Dienstantritts Andermüllers in Wien, erworben, und er schenkte

[375] Siehe dazu unten Anhang 2, S. 143 Nr. 26.
[376] Siehe dazu unten Anhang 2, S. 149 Nr. 60.
[377] Siehe dazu unten Anhang 2, S. 158 Nr. 106.
[378] Siehe dazu unten Anhang 2, S. 142 Nr. 21.
[379] Siehe dazu unten Anhang 2, S. 141 Nr. 16.
[380] Siehe dazu unten Anhang 2, S. 155 Nr. 91.
[381] Siehe dazu unten Anhang 2, S. 156f. Nr. 96.
[382] Siehe dazu unten Anhang 2, S. 154 Nr. 84.

es ein Jahr nach Andermüllers Abgang von Wien, 1704, den Theatinern, die hier ein äußerst prächtiges Gebäude errichten ließen[383].

Schließen wir unseren Parcours durch das frühbarocke Wien unter besonderer Berücksichtigung der Transformation des Stadtbildes mit einem Blick auf bauliche Initiativen ab, die seitens der Stadt und ihrer Bürger gesetzt wurden, so lässt sich hier ungleich weniger an Detailliertem aussagen, als dies für die kirchliche, die kaiserliche und die adelige Sphäre möglich ist. Das hängt in allererster Linie von der einschlägigen Überlieferung, aber auch vom Stand der betreffenden Forschung ab. Zwar liegt – im Gegensatz zur mittelalterlichen Epoche – im Kontext vor allem der grundbücherlichen Dokumentation für die Frühe Neuzeit eine durchaus beachtliche Überlieferungsdichte vor, doch fehlt bislang eine strukturierte Analyse. Das große Häuserbuch von Paul Harrer-Lucienfeld hat zwar das Material in ebenso eindrücklicher wie mustergültiger Weise erschlossen und die Wien Geschichte Wiki-Plattform des Wiener Stadt- und Landesarchivs und der Wienbibliothek haben beachtliche Fortschritte in der Einarbeitung des Harrerschen Materialschatzes in die online verfügbare Datenbank erzielt. Eine strukturierte Aufarbeitung in dem Sinne, dass Neu- und Umbauten von Objekten, nicht zuletzt auch das Zusammenbauen mehrerer nebeneinander liegender Bauten zu einem Neubau in topographischer wie chronologischer Übersicht erfassbar wären, fehlt aber bislang und kann – das sei gleich eingeräumt – auch im Kontext der vorliegenden Arbeit nicht geleistet werden. Was für den Komplex städtisch-bürgerlichen Bauens möglich ist, sind freilich Beobachtungen zu einzelnen Objekten sowie die infolge der Analyse der Andermüllerschen Vogelschau ungleich verbesserte Betrachtung bestimmter baulicher Ensembles der Wiener Innenstadt.

Der städtische Magistrat verwendete seit der ersten Hälfte des 14. Jahrhunderts das im Bereich Wipplingerstraße, Stoß-im-Himmel und Salvatorgasse gelegene Rathaus für seine politischen und administrativen Geschäfte. Bernhard Georg Andermüllers Ansicht von Norden (Abb. 14) zeigt uns bloß die Fassadengestaltung in der Salvatorgasse, die sich durch einen wuchtigen Turm mittelalterlichen Gepräges mit Satteldach[384] nahe der Stoß-im-Himmel genannten Gasse auszeichnet, und, östlich anschließend, die seit der zweiten Hälfte des 14. Jahrhunderts unter städtischem Patronat stehende Salvatorkirche[385]. Die zur Zeit von Andermüllers Aufenthalt in der Stadt eingeleitete Barockisierung des Traktes an der Wipplingerstraße in den Jahren 1699 bis 1706 ist infolge der Blickrichtung der Vogelschau von Norden her nicht zu erkennen, doch weist ein auf der Ansicht des Salomon Kleiner aus den 1720er Jahren nicht mehr vorhandener, mit barockem Zwiebelhelm bekrönter Dachreiter zumindest ansatzweise auf diese baulichen Veränderungen hin[386].

Wo die Stadt dagegen schon früher im Gefolge einer Erwerbung markante bauliche Initiativen gesetzt hatte, war bei der Schranne am Hohen Markt. Bereits 1601 erfahren wir erstmals von Bestrebungen der Übergabe dieses Gerichtsgebäudes aus der Verfügung des Landesfürsten in die der Stadt. 1629 kam dies zum Abschluss, und die Schranne stand ab da im Eigentum der Stadt. Unmittelbar danach erfolgte von 1630 bis 1635 ein umfassender Neubau, der zwar noch keine Anzeichen barocken Formempfindens zeigt, die ältere einwangige Freitreppe allerdings nunmehr in zweiwangiger Form (Abb. 15)

383 Siehe dazu unten Anhang 2, S. 155 Nr. 89.

384 Dabei handelte es sich wohl um den bereits 1435 erwähnten Turm, wo vom 15. Jahrhundert an der Sitz des städtischen Archivs war, siehe Art. Altes Rathaus. *Wien Geschichte Wiki*.

385 Siehe dazu unten Anhang 2, S. 155 Nr. 90.

386 Siehe dazu unten Anhang 2, S. 154 Nr. 85.

Abb. 14: Ansicht des Rathauses samt Salvatorkirche auf der Vogelschau des Bernhard Georg Andermüller von 1703.

Abb. 15: Ansicht des Schrannengebäudes auf dem Hohen Markt auf der Vogelschau des Bernhard Georg Andermüller von 1703.

umgestaltete[387]. Auch der Neubau von Stadtgasthaus und Mehlgrube (Neuer Markt 5, Kärntner Straße 22)[388], der 1698 durchgeführt wurde, war im Übrigen sehr viel mehr von funktional-zweckmäßigen Überlegungen bestimmt, als dass hier der Versuch unternommen worden wäre, ein städtisches Gebäude in barocker Manier zu gestalten. Somit bleibt das Thema der Barockisierung des Baubestandes für die in städtischem Eigentum befindlichen Objekte im Kern auf die Adaptierung der Fassadengestaltung des Rathauses in der Wipplingerstraße beschränkt.

Naturgemäß noch viel weniger lässt sich über Barockisierungstendenzen im Bereich des bürgerlichen Hausbaus aussagen, sodass die hier aufgeworfene Frage nach der Transformation des Wiener Stadtbildes in der Frühen Neuzeit in jedem Fall nur differenziert beantwortet werden kann. Einem um 1700 bereits vielfach greifbaren Bestreben nach Veränderung des städtischen Gepräges, ja – wie man vielleicht sagen darf – dessen Modernisierung im kirchlichen und vor allem adeligen Umfeld steht eine doch für weite Zonen der ummauerten Stadt dominierende Kontinuität älterer Formen der vorhandenen Gebäude gegenüber. Besonders eindrucksvoll lässt sich dies bei einem Vergleich des auf den Vogelschauen von Jacob Hoefnagel (1609) und Bernhard Georg Andermüller (1703) Dargebotenen ablesen und erkennen. Symptomatisch für diese Unterschiede ist insbesondere die weitgehende Überzahl der die Straßen- und Gassenverläufe bestimmenden, im Regelfall zwei-, seltener dreigeschossig ausgeführten und mit ihren Giebeln zur Straße hin stehenden Häuserzeilen. Ein Vergleich zwischen der dem Betrachter entgegen blickenden Nordwestseite der Herrengasse und der Verbauung in Straßen wie der Naglergasse oder längerer Abschnitte der Wipplingerstraße macht das überdeutlich. Blicken wir dort (Herrengasse) auf eine Reihe stattlicher, palaisartiger Gebäude des Adels mit mehrfach barockem Gepräge, so sind in den vom Graben und vom Hohen Markt nach Nordwesten ausgehenden Straßenzügen die Giebelhäuser des Bürgertums tonangebend. In manchen Zonen freilich ist bereits ein regelrechtes Ringen zwischen den an das Spätmittelalter gemahnenden Giebelhäusern und dem moderneren Haustyp des traufenseitig zur Straße stehenden Hauses gut zu erkennen. Am besten zu sehen ist dies für den Zug der Kärntner Straße, der im Abschnitt vom Kärntner Tor bis zum Nordende des Neuen Marktes (heute: Kupferschmiedgasse) an der Westseite bereits traufenseitig stehende Gebäude

387 Siehe dazu unten Anhang 2, S. 156 Nr. 95.
388 Siehe dazu unten Anhang 2, S. 157 Nr. 101.

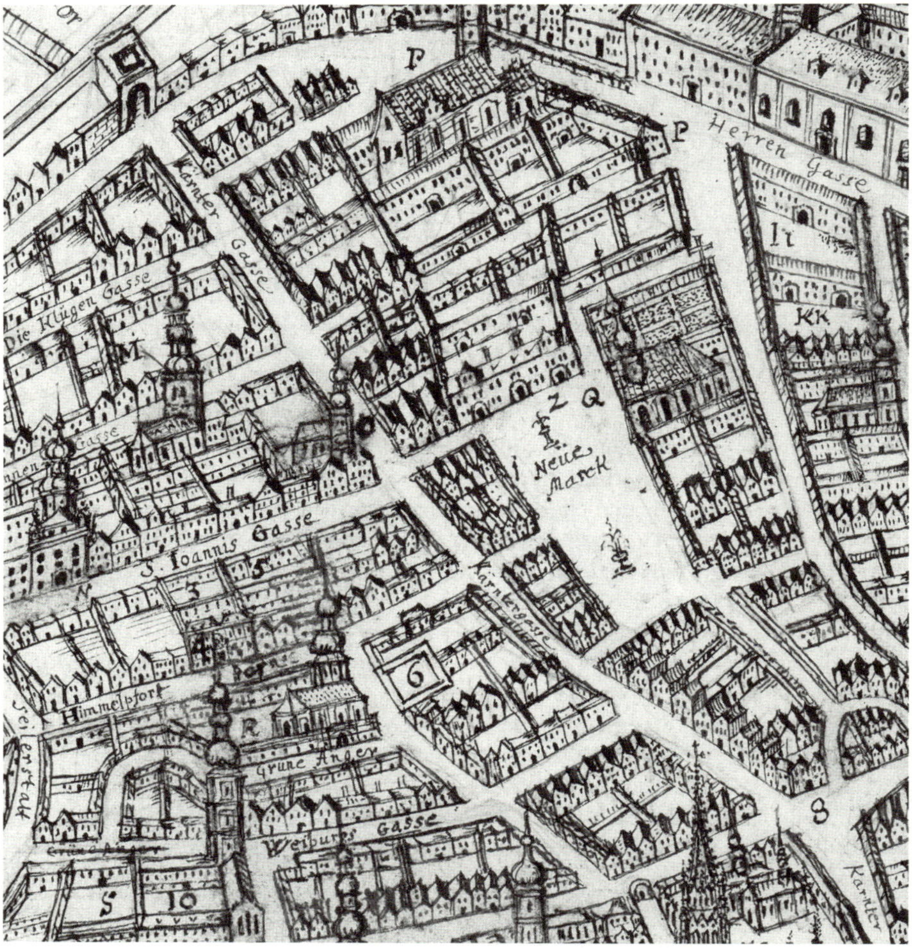


Abb. 16: Die Kärntner Straße mit (älteren) giebelseitigen und (jüngeren) traufenseitig zur Straße stehenden Häusern auf der Vogelschau des Bernhard Georg Andermüller von 1703.

zeigt, während von da an bis zum Stock-im-Eisen-Platz noch giebelständige Häuser das Bild prägen (Abb. 16).

Wien stellt sich somit an der Wende vom 17. zum 18. Jahrhundert mitten innerhalb eines baulich tiefgreifenden Veränderungsprozesses dar. Die frühbarocke Phase des Baugeschehens mündet um 1700 in die hochbarocke Phase. Deren Anfänge kann Bernhard Georg Andermüller als Augenzeuge noch erleben, und er bietet uns mit seiner Vogelschau einen der bisherigen Forschung nicht verfügbaren Einblick in die Transformation des Stadtbildes. Das Bildwerk des Dessauer Amtsträgers am Kaiserhof schließt damit in mancher Hinsicht auch eine Lücke, die dadurch bestimmt war, dass für bisher angestellte Vergleiche und Analysen eben nur die Vogelschauen des Jacob Hoefnagel (1609) und des Joseph Daniel Huber (1769–1773/1778) hatten herangezogen werden können.

## 10.2 Die Transformation der städtischen Befestigungen

Neben dem Stadtinneren bietet Andermüllers Vogelschau auch einen Blick auf die städtischen Befestigungen zu Anfang des 18. Jahrhunderts, und so möge auch dieser Bereich einer genaueren Betrachtung gewürdigt werden. Wiens Stadtmauer geht auf das späte 12. und frühe 13. Jahrhundert zurück[389]. In so mancher Hinsicht war ihre Fertigstellung unter der Regierung Friedrichs des Streitbaren (1230–1246) zugleich äußerer Endpunkt des Stadtwerdungsprozesses von Wien, der freilich durch viele andere Faktoren mitbestimmt wurde und seine Anfänge bereits in der Mitte des 12. Jahrhunderts genommen hatte. Der vollendete Befestigungsring entsprach dem Standard, der für das mittelalterliche Städtewesen des deutschsprachigen Raumes[390] gängig war. Er setzte sich im Wesentlichen aus dem zinnenbekrönten Mauerverlauf selbst, einer Reihe von Verstärkungstürmen und den für die Kommunikation zwischen Stadtinnen und Stadtaußen unverzichtbaren Toren zusammen. Insgesamt handelte es sich im Falle Wiens dabei um acht Tore, nämlich das Kärntner Tor als Verbindung über den Wienfluss nach dem Süden, das Widmer-, das Schotten- und das Werdertor als Ausfallswege in Richtung Westen, das Rotenturmtor im Norden als direkte Verbindung zur Donau und das Stubentor in Richtung Osten sowie die kleineren Anlagen des in Verstärkungstürme integrierten Salz- und des Bibertores, gleichfalls an der Donaufront. Ihre Namen bezogen sich entweder auf Topographisches außer- (Kärntner Tor, Werdertor) oder innerhalb der Stadt (Schottentor, Stubentor, Widmertor), auf den Namen der mit der Hut des Tores betrauten Familie (Bibertor) bzw. sie richteten sich nach ihrem Aussehen (Rotenturmtor)[391]. Verstärkungstürme gab es bei längeren und damit schlecht geschützten Abschnitten der eigentlichen Mauer. Massiert traten sie insbesondere im Zug der nördlichen, auf sumpfigeren Böden errichteten Abschnitte der Wiener Stadtmauer auf.

In Reaktion auf die vielgestaltigen Wirren und Unruhen des 15. Jahrhunderts wurde eine neue Befestigungsinitiative gesetzt, bei der es um den Schutz der seit dem hohen Mittelalter außerhalb der Stadtmauer aufgeblühten Vorstädte[392] ging. Erstmals zum Jahr 1441 genannt, wurde für diese vor der Stadtmauer gelegenen Zonen eine in baulicher Hinsicht der durchgehend gemauerten Ringmauer freilich nur partiell vergleichbare Befestigungslinie errichtet. Die massivsten Teile dieser Vorstadtbefestigung waren die zum Schutz der maßgeblichen Straßenverbindungen von und zur Stadt angelegten Bollwerke samt Toren, unter denen exemplarisch die Anlagen bei St. Niklas auf der Landstraße (Name nach dem dort gelegenen Kloster St. Niklas) oder der Laßlaturm (benannt nach König Ladislaus Postumus) an der Wiedner Hauptstraße zu erwähnen sind. Von einem Mauerverlauf konnte auf weiten Strecken keine Rede sein, vielmehr handelte es sich um einen auf einem Wall errichteten Palisadenzaun. Bei archäologischen Ausgrabungen im Bereich der Rasumofskygasse (Wien III) wurde 2014/15 ein außerhalb der

[389] Zur Geschichte der städtischen Befestigungen Wiens vgl. die Ausführungen bei Hummelberger–Peball, Befestigungen; Opll, Grenzen; ders., Schutz und Symbol; für die Phase der neuzeitlichen Entwicklung von 1529 bis 1857 vgl. von archäologischer Seite insbesondere Von der mittelalterlichen Stadtmauer zur neuzeitlichen Festung Wiens, weiters Krause et al., Mauern um Wien.

[390] Dazu vgl. jetzt das eindrucksvolle und mit reichem Abbildungsmaterial ausgestattete Werk von Biller, Die mittelalterliche Stadtbefestigung.

[391] Zur Bedeutung der Namengebung bei mittelalterlichen Stadttoren vgl. Opll, Trennen und Verbinden 59–89.

[392] Zur Wiener Vorstadtbefestigung vgl. Opll, Grenzen 41–56.

Vorstadtbefestigung ausgehobener Graben aufgedeckt, was zeigt, dass man – zumindest partiell – durchaus größere Anstrengungen unternahm[393]. Außerhalb des Schottentores kam es gegen Ende des 15. Jahrhunderts sogar zu einem gemauerten Ausbau, um den Bereich der um das Maria-Magdalena-Kloster entstandenen Bebauungszone an der Alser und der Neuburger (heute: Währinger) Straße entsprechend zu schützen. Von einem durchgehenden, ununterbrochenen Verlauf konnte keine Rede sein. Was im Vordergrund der Initiative stand, waren in einer Art von Insellösung realisierte Schutzanlagen für die maßgeblichen Verbauungszonen in den Vorstädten. Es handelte sich also nicht um die Anlage eines zweiten Befestigungsringes um Wien, sondern um Schutzbauten, die sich in ihrer Dimension im Wesentlichen an den vorhandenen Wachstumsspitzen dieser vorstädtischen Bereiche orientierten.

Sämtliche Befestigungsanlagen, in Sonderheit die zuletzt beschriebene Vorstadtbefestigung, sollten bei der Ersten Wiener Türkenbelagerung 1529 schweren Schaden nehmen, die Anlagen zum Schutz vorstädtischer Verbauungszonen verschwanden damals sogar zur Gänze. Das nach mancher Krise in den Beziehungen zwischen der Stadt und König Ferdinand I. während der 1520er Jahre sich machtvoll in Szene setzende habsburgische Landesfürstentum war es, das nach der glückhaften Überwindung der osmanischen Gefahr im Hinblick auf den Status der vorhandenen Befestigungsanlagen der Stadt energisch die Zügel in die Hand nahm. Der Ausbau Wiens zur Festungsstadt im 16. Jahrhundert[394] war ein Prozess, der zahlreiche Facetten aufwies, die hier zumindest in Ansätzen zu schildern und zu bezeichnen sind. Im Vordergrund stand das zielgerichtete Aufgreifen der schon seit dem späten 15. Jahrhundert in Italien entwickelten neuen Methoden des Befestigungsbaues. Im Kern handelte es sich dabei um die Errichtung von aus dem Mauerverlauf nach außen zu vorspringenden Elementen in der Form von Bastionen bzw. Basteien. Diese Anlagen machten zum einen die aktive Bekämpfung angreifender Feinde möglich, zum anderen sicherte die auf ihnen zum Einsatz kommende Artillerie durch Sperrfeuer die zwischen ihnen verlaufenden Abschnitte der Stadtmauer vor der direkten Feindeinwirkung[395]. Äußerst umfangreich gestalteten sich im Gefolge des bereits ab 1530 eingeleiteten Ausbaus der Wiener Befestigungen und als Pendant des hierfür erforderlichen Wissenstransfers die Beauftragung und der Einsatz italienischer Fachleute bei all den erforderlichen Arbeiten. Zugleich – und das kann gar nicht genug betont werden – kam es im Zuge dieser tiefgreifenden Umgestaltungen zur Entstehung einer in so mancher Hinsicht neuen und veränderten Sichtweise auf die Stadt, und dies sowohl von außen als auch von innen her. Identität und Selbstverständnis Wiens erfuhren einen Wandel von einem mittelalterlichen, bürgerlichen Gemeinwesen zu einer frühneuzeitlichen, fürstlich geprägten Festungs- und Residenzstadt[396], und dies galt auf vielen Ebenen, die nicht stets und zwangsläufig nur mit dem äußeren Wandel im Gefolge des Befestigungsausbaus zu tun hatten[397]. Hinzu

[393] Vgl. dazu vorläufig Pressemitteilungen, wie etwa die in der Tageszeitung „Der Standard" von Oona Kroisleitner: http://derstandard.at/2000013123245/Aelteste-Roemische-Relikte-im-Wiener-Raum-gefunden, mit Abb. 6, und http://stadtarchaeologie.at/start/ausgrabungen/ausgrabung-rasumofskygasse/.

[394] Für den Zeitraum bis in die 1560er Jahre nun eingehend behandelt bei Opll–Krause–Sonnlechner, Wien als Festungsstadt.

[395] Vgl. dazu Opll–Krause–Sonnlechner, Wien als Festungsstadt 147–220.

[396] Siehe dazu die Ausführungen bei Opll, Was ist Wien; ders., Ferdinand I. und seine Stadt Wien.

[397] Ohne hier auf diese Phänomene genauer eingehen zu können, ist doch mit Nachdruck darauf zu verweisen, dass Wien in dieser Epoche auch in literarischer Hinsicht zusehends als Gegenstand entdeckt wurde, und dabei ist etwa auf die erste gedruckte Stadtgeschichte, die „Vienna Austriae" des Wolfgang Lazius (1546)

kommt eine gegenüber den älteren Epochen völlig anders gestaltete Überlieferungslage, liegen doch ab dem 16. Jahrhundert in zunehmender Zahl bildliche Dokumente, seien es Stadtpläne oder Stadtansichten, vor, die uns ab nun auch einen bildhaften Eindruck von diesen Transformationsvorgängen überhaupt erst möglich machen[398].

Auch im Hinblick auf die Veränderungen des Stadtbildes Wiens durch die Umgestaltung seiner Befestigungen lassen sich deutlich verschiedene Phasen gegeneinander abstecken. Schon aufgrund des enormen Finanzierungsaufwandes, der mit dem Befestigungsbau verbunden war – eines Geschehens, das aus der übergeordneten Sicht der kaiserlich-habsburgischen Politik ja keinesfalls nur auf Wien beschränkt war, sondern auch im Bereich der Osmanengrenze[399] hohe Aufwendungen nötig machte –, war es nicht möglich, dieses umfassende Bauprojekt praktisch in einem Zug umzusetzen und fertigzustellen. Im Gegenteil, es traten immer wieder Stagnationsphasen ein, in denen das Baugeschehen praktisch zum Erliegen kam[400]. Dies hatte nicht nur mit finanziellen Engpässen zu tun, dies resultierte auch aus dem jeweiligen Ansteigen oder Abschwellen der osmanischen Bedrohung, der man ja auch mittels diplomatischer Vorkehrungen in Form finanzieller „Ehrengeschenke" an die Hohe Pforte zu begegnen pflegte. Vor allem gegen Ende des 16. Jahrhunderts kam es zu einem massiven Anstieg dieser Bedrohung, als der sogenannte Lange Türkenkrieg (1593–1606)[401] die Kriegsgefahr wieder bedrohlich nahe an Wien heranrücken ließ. Wiewohl die Residenzstadt dann doch nicht wirklich unmittelbar von kriegerischen Handlungen betroffen sein sollte, der Fall von Raab/Győr (1594) hatte auch für die habsburgische Residenzstadt an der Donau die Alarmglocken schrillen lassen.

Als Konsequenz aus dieser Lage wurde gleich nach der Jahrhundertwende damit begonnen, die zwischen den ab 1530 errichteten Basteien gelegenen Kurtinen – so bezeichnete man den eigentlichen Verlauf der Stadtmauer – mittels außerhalb derselben, im Stadtgraben errichteter Schanzen oder Ravelins besser gegen Angriffe zu schützen. Im Kern handelte es sich bei diesen Außenwerken der städtischen Befestigungen um drei- oder (häufiger) fünfeckige Anlagen. Ihre Bedeutung lag im Schutz der relativ langen Zwischenmauern (zwischen den Basteien) und dort der in diesen Mauerstücken gelegenen Tore. Sie wurden somit im Zug der Verstärkung vorhandener Befestigungsanlagen entwickelt und eingesetzt[402]. Nach ihrer aus dem Italienischen („rivellino" = „Außenwerk") stammenden Bezeichnung[403] sind auch hier Auswirkungen der in Italien so früh und umfassend entwickelten Manier des frühneuzeitlichen Festungsbaus zu erkennen. Zunächst

---

und das Städtelob des Wolfgang Schmeltzl [1500–1557](1547) hinzuweisen; dazu kurz KRATOCHWILL, Lazius und KNEDLIK, „Auff Osterreichisch teütsch gericht".

398 Vgl. dazu die Überlegungen bei OPLL, Festungsbau.

399 Wunderbares Beispiel dafür bieten die Darstellungen (Grund- und Aufrisse, Projektpläne) von insgesamt 50 Plätzen, die sich im Werk der Mailänder Festungsbaumeister und Kartographen aus der Familie Angielini erhalten haben, vgl. dazu OPLL–KRAUSE–SONNLECHNER, Wien als Festungsstadt 344–457.

400 Wichtige Aufschlüsse zur Situation gegen Ende des 16. Jahrhunderts bietet die Arbeit von NIEDERKORN, Befestigungen.

401 Vgl. dazu NIEDERKORN, Mächte.

402 Vgl. zu den Ravelins die Ausführungen bei BÜRGER, Architectura militaris, Glossar, 545 (s. v. „Ravelin"), sowie bei BÜCHI, Fortifikationsliteratur, Register, 403 (s. v. „Ravelin"). Im Übrigen ist der Hinweis auf die Bedeutung der Schriften des großen Festungsbautheoretikers Daniel Specklin (1536–1589) – zu ihm vgl. vgl. FISCHER, Specklin, und die Ausführungen, ebd. – für den Einsatz von Ravelins differenzierter zu sehen, als dies im wikipedia-Eintrag (siehe: https://de.wikipedia.org/wiki/Ravelin) dargestellt wird, vgl. BÜCHI, ebd. 103.

403 In einem Wien-Plan von ca. 1690 (unten Anhang 3, S. 165 Nr. 17) findet sich als Begriff für Ravelin auch das Wort *Parmula* (vgl. dazu BÜRGER, Architectura militaris, Glossar, 544), der wohl von der Bezeichnung für den in der antiken Kampftechnik eingesetzten Rundschild herzuleiten ist.

fiel ihnen die Aufgabe zu, die über den Stadtgraben zum Stadttor führenden Brücken besser zu schützen, und genau solches zeigt uns auch die Andermüllersche Vogelschau vor dem Kärntner Tor und vor dem Schottentor, während die Brücke über den Stadtgraben vor dem Stubentor bloß eine von der Hauptbrücke abzweigende Verbindung hin zum Ravelin aufweist. Wie das Wiener Beispiel zeigt, kam diese Methode freilich nicht durchgehend zur Anwendung, sondern diese Ravelins bildeten insbesondere ein die Befestigungsanlagen der Stadt nach außen hin ergänzendes System. Die ältesten Nachrichten haben sich für den Bau der Judenschanze vor der Biberbastei erhalten, die 1602 errichtet wurde[404]. Vielleicht noch aus derselben Zeit stammt der Augustinerravelin[405] zwischen Kärntner Bastei und Burgbastei. Weitere Initiativen sind ab dem zweiten Viertel des 17. Jahrhunderts zu greifen, wobei die Anlagen nicht selten zunächst aus aufgeschüttetem Erdwerk bestanden und erst später ummauert wurden. Spätestens in den 1670er Jahren waren in Summe elf derartiger Ravelins (Abb. 17) vorhanden, wie sie dann auf Plänen aus der Zeit der Zweiten Wiener Türkenbelagerung gut zu fassen sind[406] und auch von Andermüller in seine Ansicht eingefügt wurden. Ihre Namen werden auf Plänen erwähnt, lassen sich freilich auch aus anderen Überlieferungen rekonstruieren[407]: Beginnend vom Kärntner Tor nach Westen (= im Uhrzeigersinn) schützten Wien somit (1) der vor dem gleichnamigen Tor gelegene Kärntner Ravelin[408] (errichtet 1673), (2) der Augustinerravelin[409] (vielleicht schon im frühen 17. Jahrhundert entstanden), (3) der Burgravelin[410] zwischen Burg- und Löwelbastei (errichtet 1639–1659), (4) die Ziegelschanze bzw. der Melkerravelin[411] (errichtet 1656), (5) der Schottenravelin[412] außerhalb des Schottentors (errichtet 1625, ummauert 1647), (6) der Neutorravelin[413] zwischen Elend- und Neutor-

404 Art. Judenschanze. *Wien Geschichte Wiki.*

405 Art. Augustinerravelin. *Wien Geschichte Wiki.*

406 Zu verweisen ist insbesondere auf den Plan von Daniel Suttinger (siehe unten Anhang, 3, S. 165 Nr. 16). Daneben gibt es selbstverständlich weitere Plandokumente, die hier anzuführen sind, darunter etwa (1) der erst 2011 aus einem belgischen Auktionshaus erworbene Befestigungsplan eines nicht weiter bekannten Johann Georg Fischer von ca. 1683 (siehe Anhang 3, unten S. 164f. Nr. 14), (2) der ebenfalls im Handel erworbene italienische Plan im WStLA mit dem Titel *VIENNA ASSEDIATA DA TVRCHI E LIBERATA DA CHRISTIANI*, der sich durch eine reichhaltige Legende auszeichnet (siehe Anhang 3, unten S. 165 Nr. 15) und (3) ein in Budapest überlieferter Stadtplan der Zeit um 1690 (siehe Anhang 3, unten S. 165f. Nr. 17).

407 Zu den folgenden Angaben siehe die vom Art. Stadtbefestigung. *Wien Geschichte Wiki* ausgehenden Verweise: „Abfolge der Ravelins oder Schanzen: Judenschanze, Biberravelin (Biberschanze), Stubenschanze, Dachslochschanze, Kärntner Ravelin (Kärntner Schanze), Augustinerravelin, Burgravelin, Ziegelschanze, Schottenravelin (Schottenschanze), Neutorravelin (Neutorschanze), Wasserschanze."

408 Auf dem Wien-Plan von 1683/84 (unten Anhang 3, S. 165 Nr. 15) heißt er *Rivellino di Carintia*, auf dem Wien-Plan von ca. 1690 (unten Anhang 3, S. 165f. Nr. 17) *(Parmula) Carintiana*, und die vom Kärntner Tor ausgehende Brücke über den Stadtgraben führt auf beiden Plänen direkt zu ihm hin.

409 Auf dem Wien-Plan von 1683/84 (unten Anhang 3, S. 165 Nr. 15) heißt er *Rivellino degl'Agustiniani* (Die dafür vergebene Nr. 47 fehlt allerdings auf dem Plan!), auf dem Wien-Plan von ca. 1690 (unten Anhang 3, S. 165f. Nr. 17) *(Parmula) Augustiniana*.

410 Auf dem Wien-Plan von 1683/84 (unten Anhang 3, S. 165 Nr. 15) heißt er *Rivellino fra li baluardi di Corte, et leble* (= zwischen der Burg- und der Löwelbastei), auf dem Wien-Plan von ca. 1690 (unten Anhang 3, S. 165f. Nr. 17) *(Parmula) Aulica* (= Hofravelin).

411 Auf dem Wien-Plan von 1683/84 (unten Anhang 3, S. 165 Nr. 15) heißt er *Rivellino Melch*, auf dem Wien-Plan von ca. 1690 (unten Anhang 3, S. 165f. Nr. 17) *(Parmula) Leonina* (= Löwelravelin).

412 Auf dem Wien-Plan von 1683/84 (unten Anhang 3, S. 165 Nr. 15) heißt er *Rivellino del Scioten*, auf dem Wien-Plan von ca. 1690 (unten Anhang 3, S. 165f. Nr. 17) *(Parmula) Scotensis*, und die vom Schottentor ausgehende Brücke über den Stadtgraben führt auf beiden Plänen direkt zu ihm hin.

413 Auf dem Wien-Plan von 1683/84 (unten Anhang 3, S. 165 Nr. 15) heißt es hier *Porta Nova el suo Rivellino*, auf dem Wien-Plan von ca. 1690 (unten Anhang 3, S. 165f. Nr. 17) *Parmula nouę portę*.

Abb. 17: Plan der Stadt Wien bei der Zweiten Türkenbelagerung mit Einzeichnung und Benennung der Befestigungswerke einschließlich der Ravelins, 1683/84: Vienna Assediata Da Tvrchi E Liberata Da Christiani (siehe unten Anhang 3, S. 165 Nr. 15).

bzw. Wasserbastei (errichtet um 1650), (7) der Wasserravelin[414] östlich der Neutor- bzw. Wasserbastei zwischen Arsenalkanal und Donau (heute Donaukanal) (errichtet 1646), (8) die schon 1602 erbaute Judenschanze[415] vor der Biberbastei, (9) der Biberravelin[416]

[414] Auf dem Wien-Plan von 1683/84 (unten Anhang 3, S. 165 Nr. 15) heißt er *Rivellino del Acqua*, auf dem Wien-Plan von ca. 1690 (unten Anhang 3, S. 165f. Nr. 17) *Parmula aquatica*.

[415] Auf dem Wien-Plan von 1683/84 (unten Anhang 3, S. 165 Nr. 15) heißt sie *Rivellino degl' Ebrei*, auf dem Wien-Plan von ca. 1690 (unten Anhang 3, S. 165f. Nr. 17) *Parmula iudaica*.

[416] Auf dem Wien-Plan von 1683/84 (unten Anhang 3, S. 165 Nr. 15) heißt er *Rivellino Biber*, auf dem Wien-Plan von ca. 1690 (unten Anhang 3, S. 165f. Nr. 17) *(Parmula) Biber*.

zwischen Biber- und Dominikanerbastei (wahrscheinlich um 1650 errichtet), (10) die Stubenschanze[417] vor dem Stubentor bzw. zwischen diesem und der Braunbastei (errichtet um 1660, ummauert ab 1727) und (11) der Ravelin im Dachsloch[418] zwischen Braun- und Wasserkunstbastei (errichtet um 1660, ummauert 1758).

Ebenfalls in einer Zeit des erneuten Ansteigens der osmanischen Bedrohung, nämlich während der frühen 1660er Jahre, erfolgte dann der endgültige Um- und Ausbau der eigentlichen Donaufront der Wiener Stadtmauer sowie der hier angelegten Basteien. Dabei wurden die Kleine und die Große Gonzagabastei, benannt nach dem damaligen Kommandanten der Wiener Stadtguardia, Fürst Annibale Gonzaga (1602–1668), errichtet[419]. Die an dieser Stadtseite noch immer vorhandene zinnenbekrönte Stadtmauer mittelalterlicher Prägung wurde damit nach außen zu entscheidend besser geschützt, und wohl aus diesem Grund beließ man sie auch noch weiter in dieser altehrwürdigen, alles andere als zeitgemäßen Form. Noch auf dem Suttinger-Plan von 1684, der die Elemente der Stadtbefestigungen im Aufriss wiedergibt, sind die Zinnen der hier gelegenen Stadtmauer gut zu erkennen. Andermüller (1703) dagegen zeigt hier eine oben gerade abgeschlossene Mauer, die dem Aussehen der übrigen Abschnitte rings um die Stadt absolut gleicht.

Was das Andermüllersche Bild mit Ausnahme eines schmalen Bereichs der Leopoldstadt[420] nicht zeigt, das ist der weitere Bereich des städtischen Umlands, der hier gelegenen Vorstädte. Sie waren nach 1529 nicht nur in ihren Siedlungsstrukturen stark beeinträchtigt, ja zerstört, sie entbehrten nach dieser Ersten Türkenbelagerung auch lange eines Schutzes in Form einer Befestigung, wie es sie doch seit den 1440er Jahren gegeben hatte. Seit der zweiten Hälfte des 16. Jahrhunderts hatte es dann Projekte zu einem Ausbau der Wiener Befestigungen auch außerhalb der eigentlichen Stadtmauern durch Zitadellen gegeben[421]. Auch für das 17. Jahrhundert lassen sich mehrfach vergleichbare Vorschläge für eine Verbesserung des Außenschutzes Wiens und seiner Vorstädte nachweisen. Bekannt ist dabei insbesondere der Vorschlag des Obersten Priami von 1663 zur „Versicherung der Brükhen“, der in einer Zeit erneut ansteigender osmanischer Bedrohungen[422] insbesondere zum Schutz der Donaubrücken im Bereich des Unteren Werds neue Befestigungen vorschlug, die gleichfalls mehrere kleine zitadellenartige Anlagen einschlossen[423]. In diesem Projekt erkennt man die weiterhin hohe Aufmerksamkeit, die das Militär gerade auf den Raum im Norden der ummauerten Stadt richtete, waren doch für diese Zone bereits ab 1569 vielfach Überlegungen angestellt worden. Oberst Giuseppe Priami di Ro-

[417] Auf dem Wien-Plan von 1683/84 (unten Anhang 3, S. 165 Nr. 15) heißt er *Rivellino Stuben*, auf dem Wien-Plan von ca. 1690 (unten Anhang 3, S. 165f. Nr. 17) *(Parmula) Stubensis*, und die vom Stubentor ausgehende Brücke über den Stadtgraben ist auf dem erstgenannten Plan mittels einer Abzweigung, auf dem zweiten nicht mit diesem Ravelin verbunden.

[418] Auf dem Wien-Plan von 1683/84 (unten Anhang 3, S. 165 Nr. 15) heißt er *Rivellino detto Buca del Tasso* („Loch des Dachses, Dachsloch“), auf dem Wien-Plan von ca. 1690 (unten Anhang 3, S. 165f. Nr. 17) *(Parmula) Braun* (nach der hier gelegenen Braunbastei).

[419] Art. Gonzagabastei. *Wien Geschichte Wiki*.

[420] In dieser Zone trägt Andermüller eine unbezeichnete Windrose ein, womit er seine geographischen Kenntnisse unterstreicht.

[421] Zum Projekt des Carlo Theti siehe unten S. 102 sowie auch unten Anhang 3, S. 163 Nr. 7.

[422] Nur ein Jahr später, am 1. August 1664, erfolgte die für die habsburgisch-kaiserliche Seite erfolgreiche Schlacht zwischen St. Gotthard und Mogersdorf an der Raab, vgl. dazu jetzt die Beiträge in: Die Schlacht von Mogersdorf/St. Gotthard.

[423] Der in der Kartensammlung des Österreichischen Staatsarchivs, Abteilung Kriegsarchiv, überlieferte Plan ist abgebildet bei Opll, Wien im Bild historischer Karten Tafel 7 siehe dazu auch unten Anhang 3, S. 164 Nr. 10.

vorat, der 1667 in Prag einen „Discorso fatto circa le necessità del fortificar de stati, ò Confini, specialmente del Regno di Bohemia" veröffentlichte, war ein weiterer Vertreter der für den Festungsbau bestens ausgewiesenen Spezialisten im habsburgisch-kaiserlichen Heer[424].

Für den Raum südlich der Donau hat es zumindest für Teile der Vorstädte Befestigungsanlagen – wohl bescheidene, in der Form niedriger Mauern und sogar bloß als Zäune ausgeführt – gegeben. Darauf weist der Vergleich zwischen dem Herstal-Plan von 1695/97[425] und der Vogelschau des Folbert van Ouden-Allen[426] hin, die in ihrer Erstfassung ja noch in die Zeit vor 1683 zurückgeht. Insbesondere im Bereich des bei Ouden-Allen als „Neues Lazareth" bezeichneten alten Siechenhauses St. Johann an der Siechenals (heute: etwa Wien IX, Ecke Währinger Straße/Spitalgasse)[427] ist auf der Vogelschau eine vorspringende, hier sogar höhere Mauer mit Schießscharten zu sehen, während der Grundrissplan des Michel Herstal de la Tache von 1695/97 an dieser Stelle eine Art Zitadelle einzeichnet[428]. Inwieweit es sich bei diesen Anlagen um Maßnahmen handelte, die seitens der Inhaber einzelner Grundherrschaften gesetzt wurden und dann eben nicht einem übergeordneten Befestigungsplan entsprachen, ist freilich schwer zu beurteilen.

Ihre Feuerprobe sollte die Stadtbefestigung, in Sonderheit die Mauern rings um die Stadt selbst mit ihren Basteien und Ravelins, sodann bei der Zweiten Wiener Türkenbelagerung[429] bestehen. Ganz wesentlich war es ihrem Ausbaugrad und ihrem Zustand zu verdanken, dass trotz so mancher Bresche, welche die Angreifer zu schlagen vermochten, die Stadt bis zum Eintreffen des Entsatzheeres im September 1683 gehalten werden konnte. Beseitigung der entstandenen Schäden und entsprechende Wiederherstellungen unterlagen nach der Abwehr der Osmanen keiner Diskussion – sie erfolgten umgehend. Befestigungen für die Vorstädte, wie sie im späten Mittelalter Bestand gehabt hatten und im 16. und 17. Jahrhundert mehrfach erwogen wurden, wurden gleichfalls schon sehr bald nach 1683 erneut diskutiert.

Im Wiener Stadt- und Landesarchiv liegt schon seit den 1880er Jahren ein bisher kaum beachteter Plan von 1697, der ein Projekt zur Befestigung der Vorstädte Wiens darbietet. Er geht auf den Entwurf eines Herren von Herstal, genannt de la Tache, zurück und ist in Form einer von dem bekannten, in Wien als Buchdrucker tätigen Johann Peter van Ghelen (1673–1754) stammenden Kopie – diese trägt das Datum „1697" – überliefert[430]. Anders als sämtliche ältere Vorschläge zur Ausweitung des Befestigungssystems von

---

424 Vgl. dazu die Hinweise bei Noe, Italienische Literatur 207.

425 Unten Anhang 3, S. 166 Nr. 18, sowie hier Anm. 403.

426 Unten Anhang 3, S. 164 Nr. 12.

427 Art. Johannes in der Siechenals. *Wien Geschichte Wiki.*

428 Die Wien-Ansichten, die Georg Matthäus Vischer 1672 aus allen vier Himmelsrichtungen vorgelegt hat, lassen in dieser Hinsicht leider keine Aussage zu, vgl. zu ihnen May, Wien in alten Ansichten Tafeln 11a–b und 12a–b.

429 Zum Ereignis vgl. den Art. Zweite Türkenbelagerung (1683). *Wien Geschichte Wiki* mit den dort gebotenen Hinweisen auf die maßgebliche Literatur.

430 Zum Plan siehe Anhang 3, S. 166 Nr. 18. Wiewohl sich zur Person des Verfassers, des Sieur Michel de Herstal (dit) de la Tache (Herstal nordöstl. Lüttich an der Maas, heute Belgien), nur wenige Angaben machen lassen (siehe die Hinweise, unten Anm. 429), bleibt zu betonen, dass er im Original *Le Sier de Herstal dit de la Tache* genannt wird. Bei dem ebenfalls genannten Kopisten dagegen handelt es sich um den Buchdrucker Johann Peter van Ghelen (1673–1754), der in Nachfolge seines Vaters Johann (1645–1721), der nach Wien zugewandert war, zu den bedeutendsten Wiener Buchdruckern zählt, vgl. Art. Johann Peter van Ghelen. *Wien Geschichte Wiki.*

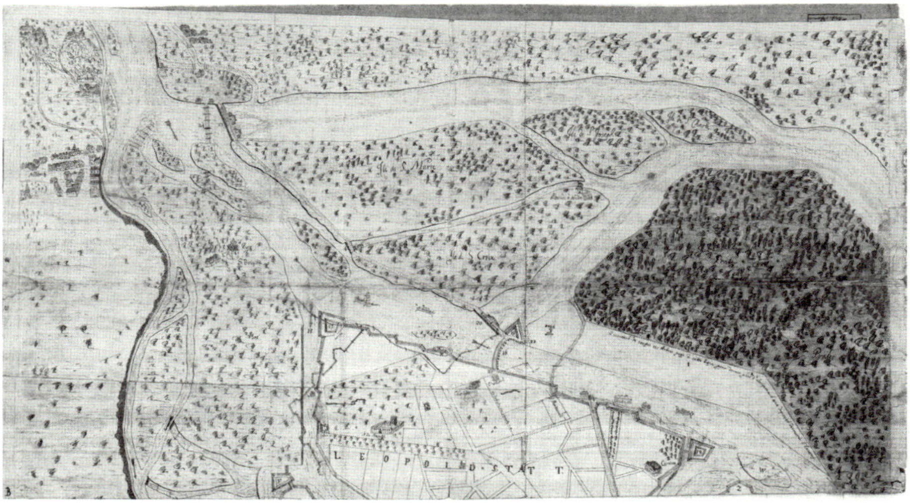

Abb. 18: Plan der Stadt Wien und ihres Umlandes mit einem Befestigungsprojekt des Sieur (Michel) Herstal dit de la Tache, 1695/97; Ausschnitt (siehe unten Anhang 3, S. 166 Nr. 18).

Wien auf die Vorstädte handelt es sich hier erstmals um das Projekt eines den gesamten Bereich (also auch die Leopoldstadt) rings um die Stadt abdeckenden Befestigungssystems (Abb. 18). Zugleich rekurriert die vorgeschlagene Befestigung deutlich als konzentrisch weiter nach außen vorgeschobene Linie auf die eigentliche Stadtmauer und sie sieht eine Reihe von recht massiven Eingriffen vor allem wassertechnischer Natur vor. Während diese Plankopie zumindest im Rahmen einiger Ausstellungen bereits gezeigt wurde, ist der Forschung bisher völlig entgangen, dass sich in der Kartensammlung der Österreichischen Nationalbibliothek ein von Herstal selbst stammendes, handgeschriebenes Textheft in französischer Sprache[431] befindet. Die dort enthaltenen Angaben erlauben es, die Entstehung des verloren gegangenen Originalplans zum Jahr 1695 zu datieren.

Darüber hinaus bieten sie eine Reihe wichtiger Hinweise auf die Entstehung des so ausgesprochen aussagekräftigen Plandokuments: Darin heißt es zunächst, dass der aus *Liegge* (Lüttich/Liège) stammende *Sieur de Herstal* sich seit dem Monat Juli 1695 in Wien aufhielt, hier keinen Auftrag zu erfüllen hatte und sich deshalb an Recherchen im Umland der Stadt machte, um ein Projekt zur Vorlage an den Kaiser auszuarbeiten, das zum einen der Verbesserung der Befestigungen, zum anderen aber auch der Vergrößerung der Stadt und deren Verschönerung dienen sollte. Ganz klar wird betont, dass die Hauptstadt des Reiches nur unzulänglich gesichert sei und zudem für den enormen Zustrom von Menschen, die hier leben möchten, zu wenig Raum biete. Im Folgenden erlaubt diese Beschreibung sodann eine genaue Erläuterung des Plans samt der darin enthaltenen Ele-

[431] ÖNB, Kartensammlung, Textheft 7.A.58. Unter derselben Signatur liegt auch ein Befestigungsprojekt für Wien in Form einer kolorierten Karte Wiens samt Vorstädten aus dem Jahr 1745 ein, das allerdings inhaltlich nichts mit dem Herstal-Projekt zu tun hat und in der ÖNB auch irrtümlich zum Jahr 1755 datiert wird, siehe dazu unten Anhang 3, S. 168 Nr. 25. – Der Beginn des Berichts des Herrn von Herstal bietet eine Art von Titel: *Explication par Alphabeth de la Carte figurative, touchant la nouvelle maniere de fortfier, et agrandir la Ville de Vienne, et Leopoldstatt.* – Die Kenntnis dieses Berichts ist einem freundlichen Hinweis von Sándor Bekesi (Wien Museum) zu verdanken.

mente, die mit Buchstaben bezeichnet sind, die mit den Eintragungen auf dem Plan selbst korrespondieren. Das Projekt sieht durchaus gravierende Eingriffe in die vorhandene Topographie vor, dabei insbesondere etliche Veränderungen der vorhandenen Wasserläufe samt Anlage entsprechender Hafenanlagen. Herstal macht sich aber auch Gedanken über die Umsetzung dieses Projekts sowie dessen Finanzierung. Er betont etwa, dass die Einwohner der Vorstädte gern finanziell beizutragen bereit sein würden, wobei er auf die im Gefolge der verbesserten Befestigungen steigenden Immobilienpreise für die nunmehr eben besser geschützten Objekte verweist. Wasserbaumaßnahmen am Wienfluss würden zudem dazu beitragen, dass der Herrscher auf Barken wie auf einem ruhigen Meer bis in unmittelbare Nähe des Palastes in Hietzing (= Schönbrunn) gelangen und hier auch dem Fischfang frönen könne[432]. Als Nachweis seiner Fähigkeiten im Hinblick auf eine derart ausgedehnte Befestigungsanlage weist der Autor dezidiert auf das Beispiel der niederländischen Festungsarchitektur hin. Er nennt dabei nachdrücklich seine Heimatstadt Lüttich/Liège, die über ein besonders ausgedehntes Befestigungssystem verfüge. Besonderen Wert legt er auf eine Befestigung der Leopoldstadt, die keinerlei Anhöhen, andererseits aber durch das Wasser der Donau viele Vorteile für den Ausbau eines verbesserten Schutzes aufweise. Mit dem Aushub bloß eines einzigen neuen Flussbettes sei es möglich, dass die gesamte Leopoldstadt von der großen Donau umgeben sei. Im Zuge dieser Arbeiten sei dann auch noch die Donaubrücke neu zu bauen, wobei künftig ein einfacherer und kürzerer Weg entstehen könne. Er folgt damit einem Trend, der sich auch für ältere Befestigungsprojekte im Bereich der Donauarme nördlich der ummauerten Stadt seit der zweiten Hälfte des 16. Jahrhunderts mehrfach belegen lässt, ohne dass man sagen könnte, ob er von diesen früheren Überlegungen tatsächlich Kenntnis hatte.

Einem charakteristischen Bescheidenheitstopos folgend, betont Herstal, dass er über kein einschlägiges Studium als Festungsbautechniker verfüge. Dennoch betont er im selben Atemzug, dass nur er wisse, wie eine derartige Befestigung anzulegen sei. Er hoffe natürlich auch, dass er die ihm bisher entstandenen Kosten in der Höhe von 4.000 Gulden ersetzt bekommen würde. In nachgerade moderner Weise schließt er seinen Bericht mit einer Auflistung von acht Punkten ab, in denen die Vorteile einer solchen Vergrößerung der Hauptstadt plakativ zusammengefasst sind. Dass sich unter diesen Vorteilen auch solche ökonomischer Art finden – zu nennen sind die Verbesserung der Flussschifffahrt, die Nutzung der Mühlen für die Herstellung von Schießpulver und Papier, die Entstehung beachtlicher Fischteiche im Gefolge der geplanten Aufstaumaßnahmen –, zeugt abermals von der beachtlichen Qualität dieses Projektvorschlags. Hinweise auf den Vornamen und Angaben zur Vita des Planverfassers sind in der zeitgenössischen Literatur[433] zu finden: Mit vollem Namen hieß er Michel de Herstal de la Tache und stammte aus Lüttich/Liège. Er trat als Verfasser einer neuen Art der Befestigung von Städten hervor, die er Kaiser Leopold I. schon zuvor präsentiert hatte. Von diesem an den Kaiserhof nach Wien[434] beru-

432 Bericht (wie vorige Anm.), fol. 4^r^: [...] *Sa Majesté puisse avoir le plaisir de vouguer comme sur une Mer calme* [...] *jusques bien près des son Palais de Jezing* (sic!) [...].

433 Vgl. La Clef du Cabinet des Princes de l'Europe 71f., sowie den knappen lexikalischen Eintrag, in: Table générale du Journal historique 58f. Der Hinweis auf diese Informationen ist Heike Krause (Stadtarchäologie Wien, Wien Museum) zu verdanken.

434 Diese Angabe lässt sich nur schwer mit seinen eigenen Aussagen im Textheft (oben S. 94 mit Anm. 431) verbinden, wo er meint, er hielte sich in Wien auf und habe hier keinen Auftrag zu erfüllen, weshalb er sich mit Recherchen zur Verbesserung des Schutzes und der Zierde der Stadt beschäftigt habe (fol. 1^r^: *Le Sieur de Herstal a remontré à Sa Majesté Imperiale, qu'etant a cette Ville depuis le Mois de Juillet 1695, sans d'avoir d'expedition,*

fen, legte er dem Kaiser als erste Probe seiner neu entwickelten Befestigungsmanier einen Plan zur Vergrößerung Wiens vor, der mit großem Wohlwollen aufgenommen wurde. Im Jänner 1706 erhielt er jedenfalls dafür ein Privileg Kaiser Josephs I., doch verfolgte der kaiserliche Hof das Projekt sodann aus unbekannten Gründen nicht weiter.

Mit einiger Wahrscheinlichkeit wird man wohl davon ausgehen dürfen, dass in der Zwischenzeit eben das Linienwall-Projekt gleichsam den Sieg davon getragen hatte. 1704, zwei Jahre bevor Herstal ein kaiserliches Privileg erhalten sollte, von neuem unter dem Eindruck drohender Feindeinwirkungen und diesmal maßgeblich vorangetrieben von niemandem Geringeren als Prinz Eugen von Savoyen, sollte dann tatsächlich eine Vorstadtbefestigung entstehen. Bernhard Georg Andermüller hatte Wien im Herbst 1703 verlassen, der Linienwall entstand wenige Monate später und er sollte bis ins späte 19. Jahrhundert bestehen bleiben[435]. Anders als die mittelalterliche Vorstadtbefestigung nahm man bei der Errichtung dieser „Linien“ im frühen 18. Jahrhundert von allem Anfang an Rücksicht auf das zu erwartende Wachstum in den Vorstädten und rückte den Wall entsprechend weiter nach außen. Der Untere Werd (ab 1670: Leopoldstadt), um dessen Schutz man sich 1663 und auch noch 1695/97 besorgt gezeigt hatte, erhielt dagegen jetzt keine eigene Befestigung, der Linienwall selbst reichte in einem weiten Bogen um die Stadt vom Gebiet bei St. Marx im Osten bis zur Vorstadt Lichtental im Nordwesten.

Die Diskussionen um mögliche Verbesserungen und Adaptierungen der Wiener Stadtbefestigungen sollten noch weit ins 18. Jahrhundert hinein anhalten. Ein besonders eindrucksvolles Zeugnis dazu hat sich mit einem Befestigungsplan von 1745 in der Kartensammlung der Österreichischen Nationalbibliothek erhalten. Es handelt sich dabei um eine nach dem Vorbild des Anguissola–Marinoni-Plans von 1706 sowie weiterer vergleichbarer Pläne von 1736 und 1740[436] geostete Darstellung mit reichhaltiger Legende. An drei Stellen – an der Donau (heute: Donaukanal) im Bereich der Spittelau, in der Leopoldstadt in einem großen Bogen vom Bereich gegenüber dem Arsenal bis zum Gebiet gegenüber der Mündung des Wienflusses und schließlich im Bereich der Vorstadt Weißgerber von etwas östlich der Wienflussmündung entlang des Donauverlaufs (heute: Donaukanal) – sind zitadellenförmige Befestigungsprojekte auf randlich aufgeklebtem Papier eingezeichnet. Diese drei Papierstücke lassen sich vom Kartenblatt hochklappen, wobei die darunter befindliche, zur Zeit des Befestigungsprojektes bestehende Verbauung zu sehen ist. Die zeitliche Einordnung zum Jahr 1745 ergibt sich nicht nur aus der Korrektur der ursprünglich hier stehenden Jahreszahl „1755“, sondern auch aus der Bezeichnung Wiens als „königliche“ Haupt- und Residenzstadt, was in dieser Form nur für die Zeit des von 1742 an bis zu seinem Tod am 20. Jänner 1745 Kaisers Karl VII. (Karl Albrecht von Bayern aus dem Haus Wittelsbach) zutrifft.

Noch das gesamte 18. Jahrhundert hindurch und bis in die 1850er Jahre hinein, damit in einer Epoche, da in anderen europäischen Städten die Entfestigung zu einem weit verbreiteten Phänomen geworden war[437], hielt man für Wien am Bestand der Stadtbefestigung fest. Selbst die Sprengung der Ravelins beim Abzug der napoleonischen Truppen

*il s'est occupé à rechercher par tout à l'entour de cette Ville tout ce qu'il a cru pouvoir contribuer à sa conservation, et à son ornement*).

435 Zum Wiener Linienwall vgl. Buchmann, Linienwall 45–55; ders., Linienwall und Linienämter; Opll, Grenzen; Der Wiener Linienwall. Vom Schutzbau zur Steuergrenze; Art. Linienwall. *Wien Geschichte Wiki*.

436 Siehe unten Anhang 3, S. 166 und 168 Nr. 20, 23 und 24.

437 Vgl. dazu Mintzker, Defortification, insbesondere 220–224 und 235–239 (über Wien).

brachte keine Veränderung der Denkweise, wenngleich man diese seit dem 17. Jahrhundert bestandenen Schanzen nun doch nicht mehr neu aufbaute. Erst 1857, und damit in einem in politischer und wirtschaftlicher Hinsicht weitgehend veränderten Umfeld, sollten dann auch die Wiener Stadtbefestigungen fallen[438] und der Prachtanlage der Ringstraße Platz machen.

## 10.3 Die Transformation des Stadtbildes der Vorstädte

Mehrfach schon ist im Zusammenhang mit den Veränderungen und Transformationen des Wiener Stadtbildes im Hinblick auf den ummauerten Stadtkern und dessen Befestigungen nach außen zu die Sprache auf die vor der Stadt gelegenen Vorstädte gekommen. Auch die Andermüllersche Vogelschau bietet ja sowohl wegen des gewählten Bildausschnitts als auch im Kontext der offenkundig verwendeten Vorlage einer Version der Hoefnagelschen Vogelschau zumindest den Blick in einen Teilbereich der Vorstädte: nämlich die südlichsten, am Donauufer (heute: Donaukanal) gelegenen, von diesem freilich durch eine Uferstraße getrennten Zonen der Leopoldstadt. Ganz der Großzahl der vorhandenen Bildwerke von Andermüllers Epoche entsprechend, gibt die Ansicht des Dessauer Amtsträgers allerdings für die anderen vorstädtischen Bereiche im Osten, Süden und (Nord-)Westen der Stadt keinerlei Hinweise. Aus den zahlreichen Berichten des Bernhard Georg Andermüller, die er in den Jahren von 1699 bis 1703 an die ihn beauftragenden Fürsten von Anhalt richtete, ist jedoch deutlich zu belegen, dass gerade auch Adelssitze in diesen Vorstadtzonen im Gefolge der Erfordernisse seines Dienstauftrags verstärkt in seinen Blickwinkel gerieten. Aus diesem Grunde, aber noch viel mehr im Kontext des hier vorgelegten Versuchs, die Transformation des Wiener Stadtbildes in der Frühen Neuzeit zu untersuchen und darzustellen, soll nun gleichsam als dritter topographischer Abschnitt in dieser Analyse auch die bauliche Entwicklung der Wiener Vorstädte genauer betrachtet werden.

Der gesamte Wiener Raum, annähernd im Umfang des modernen Stadtgebietes unserer Tage, ist altes Siedlungsgebiet. Bereits seit der römischen Antike liefen hier Straßenverbindungen durch, die auf das Zentrum, das Legionslager Vindobona gerichtet waren bzw. von diesem ins nähere und weitere Umland ausstrahlten. Es sind vor allem die Erstnennungen von Orten dieses Wiener Raumes[439], die uns – noch lange bevor man genauere Vorstellungen von den jeweiligen Siedlungsverhältnissen gewinnen kann – Anhaltspunkte für dessen frühe Be- und Aufsiedlung bieten. Dabei ist in jedem Fall zu bedenken, dass die älteste Überlieferung eines Ortsnamens für die Entstehung des betreffenden Ortes eben nur einen terminus ante quem bieten kann, die eigentlichen Siedlungsanfänge somit mehr oder weniger lange vor diesem Datum liegen bzw. liegen können. Dennoch macht die deutliche Massierung dieser Erstnennungen im Wiener Raum für das 12. Jahrhundert klar, dass wir in zeitlicher Parallele zum Stadtwerdungsprozess von Wien jedenfalls auch für das städtische Umland bereits mit einer hohen Intensität an Siedlungsverdichtung rechnen dürfen. Was uns hier ganz besonders interessiert, das ist das nähere Umland, Kernbereich dessen, was dann schon ab dem 13. Jahrhundert unter

---

438 Das Wiener Stadt- und Landesarchiv war 2007 die einzige Institution, die des 150-jährigen Jubiläums dieses Ereignisse mit einer seiner Kleinausstellungen gedachte, vgl. dazu Fritsch–Tauber, Fall der Bastei.

439 Dazu vgl. Opll, Erstnennung.

der Bezeichnung „suburbia", als Vorstädte Wiens zu fassen ist[440]. Schreiten wird diese beginnend vom Süden etwa beim Kärntner Tor im Uhrzeigersinn ab, so sind die folgenden frühen Siedlungen mit ihren Erstnennungen anzuführen: Wieden (1211), Gumpendorf (ca. 1120–1138), Zeismannsbrunn, der Kernbereich des späteren St. Ulrich (1202), Alservorstadt (1211), Niklasvorstadt im Bereich der Landstraße (um 1200), das unweit davon gelegene Weirochberg (vor 1200) und Erdberg (1192). Eine nächste Verdichtungsphase ergab sich im Verlauf des 13. Jahrhunderts, da um die Wende zum 14. Jahrhundert die Nennungen weiterer neuer Orte vorliegen, und zwar in eben der identen Beobachtungsweise: Klagbaum (1290), Laimgrube (1291), Neustift (1315), Oberer Werd, im Bereich der Rossau (1291), Rossau (1314), Unterer Werd, der Kernbereich der Leopoldstadt (vor 1300), und Landstraße (1302).

Die spätbabenbergische Epoche war es, in der die Stadt sich erstmals bestrebt zeigte, ihr unmittelbares Umland auch in politisch-wirtschaftlicher Hinsicht in die eigene Verfügung zu bekommen. 1244 verlieh Herzog Friedrich der Streitbare den Wienern das Vorrecht, dass in ihren Burgfried, d. h. dem von der Stadt politisch wie administrativ beherrschten Gebiet außerhalb der Mauern, niemand ungarischen Wein einführen oder dort verkaufen dürfe. Dieser städtische Rechtsbezirk wird dann viereinhalb Jahrzehnte später (1288) dezidiert mit dem Bereich der Vorstädte gleichgesetzt. Die Vorstädte reichten im Mittelalter mit ihrem Hausbestand in Richtung zur Stadt hin bis an die Stadtmauer heran, ja im frühen 14. Jahrhundert entstanden im Nahebereich der Stadtmauer sogar neue Siedlungen, darunter etwa die 1281/96 erstmals genannte Scheffstraße zwischen Stubentor, Wienfluss und dessen Mündung in die Donau (heute: Donaukanal)[441].

Neben den Erstnennungen von Siedlungsnamen sind – nicht anders als dies für den schon oben behandelten, ummauerten Stadtbereich der Fall ist – die Nennungen[442] von geistlichen Einrichtungen Leitmarken unseres Wissens um die Besiedlung. Derartige Institutionen waren in diesem vorstädtischen Bereich schon im Mittelalter vorhanden und sie wurden zum Teil auch zum Ausgangspunkt für lokale Siedlungsverdichtungen. Machen wir auch hier einen Rundgang, der seinen Ausgangspunkt vom Kärntner Tor nimmt und im Uhrzeigersinn voranschreitet, so sind folgende Objekte noch für die babenbergische Epoche anzuführen: das Heiliggeistspital (1208)[443], die Gumpendorfer Pfarrkirche (1244 wird der Ägydialtar erstmals genannt)[444], die Ulrichskirche (geweiht 1211)[445], das Maria-Magdalena-Kloster vor dem Schottentor (1230)[446] und das Zisterzienserinnen-

440 Der erste Hinweis auf das Umland der Stadt in einem landesfürstlichen Privileg findet sich im Stadtprivileg Friedrichs des Streitbaren von 1244 mit der Definition der Stadtgrenzen, die als „purchfride" (Burgfried) bezeichnet werden und innerhalb deren kein ungarischer Wein eingeführt werden dürfe. Knapp viereinhalb Jahrzehnte später, 1288, wird dieser Burgfried sodann in einer Urkunde der Stadt Wien für das Kloster Heiligenkreuz dezidiert mit den Vorstädten gleichgesetzt, und es heißt dort: „infra muros vel suburbia civitatis nostre, quod purkhfride dicitur", vgl. dazu Opll, Burgfried 7–10; ders., Grenzen 107f. Mit dem frühneuzeitlichen Vorstadtbereich hatte dies in topographischer Hinsicht allerdings wenig zu tun, erfuhr dieser seine Ausgestaltung doch weniger gemäß den Grenzen des Burgfrieds, sondern sehr viel mehr (ab 1704) durch die Entstehung des Linienwalls.

441 Art. Scheffstraße. *Wien Geschichte Wiki*; siehe auch Von der mittelalterlichen Stadtmauer zur neuzeitlichen Festung Wiens.

442 Opll, Erstnennung.

443 Art. Heiligengeistspital. *Wien Geschichte Wiki.*

444 Art. Gumpendorfer Kirche. *Wien Geschichte Wiki.*

445 Art. Ulrichskirche. *Wien Geschichte Wiki.*

446 Art. Maria-Magdalena-Kloster. *Wien Geschichte Wiki.* Ergänzend sei verwiesen auf Schedl, Klosterleben und Stadtkultur 145–160.

kloster St. Niklas vor dem Stubentor (vor 1228)[447]. Aus den Jahren der beginnenden přemyslidischen Herrschaft über Österreich stammt das zwischen 1253 und 1257 vor dem Kärntner Tor unweit des älteren Heiliggeistspitals gegründete Bürgerspital[448]. Nur wenig später (vor 1266) ist erstmals eine Niederlassung der Augustinereremiten vor dem Werdertor[449] zu fassen, der 1305 vom Papst das Recht freier Predigt und Seelsorge sowie die Anlage eines Friedhofs zugestanden wurden, was bereits auf Anfänge einer ersten Siedlungstätigkeit schließen lässt. Nach der Übersiedlung des Konvents in das 1327 entstandene Augustinerkloster in der Innenstadt erlebte dieser Standort höchst unterschiedliche Zweckbestimmungen. Die Siedlung bestand jedenfalls fort, und 1462 wird hier sogar ein Pfarrhof erwähnt.

Als mit den Habsburgern diejenige Dynastie die Herrschaft im Lande übernahm, die hier bis 1918 die Regentschaft ausüben sollten, ist zunächst mehrere Jahrzehnte hindurch nichts von neuen Initiativen zur Ansiedlung von geistlichen Einrichtungen in den Vorstädten zu vernehmen. Ändern sollte sich dies erst ab der Ära Friedrichs des Schönen, der 1327 bei der in die Stadt hinein verlegten Augustinerniederlassung vor dem Werdertor ein Spital ins Leben rief, das dann 1343 mit dem von Friedrichs jüngstem Bruder, Herzog Otto dem Fröhlichen, vor 1339 gestifteten Martinsspital[450] vor dem Widmertor unweit außerhalb der landesfürstlichen Burg vereinigt wurde. Es diente insbesondere der Pflege von Bediensteten des habsburgischen Hofes. Unweit von St. Martin und ebenfalls an der parallel zum Wienfluss führenden Straßenverbindung in Richtung Westen (später: Mariahilfer Straße) gelegen, errichteten fünf Jahre später, 1348, Herzog Albrecht II. und seine Gemahlin Johanna von Pfirt bei einer Theobaldskapelle ein weiteres Spital, diesmal bestimmt für die Aufnahme von zwölf weiblichen Insassen, das hundert Jahre später unter dem Einfluss des Johannes von Capistran in den 1450er Jahren zum Sitz des Franziskanerobservantenklosters St. Theobald wurde[451]. Eigenartigerweise ohne eigene geistliche Einrichtung blieb das Gebiet des Unteren Werds nördlich der Stadt am gegenüberliegenden Ufer der Donau (heute: Donaukanal). Schon seit 1337 lagen die hiesigen grundherrlichen Rechte als Pfand in der Verfügung der Stadt, und vor allem im Gefolge der Errichtung der durchgehenden Donaubrücke nach dem Norden zu (1439)[452] blühte die Siedlungstätigkeit hier weiter auf. Diesem Befund einer doch deutlich anders gelagerten Ein- und Wertschätzung dieser nördlich und im Inselbereich der Donau gelegenen Vorstadtzone entspricht nicht zuletzt auch die Tatsache, dass offenbar niemals daran gedacht wurde, im Zuge der ab den 1440er Jahren errichteten Vorstadtbefestigungen die fortifikatorischen Maßnahmen auch auf den Bereich des Unteren Werds auszudehnen.

Noch weiter von der Stadt selbst entfernt, und damit in einer Zone höchst dünner oder überhaupt fehlender Besiedlung an der äußeren Grenze des städtischen Burgfrieds gelegen, befanden sich insgesamt drei Siechenhäuser[453], die hier zwar anzuführen sind,

[447] Art. Nikolaikloster (3). *Wien Geschichte Wiki.* Ergänzend sei verwiesen auf Schedl, Klosterleben und Stadtkultur 105–143.

[448] Art. Bürgerspital. *Wien Geschichte Wiki.*

[449] Zum Gebiet der sich hier entwickelnden vorstädtischen Siedlung vgl. Perger–Brauneis, Die mittelalterlichen Kirchen 89–92.

[450] Vgl. Perger–Brauneis, Die mittelalterlichen Kirchen 250–252.

[451] Vgl. Perger–Brauneis, Die mittelalterlichen Kirchen 164–169; Art. Theobaldkirche. *Wien Geschichte Wiki.*

[452] Art. Donaubrücken. *Wien Geschichte Wiki*; Lessacher, „Über die prugken".

[453] Vgl. Perger–Brauneis, Die mittelalterlichen Kirchen 258–267.

aber naturgemäß keinerlei Siedlungsimpulse entfalteten: Es handelte sich im Osten um das Siechenhaus zu St. Lazarus, später St. Marx, das schon vor 1267 am äußeren Rennweg entstanden war, im Süden um St. Hiob an der Wiedner Hauptstraße, bekannt unter seinem späteren Namen „zum Klagbaum", und, bereits zum Jahr 1266 fassbar, im Westen bzw. Nordwesten um das wohl schon in den 1250er Jahren vorhandene Siechenhaus St. Johannes an der Als, ehemals im Bereich des heutigen Arne-Carlsson-Parks (Wien IX, Ecke Währinger Straße/Spitalgasse).

Das gesamte Wiener Umland, vor allem aber der Bereich der näher zur Stadt gelegenen Zonen, die Vorstädte also, sollte dann bei der Ersten Wiener Türkenbelagerung des Jahres 1529 schwere Zerstörungen und Schäden hinnehmen müssen. Viele bislang besiedelte Gebiete fielen wüst, die hier gelegenen kirchlichen Einrichtungen diverser Orden sowie Spitäler wurden aufgelassen. Die Konvente wurden vielfach in die Stadt hinein übersiedelt, ihr Vermögen übertrug der Landesfürst zum Teil auch an andere Einrichtungen. Behalten wir die schon mehrfach gewählte räumliche Abfolge in unserer Betrachtungsweise bei, so verschwanden – beginnend beim Kärntner Tor und weiter im Uhrzeigersinn um die Stadt – die folgenden Einrichtungen: Die Ruinen des Heiliggeistspitals vor dem Kärntner Tor wurden 1531 abgebrochen und das Vermögen der Wiener Universität übertragen. Im selben Jahr brach man die zerstörten Überreste des unweit davon gelegenen Bürgerspitals ab, die Einrichtung als solche wurde in das Clarissenkloster innerhalb der Stadtmauern verlegt. Das Martinsspital fiel ebenso der Zerstörung anheim, das Vermögen wurde später dem Hofspital einverleibt. Das Theobaldskloster hatte dasselbe Schicksal, wobei der Konvent nach verschiedenen Stationen innerstädtischer Unterbringung erst ab 1589 seinen endgültigen Standort im ehemaligen Büßerinnenhaus zu St. Hieronymus finden sollte. Ähnlich sollte es den Nonnen des 1529 gleichfalls zerstörten Magdalenerinnenklosters vor dem Schottentor ergehen, die 1533 mitsamt ihrem Vermögen in den Konvent des innerstädtischen Klosters St. Laurenz eingegliedert wurden. Die Johanneskapelle vor dem Werdertor wurde zwar vor 1541 wieder aufgebaut, doch verschwand sie 1561 nach Übertragung ihres Besitzes an die in der Stadt gelegene Michaelerkirche vollends. Östlich der Stadt schließlich war es das Zisterzienserinnenkloster St. Niklas vor dem Stubentor, das von den Osmanen zerstört und danach abgetragen wurde, wobei die Nonnen nach 1534 im Zisterzienserinnenkloster St. Bernhard bei Horn Aufnahme fanden und ihr Vermögen je zur Hälfte an das Chorherrenstift St. Dorothea und an die Wiener Universität überging. Erwähnt sei zuletzt auch noch, dass nicht wenig von dem beim Abbruch dieser Baulichkeiten zurückgebliebenen Baumaterial direkt für den Aus- und Umbau der städtischen Befestigungen Verwendung fand.

Der Vorstadtgürtel, der Wien in einer seit der babenbergischen Ära nach und nach immer weiter verdichteten Siedlungsstruktur umschlossen hatte, lag in Trümmern dar, war weitgehend entleert. Die Rundansicht des Niklas Meldeman von 1529/30[454] ist das wohl eindrucksvollste Bildzeugnis all dieser Verwüstungen und Zerstörungen. Noch mehr als zwanzig Jahre nach den Geschehnissen ist es einer der ältesten Wiener Stadtpläne, das Werk des Bonifaz Wolmuet aus dem Jahre 1547[455], der dann erstmals wieder einen Blick über die Stadtmauern nach außen ermöglicht und dabei eine Zone zeigt, in der Gärten und eine äußerst lockere Verbauung das Bild dominieren (Abb. 19). Nur entlang des Wienflusses östlich vor der Stadt ist eine bescheidene Verbauung, in Son-

---

454 Siehe unten Anhang 3, S. 162 Nr. 1.

455 Siehe unten Anhang 3, S. 162f. Nr. 3.

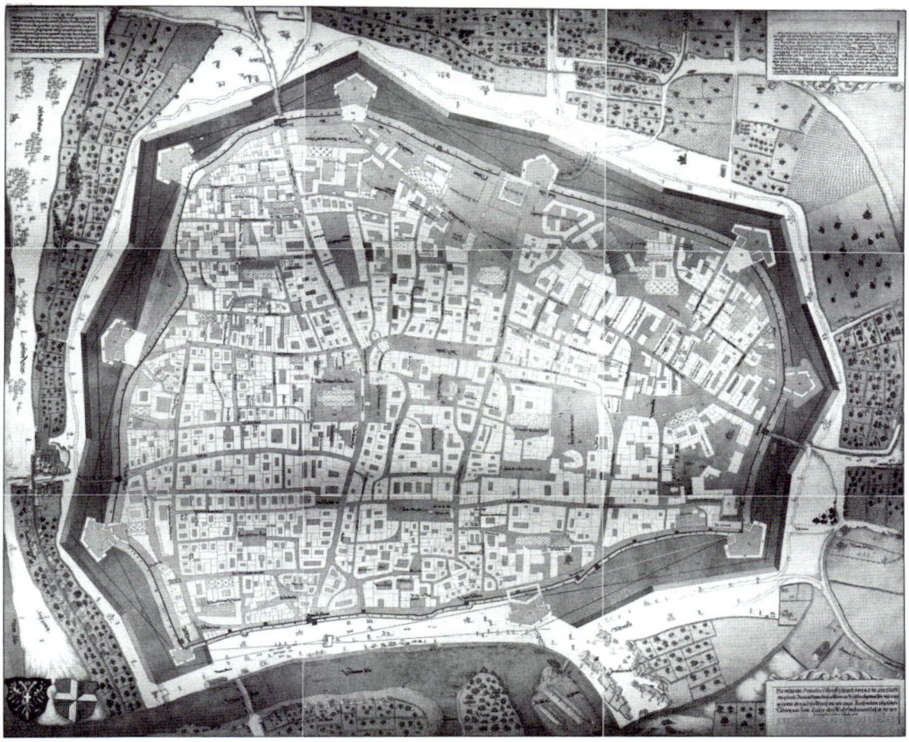

Abb. 19: Plan der Stadt Wien und der angrenzenden Vorstadtbereiche des Bonifaz Wolmuet, 1547 (Reproduktion durch A. Camesina, 1857/59; siehe unten Anhang 3, S. 162f. Nr. 3).

derheit in Form einiger Mühlen zu erkennen, und an der Verbindung vom Stubentor in Richtung stadtaußen zur Landstraße hin ist eine Gruppierung mehrerer Häuser auszunehmen. Das wandelt sich auch in den folgenden Jahrzehnten kaum, wie ein Blick auf zwei der drei überlieferten Wien-Pläne der Mailänder Familie Angielini zeigt[456]. Vor allem der in Dresden vorhandene Wien-Plan der Angielinis[457] lässt erkennen, dass nach Osten hin, in den Bereich der Landstraße und des Weißgerberviertels, die Verbauung mittlerweile gewisse Fortschritte gemacht hatte, doch handelte es sich sowohl hier als auch in den auf dem Plan zu sehenden Teilen des Unteren Werds um eine mit ganz wenigen Ausnahmen sehr bescheidene, eher dörflich anmutende Bebauung. Nur mittels weniger, von Verbindungswegen markierten Grundstückseinheiten strukturiert zeigt sich dagegen auf diesen Plänen der Bereich südlich bis (nord)westlich der Stadt, vom linken Ufer des Wienflusses im Uhrzeigersinn bis an die Donau. Diese vielleicht als Parzellierung für geplante Verbauungen zu deutende Darstellung reicht auf dem Dresdner Exemplar des Angielini-Planes nur bis zur Zone außerhalb des Schottentores, während

[456] Zur Autopsie und Auswertung dieser drei Wien-Pläne vgl. jetzt im Detail Opll–Krause–Sonnlechner, Wien als Festungsstadt 147–220 und 221–304.

[457] Siehe unten Anhang 3, S. 163 Nr. 6.

das Karlsruher Exemplar[458] dies weiter nach Norden bzw. Nordwesten bis vor das Werdertor fortsetzt.

Ohne dies mit weiteren Plandarstellungen belegen zu können, ist doch davon auszugehen, dass sich die neuerliche Aufsiedlung des Wiener Vorstadtgürtels bis gegen Ende des 16. Jahrhunderts nur äußerst langsam entwickelte. Wiewohl Ferdinand I. hier bereits 1531 mittels einschlägiger Befehle versuchte, den Wiederaufbau abgebrannter Häuser wieder in Gang zu bringen, sah man den gesamten vorstädtischen Bereich ab nun, nicht anders als dies im Hinblick auf die Befestigung der eigentlichen Stadt der Fall war, in erster Linie unter den übergeordneten Aspekten einer möglichst effizienten Verteidigung Wiens[459]. Ganz besonderes Augenmerk war dabei auf den Bereich nördlich der ummauerten Stadt, jenseits der Donau (heute: Donaukanal) unter Einschluss weiter Teile des hier sich ausbreitenden Inselgebietes gerichtet. Aus dem Jahr 1569 erfahren wir, dass damals vonseiten des Militärs – federführend war Hofkriegsrat Franz von Poppendorf[460] – ein ausgesprochen großes Projekt in Diskussion stand, nämlich: die Umsiedlung der gesamten Vorstädte in diesen Inselbereich[461]. An derartigen Plänen hielt man in gewisser Weise auch in der zweiten Hälfte der 1570er Jahre noch fest. Damals legte der italienische Festungsspezialist Carlo Theti sowohl für den westlich vor der Stadt am linken Ufer des Ottakringer Baches (Zug der heutigen Neustiftgasse) gelegenen Bereich, annähernd parallel zum Bachverlauf und auf der Anhöhe in Richtung zum Wienfluss, als auch nördlich der Stadt im Unteren Werd Vorschläge für neue Befestigungen vor[462]. Wiewohl weder das eine noch das andere Vorhaben realisiert wurde, sollten sich Überlegungen zur Errichtung neuer Befestigungen ab der Mitte des 17. Jahrhunderts dann von neuem auf den Bereich im Inselgebiet der Donau konzentrieren[463].

Weiter abseits der Stadt, in den Zonen, die nach der Errichtung des Linienwalls (1704) als die „Vororte" bezeichnet wurden und heute als die sogenannten „äußeren Bezirke" Wiens außerhalb der Gürtelstraße gelten, wissen wir selbstverständlich gleichfalls von Schäden und Zerstörungen im Gefolge der osmanischen Belagerung. Was aber in diesem Bereich ganz offenkundig einen relativ frühen Anlass für eine Erholung und ein Wiederaufleben bot, das waren die hier gelegenen Sitze des Adels, dabei insbesondere diejenigen in Händen protestantischer Adelsfamilien. Zu diesen Sitzen zählten etwa das unter der Herrschaft der Jörger stehende Hernals (Abb. 20)[464], aber auch weiter entfernte Plätze, darunter im Süden Vösendorf und Rodaun. Diese Adelssitze gerieten nicht zuletzt wegen der hier lange Zeit hindurch möglichen Teilnahme an lutherischen Gottesdiensten verstärkt in den Blick der protestantischen Teile des Wiener Bürgertums. Bekannt ist das Phänomen des sogenannten „Auslaufens". Dabei wohnten an Sonn- und Feiertagen die betreffenden Teile der Stadtbewohnerschaft der Messe nicht mehr in der

---

458 Siehe unten Anhang 3, S. 163 Nr. 5.

459 Vgl. dazu jetzt Opll–Krause–Sonnlechner, Wien als Festungsstadt 147–158.

460 Zu ihm vgl. die Hinweise bei ebd. 42f. mit Anm. 100.

461 Zu diesem Projekt vgl. ebd. 239–250.

462 Vgl. dazu Mollo, Carlo Theti 128–132 mit den Abb. 17–18.

463 Siehe dazu unten S. 107.

464 Hernals stand während des 16. Jahrhunderts und bis 1620 im Besitz der Familien Geyer von Osterburg und dann (ab 1587) Jörger von Tollet, vgl. dazu die Art. Hans Geyer und Jörger. *Wien Geschichte Wiki*. Aus der Zeit um 1580 hat sich im Germanischen Nationalmuseum Nürnberg eine ausgesprochen bemerkenswerte kolorierte Federzeichnung mit Ansichten der Pfarrkirche, des Schlosses (bezeichnet als *Sahl*) und des Pfarrhofes von Hernals erhalten, siehe dazu: http://objektkatalog.gnm.de/objekt/HB1910 (Hinweis von Heike Krause, Stadtarchäologie Wien, Wien Museum). Abgebildet ist diese Ansicht auch in: Krause et al., Hernals, 94.

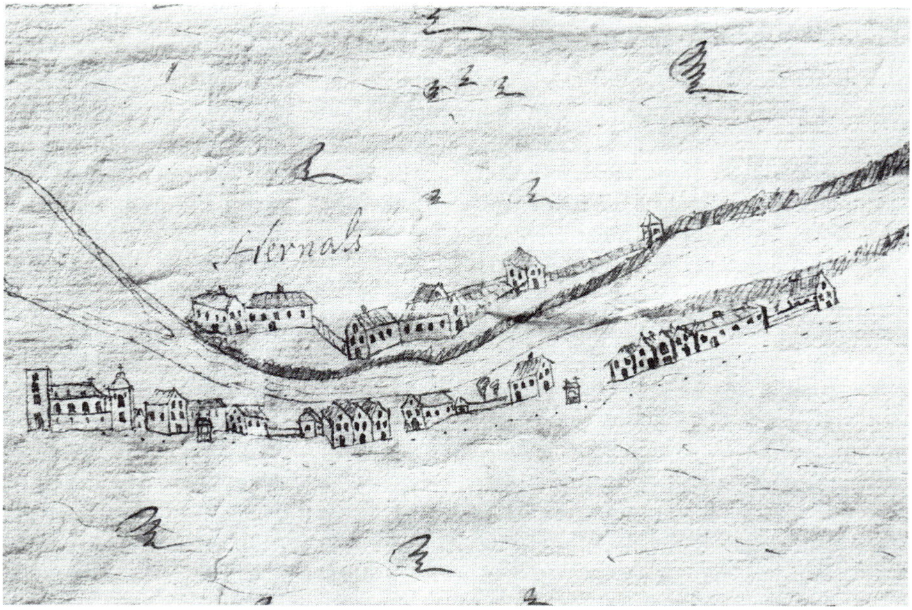


Abb. 20: Ansicht von Hernals auf dem Plan des Sieur (Michel) Herstal dit de la Tache, 1695/97 (siehe unten Anhang 3, S. 166 Nr. 18).

Abb. 21: Das Kapuzinerkloster bei St. Ulrich auf dem Plan des Sieur (Michel) Herstal dit de la Tache, 1695/97 (siehe unten Anhang 3, S. 166 Nr. 18).

nach dem Ableben Maximilians II. nach und nach wieder rekatholisierten Innenstadt, sondern eben in den Gotteshäusern der noch länger protestantischen Herrschaften außerhalb Wiens bei[465].

Von einem tatsächlichen Aufschwung des mittelalterlichen Vorstadtgürtels südlich der Donau, und damit im Osten, Süden und Westen der Kernstadt, kann dann erst für das folgende Säkulum gesprochen werden. Zunächst waren es von neuem geistliche Einrichtungen, denen hier eine Art von Vorreiterrolle zukam. Schon im Jahr 1600 selbst erfolgte die Gründung des Kapuzinerklosters bei St. Ulrich (Abb. 21)[466] unter maßgeblicher Förderung durch Ernst Graf von Mollard. Erzherzog Matthias hatte den Grund in einem Bereich zur Verfügung gestellt, in dem es schon seit dem frühen 13. Jahrhundert eine Kirche gegeben hatte, die man nach 1529 erst 1589/90 wieder aufgebaut hatte. Die erste Niederlassung dieser Abspaltung des Franziskanerordens auf Wiener Boden entstand somit auf durchaus traditionsreichem Boden. Die ab dem zweiten Jahrzehnt des 17. Jahrhunderts sich anschließenden weiteren Klostergründungen in den Vorstädten erfolgten im unmittelbaren Zusammenhang mit den Maßnahmen der Gegenreformation und wuchsen sich zu einer regelrechten Welle aus, die man als „Klosteroffensive“ zu bezeichnen pflegt. Wichtiger Promotor dieser Bewegung war der 1598 gewählte neue Wiener Bischof Melchior Khlesl (1553–1630)[467], der sein Amt allerdings erst vier Jahre später antrat und die Bischofsweihe sogar erst 1614 erhielt. Maßgeblich auf Khlesls Betreiben ging die Berufung der Barmherzigen Brüder[468] durch Kaiser Matthias zurück, die sich 1614 im Unteren Werd niederließen und ihre Kirche in den 1620er Jahren errichteten. Erstmals finden sich damit in diesem die gesamte mittelalterliche Epoche hindurch „kirchenleeren Raum“ geistliche Einrichtungen und Niederlassungen (Abb. 22). Dieses dritte Jahrzehnt des 17. Jahrhunderts sah dann eine ganze Reihe weiterer Klostergründungen, nicht nur innerhalb der Stadt[469], sondern eben auch in den Vorstädten. Zunächst genehmigte Kaiser Ferdinand II. den Unbeschuhten Karmeliten nach 1620 die Errichtung einer Niederlassung ebenfalls im Unteren Werd[470]. Wenig später (1626) wurde den Paulanermönchen[471] die entsprechende Erlaubnis erteilt, und mit deren 1627 begonnenem Kirchenbau auf der Wieden (Abb. 23) entstand nach den Kapuzinern bei St. Ulrich südlich vor der Stadt ein zweites Kloster. Weiter in Richtung des westlich und nordwestlich vor der Stadt gelegenen Vorstadtgebietes sind für das folgende Jahrzehnt die vom Kaiser zum Gedenken an die Schlacht von Lützen (1632) 1633 vorgenommene Gründung des Schwarzspanierklosters

[465] An dieser Stelle seien nur einige wenige Hinweise auf maßgebliche Literatur zu Reformation und Gegenreformation geboten, darunter das immer noch als Standardwerk anzusehende Werk von Wiedemann, Reformation und Gegenreformation, die Übersicht bei Reingrabner, Protestanten, sowie – für Wien selbst – Mecenseffy, Evangelische Kirchen.

[466] Exakte Adresse Wien VII, Mechitaristengasse 2, Neustiftgasse 4. Das ehemaligen Kapuzinerkloster wurde 1805 gemietet worden, die 1810/14 auch die Kirche (des ehemaligen Kapuzinerklosters am Plazl in St. Ulrich) übernahmen; Art. Mechitaristen und Mechitaristenkirche. *Wien Geschichte Wiki.*

[467] Eine modernen Ansprüchen genügende Biographie von Melchior Khlesl steht aus, vgl. in jedem Fall den Art. Melchior Khlesl. *Wien Geschichte Wiki.*

[468] Art. Barmherzige Brüder. *Wien Geschichte Wiki.* Die älteste bekannte Ansicht zeigt der Scolari-Plan von ca. 1670 (*Bonfratelli*), siehe unten Anhang 3, S. 164 Nr. 11.

[469] Zum Kapuziner-, Ursulinen- und Siebenbüchnerinnenkloster siehe bereits oben S. 78.

[470] Art. Karmeliterkirche. *Wien Geschichte Wiki.* Die älteste bekannte Ansicht zeigt der Scolari-Plan von ca. 1670 (*Scalzi*), siehe unten Anhang 3, S. 164 Nr. 11.

[471] Art. Paulanerkirche. *Wien Geschichte Wiki.*

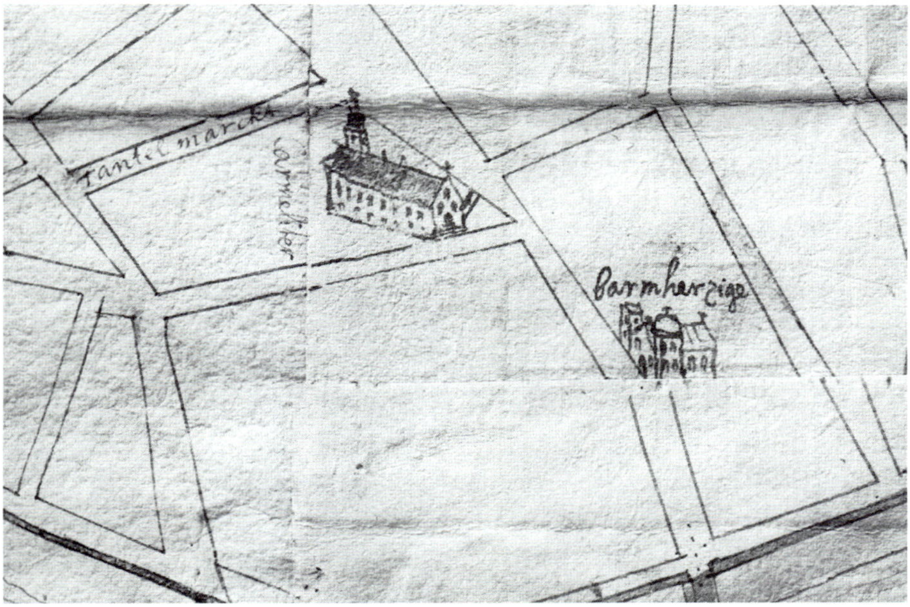


Abb. 22: Ansichten der Niederlassungen der Barmherzigen Brüder und der Unbeschuhten Karmeliten im Unteren Werd bzw. der Leopoldstadt auf dem Plan des Sieur (Michel) Herstal dit de la Tache, 1695/97 (siehe unten Anhang 3, S. 166 Nr. 18).

(Abb. 24)[472] und die auf eine Dotation von Ottavio Fürst Piccolomini zurückgehende Ansiedlung der Serviten[473] in der Rossau (1639) zu nennen. Damit wurde der schon im Mittelalter mit geistlichen Einrichtungen (St. Maria Magdalena vor dem Schottentor, Augustinereremiten vor dem Werdertor) versehene Vorstadtbereich westlich der Stadt von neuem mit klösterlichen Niederlassungen ausgestattet. Die Barnabiten, die ihr innerstädtisches Kloster bei der Michaelerkirche schon 1626 bezogen hatten, errichteten 1660 außerhalb der Stadt einen Friedhof mit einer schon 1668/69 in Stein errichteten Kapelle, die zur Keimzelle der Wallfahrtskirche Mariahilf (Abb. 25) werden sollte[474]. Zwischen ihr und den Stadtbefestigungen war bereits in der ersten Hälfte des 17. Jahrhunderts als Gründung eines Wiener Ratsbürgers und seiner Frau an der Stelle des 1529 zerstörten Theobaldsklosters eine Theobaldskapelle errichtet worden. Sie wurde 1667 den Karmeliten übergeben, die hier ihr Kloster St. Josef schufen[475].

Viele von diesen Ordensniederlassungen und ihre Kirchen in den Vorstädten erlebten schon vor 1683 im Gefolge von Brandkatastrophen schwierige Zeiten und anschließend Wiederaufbau. Nach der Zweiten Wiener Türkenbelagerung war solches gleichfalls vonnöten, doch sollte das Wiederanknüpfen an die in diesem Raum zuvor bestandenen Gegebenheiten ungleich rascher erfolgen, als dies nach 1529 der Fall gewesen war. Ja, es traten damals sogar weitere Neugründungen hinzu, wobei vor allem die aus Katalonien

472 Art. Schwarzspanierkloster. *Wien Geschichte Wiki.*

473 Art. Servitenkirche. *Wien Geschichte Wiki.*

474 Art. Barnabiten und Art. Mariahilfer Kirche. *Wien Geschichte Wiki.*

475 Art. Theobaldkirche. *Wien Geschichte Wiki.*

Abb. 23: Ansicht des Paulanerklosters (hier: *Pauliner*) auf der Wieden auf dem Plan des Sieur (Michel) Herstal dit de la Tache, 1695/97 (siehe unten Anhang 3, S. 166 Nr. 18).

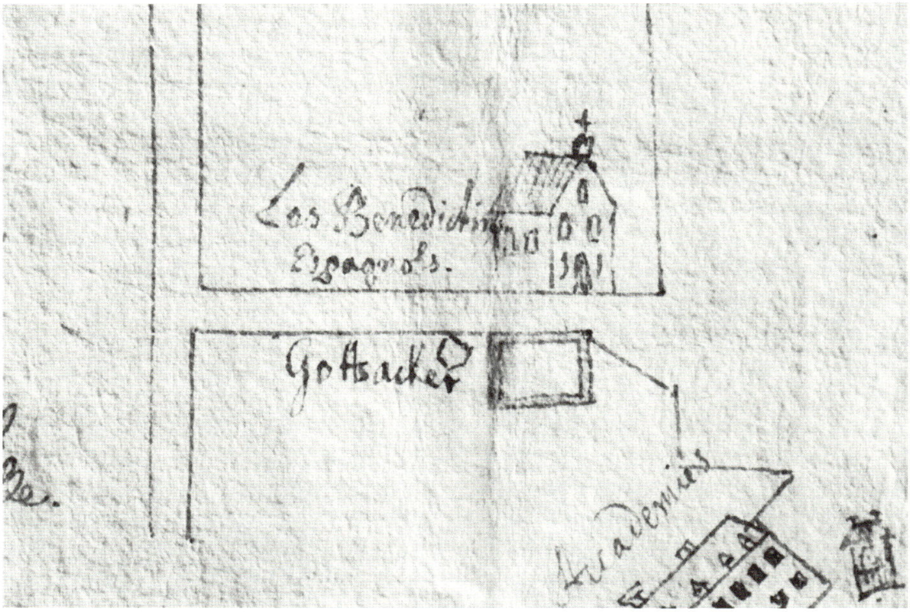


Abb. 24: Ansicht des Schwarzspanierklosters mit dem Friedhof vor dem Schottentor (hier: *Les* [verbessert aus: *Las*] *Benedictins Espagnols* sowie *Gotsacker*) auf dem Plan des Sieur (Michel) Herstal dit de la Tache, 1695/97 (siehe unten Anhang 3, S. 166 Nr. 18).

Abb. 25: Ansicht der Wallfahrtskirche Mariahilf und des Karmeliterklosters St. Josef (hier: *Maria Hilff* und *Carmeliter*) auf dem Plan des Sieur (Michel) Herstal dit de la Tache, 1695/97 (siehe unten Anhang 3, S. 166 Nr. 18).

berufenen Trinitariermönche zu nennen sind, die an der Alser Straße schon 1689 eine Kapelle bauten, die von 1695 bis 1698 zur Kirche ausgebaut wurde[476].

Ebenfalls noch Jahrzehnte vor den Ereignissen der Zweiten Türkenbelagerung lässt sich anhand mehrerer Pläne erneut das Bemühen fassen, den vor der Stadt im Norden der Donau gelegenen Inselbereich, vor allem den Unteren Werd, mittels einer eigenen Befestigung zu schützen. Dies war ja schon ab 1569 mehrfach erwogen, aber dann doch nicht realisiert worden. Aus der Retrospektive ist es ausgesprochen faszinierend zu sehen, wie lange man Befestigungsprojekte gerade für diese Zone nördlich der Stadtmauern lancierte. Auf dem Scolari-Plan von ca. 1670 ist unweit nordwestlich der Unbeschuhten Karmeliten eine kleine Gruppe von Häusern mit einem Torbau im Norden und einem im Süden zu erkennen, die als *Citta nova* (= „Neustadt") bezeichnet wird und nichts anderes als die nach der Räumung des Ghettos im Unteren Werd im Jahre 1670 projektierte Siedlungsanlage, Keimzelle der Leopoldstadt, ist[477]. Etwa ein Jahrzehnt vorher (1663) bietet das bereits im Kontext des Wandels der Befestigungen erwähnte Projekt des Obersten Priami di Rovorat zur besseren Absicherung der Donaubrücken ein recht ausgeklügeltes System neu zu errichtender Befestigungen im Bereich der gesamten Flussinselzone, vom Prater im Osten bis in den Raum nördlich von Nussdorf im Westen[478].

Anders als dies für die mittelalterliche Entwicklung möglich ist, tritt im 17. Jahrhundert aber mit dem Bereich des von weltlicher Seite initiierten Bauens ein zuvor aus den Quellen praktisch nicht zu rekonstruierendes Phänomen zutage, nämlich der ade-

[476] Art. Trinitarierkirche. *Wien Geschichte Wiki*.
[477] Zum Scolari-Plan siehe unten Anhang 3, S. 164 Nr. 11.
[478] Zum Priami-Plan siehe oben S. 92f. und unten Anhang 3, S. 164 Nr. 10.

lige Palastbau[479] in den Vorstädten bzw., um es auch aus kunsthistorischer Sicht genauer zu präzisieren, das barocke Gartenpalais des Adels. Freilich ist nicht zu übersehen, dass es der Hof war, der hier voranging und die ersten Schritte setzte[480]. Hatte für das späte Mittelalter für den Landesfürsten noch das deutlich von der Stadt abgerückte Schloss Laxenburg[481] die außerhalb der Stadt gelegene Residenz der Habsburger bezeichnet und lässt sich die Vorliebe für weiter außerhalb gelegene Sommersitze bzw. Jagdschlösser noch für das 16. Jahrhundert belegen[482], so setzte der Monarch im 17. Jahrhundert mit der Errichtung der „Favorita" außerhalb der Vorstadt Wieden nach Plänen von Giovanni Battista Carlone (1640/42–1718/21) einen zukunftsweisenden, neuen Schritt (Abb. 26). Gewählt hatte man dafür eine Stelle, wo bereits 1614 kaiserlicher Besitz begründet worden war, und knapp drei Jahrzehnte später (ab 1642) entstand hier ein erstes barockes Gartenpalais[483]. Praktisch an der gegenüberliegenden Seite der Stadt hatte sich gleichfalls 1614 Kaiser Matthias im Bereich der Donauauen etwas außerhalb der verbauten Zonen des Unteren Werds ein Jagdschlösschen errichten lassen, das unter Ferdinand III. durch Anlage eines zunächst nicht sehr umfangreichen Gartens ergänzt wurde. Unter Nutzung eines 1677 von der Familie Trautson erworbenen Lustgebäudes von 1654 erfolgte nach weiteren Erweiterungen des Areals durch Zukäufe die Gestaltung eines umfangreichen Lustgartens – die „kaiserliche Favorita", das spätere Augartenpalais (Abb. 27)[484] entstand.

Der Adel selbst, aus dessen Reihen sich die um den kaiserlichen Hof sowohl institutionell als auch räumlich konzentrierte Hofgesellschaft der Barockzeit rekrutierte, verfügte – wie dies aus verschiedenen Nachrichten über Grundstücksverkäufe abzulesen ist, im Vorstadtbereich ebenfalls über Besitzungen. Die große Zeit der Errichtung barocker Adelspalais, wie sie innerhalb der Stadtmauern schon vor 1683 eingesetzt hatte[485], folgte im Raum der Vorstädte erst nach der glückhaften Abwehr des osmanischen Ansturms. Dabei ging es nicht selten um regelrechte Gartenpalais, bei denen die Verquickung von Architektur und Gartenkunst das maßgebliche Spezifikum bildete, der Garten freilich je nach Lage auch durchaus bescheidener ausfallen konnte. Ohne hier ein lückenloses Verzeichnis[486] sämtlicher einschlägiger Bauten des Adels in den Wiener Vorstädten vorzulegen, sei doch anhand einiger ausgewählter Beispiele auf die ungeheure Intensivierung

---

479 Wichtige ökonomische Aspekte dieser Entwicklungen beleuchtet Pircher, Verwüstung. Zu den Adelspalais in den Vorstädten Wiens vgl. auch die bei Haider, Verlorenes Wien 81–187, gebotenen Beispiele.

480 Dieses gesellschaftlich geschichtete Phänomen der Nachahmung von Verhaltensweisen im Bereich der Repräsentation und des Repräsentativen lässt sich in der zeitlichen Abfolge entsprechend später dann durchaus auch im Verhältnis zwischen Adel und gehobenem Bürgertum nachweisen.

481 Weiterführende Hinweise dazu im Art. Laxenburger Schloss. *Wien Geschichte Wiki*; Springer–Hafner–Heidenreich–Platt, Laxenburg. Juwel vor den Toren Wiens.

482 Zu nennen sind dabei Bauten wie das Neugebäude im Osten oder auch die Katterburg als Vorläuferin des Schlosses Schönbrunn im Südwesten Wiens, vgl. dazu die Art. Neugebäude und Schloss Schönbrunn. *Wien Geschichte Wiki*.

483 Vgl. dazu den Art. Theresianische Akademie. *Wien Geschichte Wiki*. Die älteste bekannte Ansicht zeigt der Scolari-Plan von ca. 1670 (*Favorita*), siehe unten Anhang 3, S. 164 Nr. 11. Auf der Südansicht Wiens des Georg Matthäus Vischer von 1672 ist sie ebenfalls im Bild wiedergegeben und sogar in der Legende unter Nr. 6 eigens genannt, siehe May, Wien in alten Ansichten Tafel 12a, und auch in Prämers „Architecturischer Schauplatz", vor 1680, findet sich eine bildliche Wiedergabe, vgl. Das barocke Wien 17 Nr. 20.

484 Art. Augarten. *Wien Geschichte Wiki*. Eine frühe Ansicht zeigt der Scolari-Plan von ca. 1670 (*nova Favorita*), siehe unten Anhang 3, S. 164 Nr. 11.

485 Siehe dazu oben S. 80–84.

486 Abermals sei hier wie schon oben S. 80 Anm. 355 der Verweis auf die „Liste der Palais in Wien" (siehe: https://de.wikipedia.org/wiki/Liste_der_Palais_in_Wien) geboten.

Abb. 26: Ansicht der kaiserlichen Favorita außerhalb der Vorstadt Wieden (hier: *Favorite*) auf dem Plan des Sieur (Michel) Herstal dit de la Tache, 1695/97 (siehe unten Anhang 3, S. 166 Nr. 18).

Abb. 27: Ansicht der kaiserlichen Favorita (hier: *À Sa Majesté*), das spätere Augartenpalais, auf dem Plan des Sieur (Michel) Herstal dit de la Tache, 1695/97 (siehe unten Anhang 3, S. 166 Nr. 18).

dieses Baugeschehens bereits wenige Jahre nach 1683 aufmerksam gemacht. Zu den frühesten Exempla zählt das Liechtensteinsche Sommerpalais in der Rossau (Abb. 28)[487], das ab 1691 zunächst nach Plänen von Domenico Egidio Rossi (1659–1715), zwischen 1700 und 1705/06 dann mit einigen Abänderungen von Domenico Martinelli (1650–1718) fortgeführt wurde. Dass dieses Palais schon ab 1699 zur Keimzelle einer eigenen Vorstadt[488] wurde, sei hier zur Verdeutlichung der von so manchen Palaisbauten ausgehenden Siedlungsimpulse ebenfalls erwähnt. Südlich unweit der Stadtmauer entstand in den Jahren 1697 bis 1704 nach Plänen von Johann Lukas Hildebrandt das Palais Mansfeld-Fondi, das 1714 durch Kauf an die Fürsten Schwarzenberg gelangte[489]. Denselben Architekten zogen im frühen 18. Jahrhundert dann nicht nur Prinz Eugen von Savoyen für sein Belvedere (ab 1713)[490], sondern schon in den Jahren 1705/06 Gundaker Thomas Graf Starhemberg (heute: Palais Schönburg)[491] heran. Südwestlich der Stadt, dort, wo mit der Josefstadt im 18. Jahrhundert eine neue Vorstadt emporwachsen sollte, ließ sich Gundacker Reichsfürst Dietrichstein nach dem Türkensturm ein Schlösschen erbauen[492], und 1699 bis 1702 folgte im selben Bereich Maria Katharina Gräfin Strozzi, geborene Khevenhüller, mit einem eigenen Palais (heute: Palais Strozzi)[493].

Die Vorstadtzone war auf den bis gegen Ende des 17. Jahrhunderts überlieferten kartographischen Darstellungen Wiens im Regelfall selten, und wenn, dann nur ausschnittsweise berücksichtigt worden. Die große Ära von auch das Umland der ummauerten Stadt in die Darstellung miteinbeziehenden, gedruckten Plänen sollte mit der „Accuratissima Viennæ Austriæ Ichnographica Delineatio“ von Leander Anguissola (1653–1720) und Johann Jakob Marinoni (1676–1755) von 1706[494] – mitgearbeitet hatten auch Johann Lukas Hildebrandt und Werner Arnold Steinhausen – beginnen, und dieser eigentümlicher Weise geostete Plan sollte als Vorlage bis in die Zeit um 1740/50 Verwendung finden. Maßgeblicher Grund für diese Ausweitung der kartographischen Erfassung Wiens war ohne jeden Zweifel die Errichtung des Linienwalls (1704)[495] gewesen, die in vieler Hinsicht das vorstädtische Gebiet zum ersten Mal durch eine gegebene Außengrenze zu einem wirklich markant fassbaren Raum werden ließ.

Der älteste Plan von Bedeutung für unsere topographische Kenntnis der Wiener Vorstädte allerdings war bereits im letzten Jahrzehnt des 17. Jahrhunderts, 1695/97, in Form eines Manuskriptplanes entstanden[496]. Ihm sind nicht nur Einsichten in frühe Überlegungen zum Schutz dieser Gebiete zu verdanken, er bietet auch für eine größere Zahl der hier behandelten Adelspalais in den Vorstädten, aber auch für eine Reihe früher Kirchenbauten daselbst[497] regelrechte Ansichten. Er folgt damit der Manier vieler älterer

---

487 Art. Liechtensteinsches Sommerpalais. *Wien Geschichte Wiki.*

488 Art. Lichtental (Vorstadt). *Wien Geschichte Wiki.*

489 Art. Schwarzenbergpalais (3). *Wien Geschichte Wiki*; vgl. jetzt Zinner, Gartenpalais.

490 Art. Belvedere. *Wien Geschichte Wiki.*

491 Art. Schönburgpalais. *Wien Geschichte Wiki.*

492 Art. Dietrichsteinpalais (8, Florianigasse 36–38). *Wien Geschichte Wiki.*

493 Art. Strozzipalais. *Wien Geschichte Wiki.*

494 Siehe unten Anhang 3, S. 166 Nr. 20.

495 Zu dieser Befestigungslinie für die Wiener Vorstädte siehe die Hinweise oben S. 96 mit Anm. 435.

496 Zum Plan von Herstal de la Tache siehe unten Anhang 3, S. 166 Nr. 18 sowie oben S. 93–96.

497 Ein besonders eindrucksvolles Beispiel ist die älteste bekannte Ansicht der Brigittakapelle, die zwischen 1645 und 1651 entstanden war (vgl. Art. Brigittakapelle. *Wien Geschichte Wiki*). Zwar ist sie bereits auf dem Plan des Obersten Priami von 1663 (siehe zu diesem Plan unten Anhang 3, S. 164 Nr. 10) als Grundriss und auf dem Scolari-Plan von ca. 1670 (unten Anhang 3, S. 164 Nr. 11) in vereinfachter Darstellung eingezeichnet,

Abb. 28: Ansicht des Liechtensteinschen Sommerpalais (*Au Prince de Liechtenstein*) in der Rossau auf dem Plan des Sieur (Michel) Herstal dit de la Tache, 1695/97 (siehe unten Anhang 3, S. 166 Nr. 18).

Plandarstellungen, bei denen die Vermengung zwischen Grundrisszeichnung und Perspektivansichten von Bauobjekten geradezu typisch ist[498]. Der in Kopie Johann Peter van Ghelens überlieferte Plan des Sieur Michel de Herstal dit de la Tache, dieser von 1695, die Kopie von 1697, zeigt uns eben nicht nur, wie schon weiter oben ausgeführt[499], das Projekt für eine dann doch nicht realisierte Vorstadtbefestigung. Mit seinem relativ weit gezogenen Blattausschnitt wird hier sogar der westlich von der Stadt gelegene Abhang vom Wienerwald her dargestellt, von wo im September 1683 das Entsatzheer der Stadt die Befreiung von der Türkenbedrohung gebracht hatte. Ganz im Nordwesten (Abb. 29) sind die Anhöhen des damaligen Kahlenbergs (heute: Leopoldsberg) und des damaligen Saubergs (heute: Kahlenberg) samt den auf ihnen stehenden kirchlichen Bauwerken, der Leopoldskirche (1679, nach 1683 wiederaufgebaut)[500] und der bereits 1628 von Kaiser Ferdinand II. gestifteten Kamaldulenser-Eremitage St. Josef[501], zu sehen. Von den Orten am Abhang des Wienerwaldes sind, von Norden nach Süden, die mit Namen bezeichneten Orte Kahlenbergerdorf, Nussdorf (Abb. 30), Währing (Abb. 31) und Hernals sowie eine nicht mit Namen angeführte Siedlungszone am Ottakringer Bach[502] mit Haus- und

aber es ist Herstal de la Tache (unten Anhang 3, S. 166 Nr. 18), der erstmals eine realitätsnahe Ansicht des Baus bietet.

498 Für die Elemente der Stadtbefestigungen ist dieses Phänomen bereits für den Stadtplan des Augustin Hirschvogel von 1547 (unten Anhang 3, S. 162 Nr. 2) nachzuweisen.

499 Siehe oben S. 93–96.

500 Art. Leopoldskirche (19). *Wien Geschichte Wiki.*

501 Art. Kamaldulenser-Eremitage. *Wien Geschichte Wiki.*

502 Dabei handelt es sich um den Bereich von Neustift – siehe dazu den Art. Neustift (Vorstadt). *Wien Ge-*

Abb. 29: Ansichten der Kamaldulenser-Eremitage St. Josef auf dem Kahlenberg, der Leopoldskirche auf dem Leopoldsberg und des Kahlenbergerdorfs (*Calendorff*) auf dem Plan des Sieur (Michel) Herstal dit de la Tache, 1695/97 (siehe unten Anhang 3, S. 166 Nr. 18).

teilweise auch Kirchenansichten eingezeichnet. Die hier verlaufenden Bäche sind übertrieben breit eingezeichnet, wobei ihre Identifizierung mit dem Währingerbach und dem Alserbach trotz fehlender Bezeichnung freilich völlig eindeutig ist. Warum der als *Ruysseau du Roy*, also als „Königsbach" bezeichnete Ottakringer Bach hier so benannt ist, muss offen bleiben (Abb. 32). Nach den innerhalb der projektierten Vorstadtbefestigungen zu erkennenden Straßengrundrissen ist zu erschließen, dass die vorgesehenen Befestigungen am Ende der bestehenden Verbauungsspitzen nach außen zu errichtet werden sollten. Dies gilt im Übrigen auch für den Bereich der auf diesem Plan in das vorgesehene Befestigungssystem integrierten Leopoldstadt.

Dieses außerordentlich interessante Plandokument hat jüngst auch weitere Beachtung gefunden (siehe S. 166 Nr. 18), doch wollen wir uns hier auf das Kernthema, nämlich die Transformation des Stadtbildes in den Vorstädten, konzentrieren. Gerade dafür ist diese für ganz andere Zwecke verfertigte Darstellung von außerordentlicher Bedeutung. Zum einen zeigt der Plan nämlich, dass sich noch anderthalb Jahrzehnte nach der Türkenbelagerung keine durchgehende, geschlossene Verbauung der südlich der Donau gelegenen Vorstadtbereiche erkennen lässt. Die Schäden müssen somit in jedem Fall so massiv gewesen sein, dass der Wiederaufbau nur allmählich voranschritt. Beginnt man die Betrachtung von Osten, vom Bereich der Landstraße her, so fällt auf, dass dieser vorstädtische Bereich von einem durchgehenden Straßenraster ohne eingesprengte Grünflächen geprägt ist. Südlich eines projektierten Damms mit Wassergraben, der sich vom Kärntner

*schichte Wiki* –, nicht um Ottakring selbst, da die auf dem Plan von 1697 vorgesehenen Vorstadtbefestigungen nicht so weit von der Stadt entfernt angelegt werden sollten, wie dies dann beim Linienwall (1704) der Fall war.

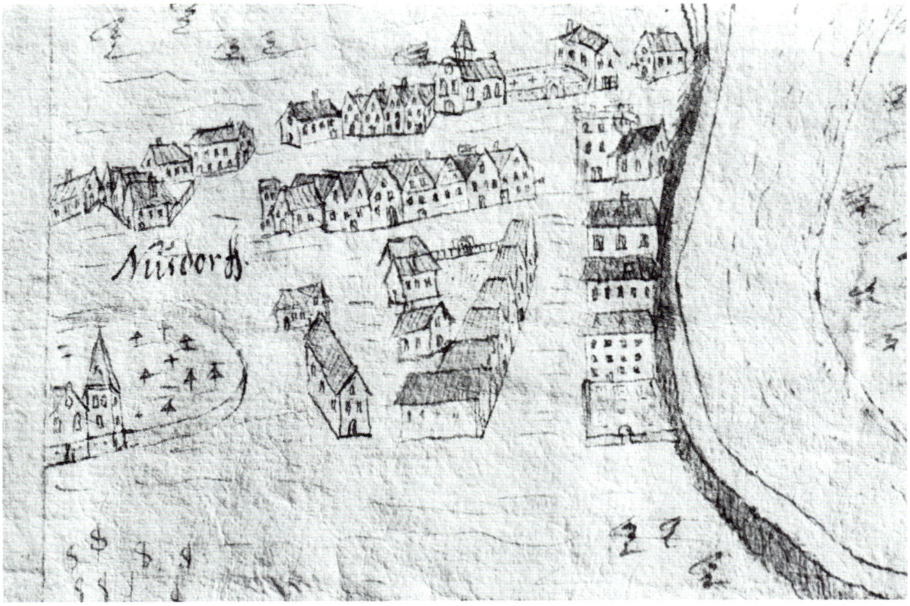


Abb. 30: Ansicht von Nussdorf (*Nusdorff*) auf dem Plan des Sieur (Michel) Herstal dit de la Tache, 1695/97 (siehe unten Anhang 3, S. 166 Nr. 18).

Abb. 31: Ansicht von Währing (*Waring*) auf dem Plan des Sieur (Michel) Herstal dit de la Tache, 1695/97 (siehe unten Anhang 3, S. 166 Nr. 18).

Abb. 32: Ansicht des unbezeichneten Bereichs von Neustift (heute: Wien 7) am Ottakringer Bach (*Ruysseau du Roy*) auf dem Plan des Sieur (Michel) Herstal dit de la Tache, 1695/97 (siehe unten Anhang 3, S. 166 Nr. 18).

Tor her zur Donau (heute: Donaukanal) ziehen sollte, sind dann bis hin zum kaiserlichen Lustschloss, der Favorita auf der Wieden, mit entsprechenden Signaturen vermerkte Weinanbaugebiete zu sehen, was sich weiter nach Südwesten am rechten Ufer des Wienflusses fortsetzt. Links des Wienflusses bis hin zum Ottakringer Bach (heute: Wien VII, Neustiftgasse) dominiert dann – ähnlich wie im Bereich der Landstraße – ein Straßenraster, und nur in Richtung stadtaußen wird durch die Beschriftung *Campagnes et Hauteur* („Felder und Anhöhen") auf unbebaute Zonen hingewiesen. Durch eigene Benennung *(Croatendorf)* hervorgehoben wird eine Zone mit schmaleren Baublöcken südöstlich der Ulrichskirche. Bei der Benennung handelte es sich um eine Reminiszenz an die schon 1679 fassbare Ansiedlung von Kroaten. Sowohl vor als auch nach dem Türkenjahr 1683 hatte es hier vonseiten Wiener Bürger, die als Bauspekulanten tätig waren, engräumige Parzellierungen gegeben, die auf dem Herstal-van Ghelen-Plan zu sehen sind[503]. Im nach Norden zu anschließenden vorstädtischen Bereich zwischen dem Ottakringer Bach und den Dietrichsteinschen Gärten[504] erstreckt sich eine vollkommen siedlungsleere Zone, deren landwirtschaftliche Nutzung durch die Worte *Vignobles et Campagnes* unterstrichen wird. Herstal schlug für diesen Bereich am linken Ufer des Ottakringer Baches vor, einen Erholungsgarten für den Kaiser anzulegen, worauf die hier stehenden Worte *Terrain*

[503] Bereits 1675 hört man erstmals von solchen Parzellierungen, die dann auch in den 1690er Jahren weiter fortgesetzt wurden. Hier sollte ab der Erwerbung durch das Bürgerspital (1692) die Vorstadt Spittelberg entstehen, siehe dazu die Art. Krowotendörfel und Spittelberg (Vorstadt). *Wien Geschichte Wiki*.

[504] Zum hier gelegenen Dietrichsteinschen Sommerpalais in der heutigen Florianigasse siehe schon oben S. 110 mit Anm. 492.

Abb. 33: Ansicht der Brigittakapelle (*S. Brigitte*) in den Donauauen (heute: Wien XX, Brigittenau, Forsthausgasse) auf dem Plan des Sieur (Michel) Herstal dit de la Tache, 1695/97 (siehe unten Anhang 3, S. 166 Nr. 18).

*propre a faire le Jardin de plaisance de Sa Majesté Imperiale* hinweisen[505]. Von hier weiter nach Norden und zur Donau hin herrschen dann wieder Straßenraster vor, die deutlich machen, dass die Verbauung in diesem Abschnitt des Vorstadtgürtels geringere Schäden hatte hinnehmen müssen bzw. schon rascher wieder hergestellt worden war.

Zum anderen bietet der Plan aber die Ansichten einer ganzen Reihe von Bauobjekten innerhalb der Vorstadtzonen, die zum Teil bereits in den vorhin gemachten Ausführungen Behandlung gefunden haben und woraus sich die Dynamik der Entwicklung erkennen lässt, die eben doch stark von Wieder- und Neubauinitiativen punktueller Art getragen war. Unter den kirchlichen Bauwerken ist dabei insbesondere auch auf Ansichten nichtklösterlicher Objekte hinzuweisen, darunter etwa die bereits erwähnte, älteste detailgetreue Ansicht der in der Mitte des 17. Jahrhunderts errichteten Brigittakapelle (Abb. 33), oder der bloß textliche Hinweis auf den Bestand einer Kapelle *(Chapel)* an der Stelle, wo später (bis 1872) die alte Weißgerber Pfarrkirche stand[506]. Aus dem südlichen Umfeld der Stadt anzufügen wären noch eine Ansicht der Mariahilfer Kirche und eine der Ulrichskirche sowie der hier seit 1600 bestehenden Kapuzinerniederlassung. Weiter gegen (Nord-) Westen finden sich Ansichten wichtiger Einrichtungen des Gesundheits- und Sozialbereichs, nämlich des ab 1693 auf kaiserliche Initiative errichteten Großarmenhauses (hier:

505 Tatsächlich handelte es sich bei dieser Zone südwestlich außerhalb der Stadt und unweit der landesfürstlichen Residenz (Hofburg) gelegen um ein Gebiet, das aus dem städtischen Burgfried ausgespart war, somit nicht dem Zugriff des städtischen Magistrats unterlag. Abzulesen ist dies insbesondere aus dem ein Jahr nach dem hier behandelten Plan von Kaiser Leopold I. der Stadt Wien erteilten Burgfriedsprivileg vom 15. Juli 1698, vgl. dazu Opll, Burgfried 21f.

506 Art. Alte Weißgerberkirche. *Wien Geschichte Wiki.*

Abb. 34: Ansichten des Großarmenhauses und der Landschaftsakademie der Stände (hier: *L'Hopital des Inval[ides]* sowie *Accademies*) auf dem Plan des Sieur (Michel) Herstal dit de la Tache, 1695/97 (siehe unten Anhang 3, S. 166 Nr. 18).

*L'Hopital des Inval[ides]*)[507] und der in der Alser Straße daneben liegenden Landschaftsakademie der Stände *(Accademies)* (Abb. 34)[508]. Weiter gegen Norden zu sind zu erkennen das *L'Hopital de la Ville,* der seit 1657 zur Aufnahme von Pestkranken bestimmte städtische Kontumazhof[509], und schließlich am Westende der *Waringer gassen* das *Lazaret*, das in der Mitte des 16. Jahrhunderts in Nachfolge des Siechenhauses St. Johannes an der Als und unter Verwendung von dessen mittelalterlicher Kirche entstanden war (Abb. 35)[510].

Kaiserliche Gebäude und solche des Adels, in Summe Zeugnisse des barocken Palaisbaus innerhalb der Vorstädte, begegnen auf diesem Plandokument ebenfalls in beachtlicher Zahl. Ansichten der 1642 errichteten Favorita *(Favorite)* im Bereich der Vorstadt Wieden – ein mächtiger viergeschossiger Bau mit drei Portalen und einem mittig aus dem Dach emporwachsenden Türmchen mit Kuppeldach, am ehesten vergleichbar dem Türmchen auf der Amalienburg innerhalb der Stadt – wie auch des kaiserlichen Lustschlosses im Augarten in Form eines zweigeschossig ummauerten Hofes mit einem barocken Turm an der Nordseite (bezeichnet mit *À Sa Majesté)* decken den engeren höfischen Bereich ab. Adelspalais sind im Siedlungsgebiet nördlich der Donau (heute: Donauka-

---

507 Art. Großarmenhaus. *Wien Geschichte Wiki.*

508 Art. Ständische Landschaftsschule. *Wien Geschichte Wiki.* – Vgl. dazu auch FISCHER-MARTIN–FISCHER (Red.), Blumen des Bösen 90f. Nr. 02, 11, mit Abbildung der Gebäudeansicht durch Salomon Kleiner von 1737.

509 Art. Kontumazhof. *Wien Geschichte Wiki.*

510 Art. Johannes in der Siechenals. *Wien Geschichte Wiki.* Ohne Namen eingezeichnet ist hier auch das Bäckenhäusel mit seinem Kirchlein (heute: Wien IX, Währinger Straße 42/Boltzmanngasse 1), siehe dazu Art. Bäckenhäusel. *Wien Geschichte Wiki.*

Abb. 35: Ansichten des städtischen Hospitals (*Lazaret*) an der Stelle des mittelalterlichen Siechenhauses St. Johann an der Siechenals unweit des Kirchleins des Bäckenhäusels auf dem Plan des Sieur (Michel) Herstal dit de la Tache, 1695/97 (siehe unten Anhang 3, S. 166 Nr. 18).

nal) mit Ansichten eines mit *Coloredo* (Colloredo) bezeichneten, zweigeschossigen Bauwerks[511], gleich östlich anschließend eines zweigeschossigen, deutlich barocken Sommerpalais, bezeichnet als *C(onte) Volckrâ*[512], dokumentiert (Abb. 36). Auf dem südlich des Volckhraischen Besitzes anschließenden Grundstück stehen ohne eine Gebäudeansicht die Worte *P(hilipp?) Montecucoli*, was auf Haus und Garten des Fürsten Leopold Philipp Montecuccoli (1662–1698) hinweist[513]. Östlich des Fugbaches, der den Unteren Werd vom Prater abtrennte (heute: Wien II, Fugbachgasse), ist als zweigeschossiger Vierkanthof mit Innenhof und der Bezeichnung *Cernino* das nach 1685 errichtete Czerninpalais[514] zu sehen (Abb. 37). Am linken Ufer der Donau selbst gegenüber dem Bereich des Glacis', der sich zwischen der Servitenkirche und dem Neutor der Stadtbefestigung Wiens erstreckt[515], sind zwei mehrgeschossige Gebäude eingezeichnet, deren westliches mit den Worten *President de Tain*[516] bezeichnet wird. Der Lage nach handelt es sich bei diesem

---

[511] Gelegen im Bereich von Wien II, Am Tabor; vgl. den Hinweis im Art. Leopoldstadt (Vorstadt). *Wien Geschichte Wiki.*

[512] Das Gebäude stand seit 1622–1707 im Besitz der Grafen Volckhra und ist als das „Prinz-Eugen-Jagdschlössel" bekannt, vgl. dazu HAIDER, Verlorenes Wien 82–84; Art. Prinz-Eugen-Jagdschlössel. *Wien Geschichte Wiki.*

[513] Wien II, Große Stadtgutgasse 19–25; vgl. HAIDER, Verlorenes Wien 84, sowie die Angaben von Felix Montecuccoli auf: http://www.montecuccoli.at/geschichte.htm. Eine frühe Ansicht dieses Gartenhauses findet sich in Prämers „Architecturischer Schaupltatz", vor 1680, vgl. dazu: Das barocke Wien 17 Nr. 19.

[514] Wien II, Czerninplatz 4–5, siehe den Art. Czerninpalais (2). *Wien Geschichte Wiki.*

[515] Im Vergleich mit den heutigen Verhältnissen etwa gegenüber der Rossauer Kaserne (Wien IX), Obere Donaustraße zwischen Rembrandtstraße und Unterer Augartenstraße (Wien II).

[516] Eine Klärung dieser Bezeichnung ist nicht gelungen.

Bereich um die Stelle, wo Georg Ludwig Reichsgraf von Sinzendorf nach Erwerbung der hier gelegenen Gründe vom Bürgerspital ab den 1660er Jahren einen prächtigen Garten anlegen ließ. Nach Konfiskation von Sinzendorfs Gütern, der 1680 wegen Veruntreuung staatlicher Gelder verurteilt worden war[517], schenkte Kaiser Leopold I. den Garten 1696 dem um das Reich vielfach verdienten Adeligen Wolfgang Reichsgraf von Oettingen-Wallerstein[518]. Der Garten wurde nach ihm „Oettingischer Garten" und dann nach einem späteren Besitzer „Eggerischer Garten"[519] genannt.

Im Süden der Wiener Stadtmauer wird bloß mit Anführung des Namens *Gen*(eral) *Stahremberg* auf den Bestand des Starhembergischen Freihauses auf der Wieden hingewiesen, das 1660 von Konrad Balthasar Graf Starhemberg errichtet und nach der Zerstörung 1683 bereits im Jahr darauf von dessen Sohn Rüdiger Ernst, dem Verteidiger Wiens im Türkenjahr, in Form eines zwei- und dreistöckigen Gebäudes wiederaufgebaut wurde[520]. Ebenfalls am rechten Wienflussufer, von diesem aber etwas abgerückt, ist auf dem Herstal-Plan im Übrigen auch das Schloss Margareten samt Kapelle eingetragen, das in seinen Anfängen auf das späte Mittelalter zurückgeht und 1695/97 noch in ungeschützter Lage außerhalb der damals projektierten Befestigung der Vorstädte lag. Wechseln wir in den Vorstadtbereich links bzw. westlich des Wienflusses, so finden wir eine Ansicht des ab 1685/86 errichteten Palais des Fürsten Paul Esterházy, das hier mit dem Wort *Palatin* bezeichnet wird (Abb. 38)[521]. Das Sommerpalais des Fürsten Dietrichstein wird hier nur in Form eines groben Grundrisses und mit Benennung des Gartens (*Jardin de Dietrichstein*) und des Pferdestalls (*Ecurie*) angegeben. Das letzte Palais bei unserem Rundgang, das hier mit Ansicht eingetragen ist, ist das ab 1691 erbaute Sommerpalais des Fürsten Liechtenstein in der Rossau, das mit den Worten *Au Prince de Liechtenstein* vermerkt wird[522]. Diese fürstliche Familie leitete in diesem Gebiet, etwas außerhalb der Rossau und in Richtung Norden an das Inselgebiet der Donau stoßend, im Zug des nach der Türkenbelagerung von 1683 einsetzenden, allgemeinen Siedlungsaufschwungs nachdrückliche Förderungsmaßnahmen für ihre hier gelegene Grundherrschaft ein. In der in diesen Jahren entstehenden Vorstadt Lichtental[523] errichteten die Fürsten zwischen 1694 und 1698 ein eigenes Brauhaus (Reste in Wien IX, Reznicekgasse)[524], dessen Ansicht auf dem Herstal-Plan unter der Bezeichnung *Bracine*[525] auf einer von den hier fließenden Donauarmen gebildeten Insel zu sehen ist (Abb. 39).

---

517 Körbl, Die Hofkammer und ihr ungetreuer Präsident.

518 Zu Oettingen-Wallerstein, einer wichtigen Bezugsperson von Andermüller, vgl. Karl Otmar Freiherr von Aretin, Art. Oettingen-Wallerstein, Wolfgang Graf. *NDB* 19 (1999) 474f.

519 Art. Eggerischer Garten. *Wien Geschichte Wiki.* Wichtige Hinweise zur Identifizierung sind Manuel Swatek (Wiener Stadt- und Landesarchiv) zu verdanken. – Wiewohl nicht mit letzter Sicherheit zu entscheiden, so könnte es sich bei dem auf der Andermüller-Vogelschau am Donauufer in der Leopoldstadt befindlichen Haus mit zwiebelturmbekröntem Dachreiter vielleicht doch um das sonst nicht bezeugte Sommerpalais des Reichsgrafen von Oettingen-Wallerstein handeln. Jedenfalls befindet sich auf der Vogelschau hinter dem Gebäude eine barocke Gartenanlage.

520 Art. Freihaus auf der Wieden. *Wien Geschichte Wiki.*

521 Ehemals Wien VII, Neubaugasse 36–38, Mondscheingasse 18; vgl. dazu den Art. Esterházypalais (7). *Wien Geschichte Wiki.*

522 Zu diesen beiden Palais siehe die Hinweise oben S. 110 mit Anm. 487.

523 Art. Lichtental (Vorstadt). *Wien Geschichte Wiki.*

524 Art. Lichtentaler Brauhaus. *Wien Geschichte Wiki.*

525 Der Begriff bezeichnet noch heute eine bestimmte Biersorte, die ihre Ursprünge in Flandern hat. Darüber hinaus ist darauf hinzuweisen, dass in den slawischen Bereichen – nachweisbar für Mähren und vor allem für Polen – man unter *braseatorium* ein Malzhaus, unter *braxatura* eine Abgabe für die Zuleitung von Wasser

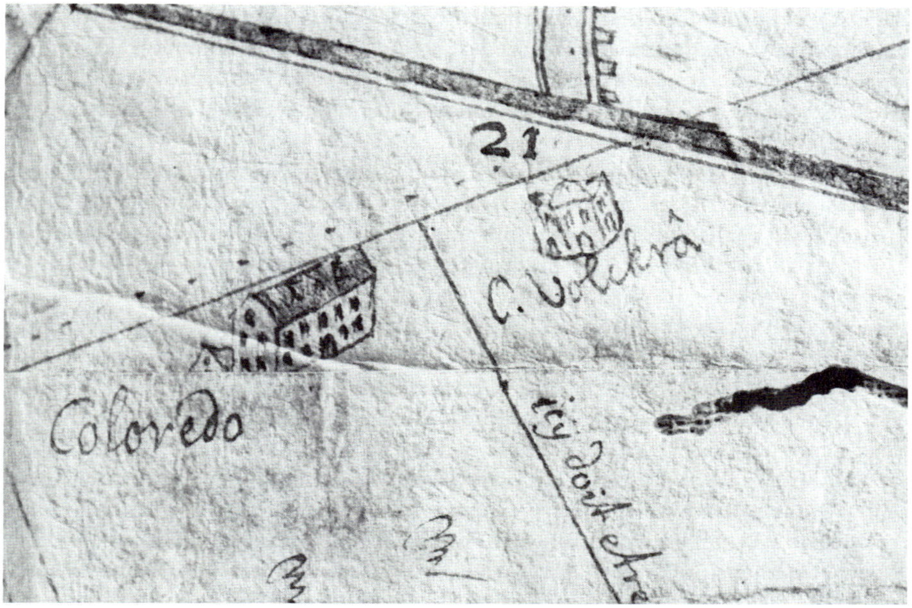


Abb. 36: Ansichten der Palais der Adelsfamilien Colloredo(-Mansfeld) und Volckhra in der Leopoldstadt auf dem Plan des Sieur (Michel) Herstal dit de la Tache, 1695/97 (siehe unten Anhang 3, S. 166 Nr. 18).

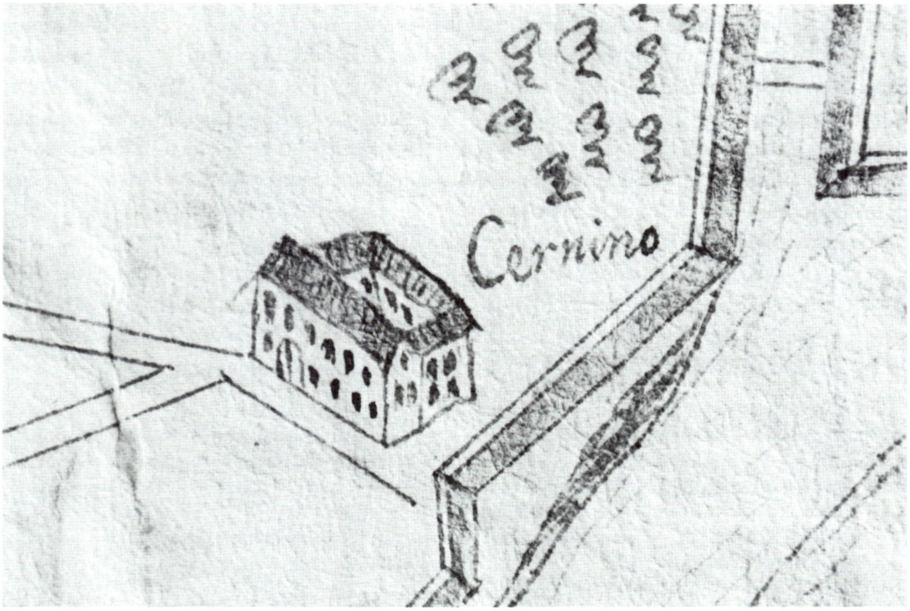


Abb. 37: Ansicht des Palais der Adelsfamilie Czernin in der Leopoldstadt auf dem Plan des Sieur (Michel) Herstal dit de la Tache, 1695/97 (siehe unten Anhang 3, S. 166 Nr. 18).

Das knapp vor der Ankunft Andermüllers in Wien datierte Plandokument gibt aber darüber hinaus sogar noch weitere Einblicke in die bauliche Situation der Wiener Vorstädte. So zeigt sie uns die älteste bekannte Ansicht der alten Tabormaut in Form eines zweiflügeligen Komplexes, dessen Innenhof durch zwei Mauern mit Toren abgegrenzt ist und der hier als *Tabor m.* bezeichnet wird[526]. Darüber hinaus – und an erneut anderer Stelle, nämlich im Süden der Stadt, bietet es mit der Einzeichnung eines mit dem Wort *Andeler* bezeichneten Gebäudegrundrisses den Hinweis auf ein zwischen 1679 und 1793 im Besitz der Freiherren von Andler stehendes Objekt (Abb. 38), über dessen bauliche Qualität sich zwar nichts sagen lässt, das aber jedenfalls im Vorstadtgebiet nördlich der heutigen Mariahilfer Straße einen durchaus ansehnlichen Baukomplex darstellte[527]. Gerade Reichshofrat Dr. Franz Friedrich Freiherr von Andler (1631–1703) war ja der für die sachsen-lauenburgische Erbstreitigkeits-Causa zuständige Referent und aus diesem Grund für den Dienstauftrag Bernhard Georg Andermüllers von außerordentlicher Wichtigkeit[528]. Andler verfügte auch in der Stadt in der Habsburgergasse (Obere Bräunerstraße) über ein eigenes Haus[529], das aber auf der Vogelschau Andermüllers nicht vermerkt ist.

Mit einem nur knappen Ausblick in die weitere Entwicklung der Vorstädte, damit in Jahre, die nach Andermüllers Wien-Aufenthalt fallen, möge hier das Kapitel abgeschlossen werden. Es soll dabei insbesondere auf weitere Plandokumente aufmerksam gemacht werden, die einer eingehenden Detailanalyse durchaus noch harren. Bereits vorhin wurde ja erwähnt, dass die Vorstadtzonen rings um Wien erst mit der Errichtung des Linienwalls 1704 auch in topographischer Hinsicht zu einer fest gefügten Einheit geworden waren. Ersten Ausdruck sollte dies mit dem ältesten Plan finden, der diese Zone auch umfassend berücksichtigte, dem Werk von Anguissola und Marinoni (1706). Die Entwicklung schritt in den folgenden Jahrzehnten in äußerst dynamischer Weise voran, hatte man doch auch bei der Errichtung des Linienwalls von den damaligen Spitzen der vorstädtischen Bebauung nach außen zu entsprechend Raum für einen Siedlungsausbau gelassen. Umfassende, gerade auch kartographische Würdigung erfuhr diese Entwicklung vor allem im Werk des Jesuiten Franz Dolfin, der 1734 als Illustration zu seiner Dissertation aus Anlass der fünfzigjährigen Wiederkehr der Abwehr der Osmanen im Jahre 1683 das Werk „Lustra decem coronae Viennensis seu suburbia Viennesia ab anno M.DC.LXXXIII. ad annum M.DCC.XXIII instaurata et ampliata" in der Druckerei des Johann Peter van Ghelen, des Verlegers, der 1697 auch die Kopie des Herstal-Plans angefertigt hatte, herausbrachte. Die darin enthaltenen Pläne selbst bieten erstmals auch für die Vorstädte, die hier deutlich als das eigentlich dynamische Element der damaligen Wiener Stadtentwicklung hervorgestrichen werden, die Anwendung der Manier der Vogelschau[530].

---

zu Brauereien und unter *braxatores* alle diejenigen verstand, die – unabahängig von ihren sonstigen Berufen – das Recht hatten, Bier zu Zwecken des Verkaufs zu brauen, vgl. dazu die Hinweise bei Engel, Ausweisung der Juden 60 und 84f. Anm. 47 und 50, sowie Sowina, Water, Towns and People 116, 291, 362 und 374.

526 Ehemals Wien II, Gaußplatz; Art. Tabormaut. *Wien Geschichte Wiki.*

527 Ehemals Wien VII, Neubaugasse 11–15; Art. Neubaugasse (bei Nummer 11–15). *Wien Geschichte Wiki.*

528 Siehe dazu oben S. 40–47.

529 So im Häuserverzeichnis des Johann Jordan von 1701 (Jordan, Schatz / Schutz / und Schantz 82); Huber, Analyse der Topographie.

530 Das Werk des Dolfin ist online einsehbar, siehe: https://phaidra.univie.ac.at/detail_object/o:69507?mode=full; siehe dazu unten Anhang 3, S. 167f. Nr. 22. Im Wien Geschichte Wiki (wie natürlich auch in dessen Grundlage, d. h. bei Czeike, Historisches Lexikon Wien) fehlt jeder Hinweis auf dieses Werk und seinen Autor.

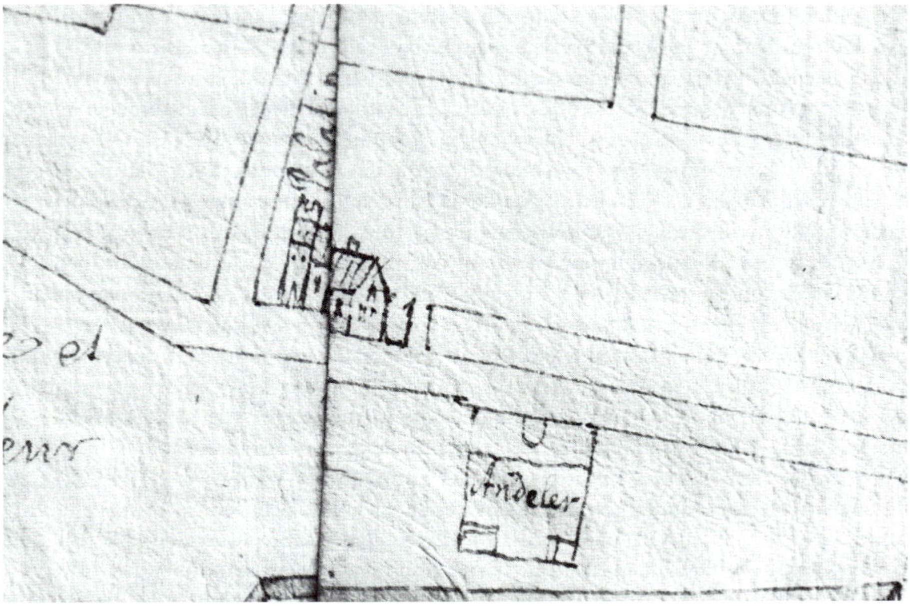


Abb. 38: Ansicht des Palais Esterházy (*Palatin*; ehemals: Wien VII, Neubaugasse 36–38) und des Sitzes des Reichshofrates Dr. Franz Friedrich von Andler (hier: Andeler; ehemals: Wien VII, Neubaugasse 11–15) auf dem Plan des Sieur (Michel) Herstal dit de la Tache, 1695/97 (siehe unten Anhang 3, S. 166 Nr. 18).

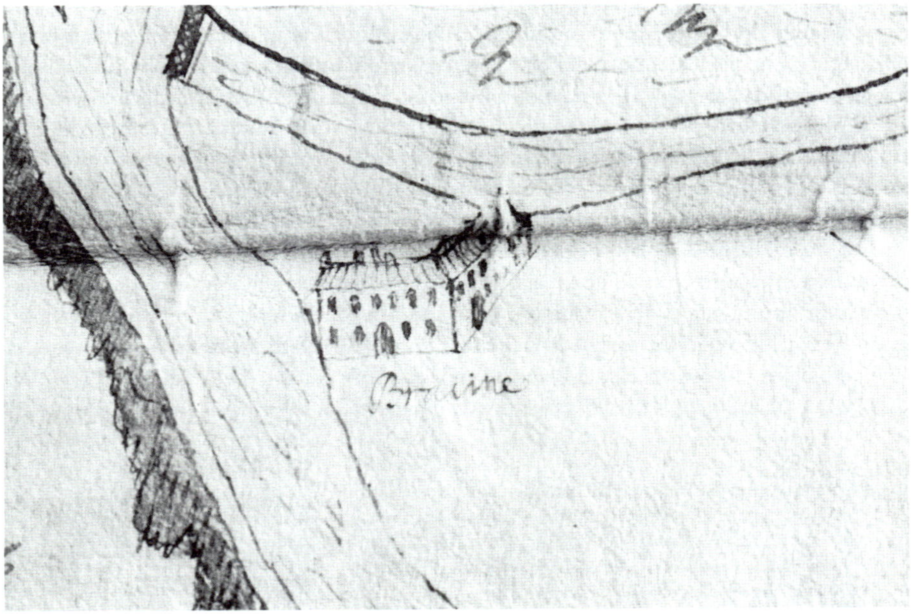


Abb. 39: Das Lichtentaler Brauhaus (*Bracine*) der Fürsten Liechtenstein auf dem Plan des Sieur (Michel) Herstal dit de la Tache, 1695/97 (siehe unten Anhang 3, S. 166 Nr. 18).

Die hier in der eher statischen Form der Momentaufnahme angedeutete Dynamik des Siedlungsausbaus kommt noch viel markanter in zwei Grundrissplänen zum Ausdruck, die aus den 1730er Jahren stammen und für eine Fortsetzung des von uns geschilderten Transformationsprozesses weiter in das 18. Jahrhundert hinein von grundlegender Bedeutung sind. In beiden Fällen stehen aus der Sichtweise des jeweiligen Entstehungsjahres „neue" Bauwerke im Mittelpunkt des Interesses. Aus dem Jahr 1736 stammt ein im Wiener Stadt- und Landesarchiv vorhandener, anonymer Plan in Form einer kolorierten Federzeichnung, der seine Grundlage ganz deutlich vom Anguissola–Marinoni-Plan von 1706 her bezieht, dabei aber vor allem auf die neu entstandenen Bauten aufmerksam macht. In der oberen rechten Ecke wird der Plan bezeichnet als: *Neu Accurat und corrigirter Plan von der Kayserl. Haubt und Residentz Stadt Wienn, wie solcher nicht nur allein mit denen Vorstädten, sondern auch die Bastionen der Fortification in Perspectiv gestellet worden, und so in dem 1736 Jahr neu gefundene Kirchen und Plätze zu sehen*[531]. In der gegenüberliegenden Ecke des Blattes links unten befindet sich eine Legende, deren Überschrift den eigentlichen Zweck des gesamten Plans erläutert. Es heißt dort nämlich: *Explication derer in diesen Haubt Plan befindlichen Gebäuden, Kirchen und Clöster, auch was von Anno 1706 bis auf das Jahr 1736 verändert worden.* Daraus ergibt sich völlig eindeutig, dass hier dreißig Jahre nach dem Anguissola–Marinoni-Plan eine neue Aufnahme die in der Zwischenzeit eingetretenen Veränderungen dokumentieren und herausstellen sollte. Angeführt werden insgesamt 22 Objekte, wobei diese nicht nur Großbauten, wie etwa die Leopoldstädter Kaserne (*Neue Casarme in der Leopoldstadt*)[532], die *Neue Kirche im Lichten Thal*[533] oder *Die Neue Kay(ser)l(iche) Stallung*[534], sondern auch deutlich kleinere Objekte, etwa den *Neue Brunen auf dem Hoff* umfassen (Abb. 40).

Ohne hier im Einzelnen auf diese Veränderungen einzugehen, denn solches würde den chronologischen Rahmen für die vorgelegten Ausführungen doch zu deutlich überschreiten, sei doch zuletzt noch auf ein weiteres Plandokument ganz ähnlichen Zuschnitts hingewiesen, das nicht in Wiener Sammlungen, sondern im Generallandesarchiv Karlsruhe[535] überliefert ist. Die kolorierte Federzeichnung stammt aus dem Jahre 1740, ist ebenfalls nach dem Vorbild des Werks von Anguissola–Marinoni geostet und nennt in seiner prachtvoll ausgeführten Kartusche nicht nur den Verfasser, sondern auch einen Titel: *NEU / Accurat Vermert, und VollKommener / PLAN / von der Kays. Haubt und Residentz Stadt / WIENN / Sambt dennen Vorstötten / und Linien / Anno MDCCXL / Ioannes Weingartner / Ingenieur Fecit.* Nicht nur im Hinblick auf den gewählten Blattschnitt und die Orientierung nach Osten, sondern auch im Hinblick auf den am oberen Blattrand befindlichen Titel als *Accuratissima Viennæ Austriæ Ichnographica Delineatio* gibt sich der Plan als getreue Kopie des ersten Plans der Wiener Vorstädte aus dem Jahre 1706[536]. Was ihn freilich von seinem zu 1736 datierten Vorgänger im Wiener Stadt- und Landesarchiv

[531] Siehe dazu unten Anhang 3, S. Nr. 23.

[532] Art. Leopoldstädter Kaserne. *Wien Geschichte Wiki.* Zum Wiener Kasernenbau seit dem 18. Jahrhundert vgl. Czeike, Kasernen 161–190.

[533] Art. Lichtentaler Kirche. *Wien Geschichte Wiki.*

[534] Art. Hofstallgebäude. *Wien Geschichte Wiki.*

[535] Dass sich in Karlsruhe eine stattliche Anzahl von Wien-Betreffen in den dort verwahrten Karten und Plänen finden lassen, hängt mit einer Reihe letztlich auch persönlicher Beziehungen zwischen dem habsburgischen Hof und der katholischen Linie der badischen Markgrafen (Haus Baden-Baden) zusammen, vgl. dazu die Hinweise bei Opll–Krause–Sonnlechner, Wien als Festungsstadt 68–71.

[536] Unten Anhang 3, S. 168 Nr. 24.

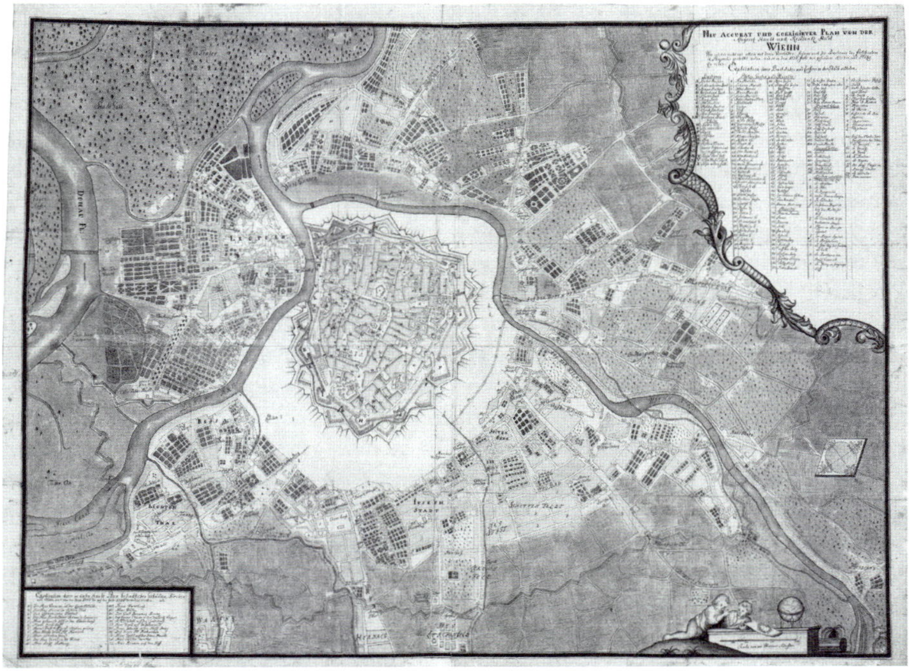

Abb. 40: Plan der Stadt Wien samt Vorstädten *(Neu Accurat und corrigirter Plan von der Kayserl. Haubt und Residentz Stadt Wienn),* 1736 (siehe unten Anhang 3, S. 168 Nr. 23).

markant abhebt, das ist die am unteren Blattrand dargebotene, überaus detailreiche Legende. Hier werden zahlreiche Erläuterungen geboten, Gebäude, aber auch Straßen aufgeführt, und auf neu errichtete Objekte wird mittels der Verwendung roter Tinte eigens aufmerksam gemacht[537]. Bei diesen Neubauten wird im Gegensatz zu dem wenig älteren anonymen Plan im Wiener Stadt- und Landesarchiv nicht erwähnt, in welchem Zeitraum sie entstanden sind. Eindeutig bleibt jedoch der Befund, dass es vor allem die Vorstädte sind, in denen derartige neue Gebäude massiert zu verzeichnen sind, wobei neben neu erbauten Kirchen neue Friedhöfe, Gassen, Palais und eine Kaserne, nämlich die bereits im Plan von 1736 vermerkte, in der Leopoldstadt gelegene Anlage angeführt werden. Erfreulicherweise ist auf dem Plan der Name seines Verfassers genannt: Es handelt sich um Johannes Weingartner, der sich selbst als Ingenieur und Geograph bezeichnete, damit wohl Militärkartograph war. Von seiner Hand stammen auch Karten zum türkisch-österreichischen Krieg im Bereich des Königreichs Serbien aus der zweiten Hälfte der 1730er Jahre[538].

537 Am Schluss der Legende steht – ebenfalls in roter Tinte: *Die Neüen Gebaüe seind mit roder Farb bemercket.*

538 Ungrisches Magazin, Bd. III, 1. Stück, 467 Nr. 9. Eine gleichfalls von ihm stammende Karte bildete mit einiger Sicherheit die Vorlage zu einer von Étienne Briffaut 1738 in Wien auf Seide (!) gedruckten Karte von Bosnien, die Feldmarschall Ludwig Andreas von Khevenhüller (1683–1744), seit 1736 Oberbefehlshaber der hier eingesetzten kaiserlichen Truppen, gewidmet wurde, vgl. dazu die Hinweise auf der Website des Antiquariats Daša Pahor in München, Artikelnummer 62264 (siehe: http://www.pahor.de/62264.html). Zu belegen ist

Was für unsere hier vorgetragenen Überlegungen im Mittelpunkt steht, das ist jedenfalls mit dem Phänomen des fortgesetzten, sich weiter beschleunigenden Ausbaus der Wiener Vorstädte[539] zu beschreiben. Für die Jahrzehnte nach 1529 war zu beobachten gewesen, dass die Baumaßnahmen für die Stadt sich überwiegend auf die Umgestaltung und den Ausbau der Stadtbefestigungen konzentriert hatten. Im Wesentlichen erst während des 17. Jahrhunderts war es auch in den Vorstadtbereichen zu einem freilich eher langsamen und bescheidenen Siedlungsausbau gekommen, erkennbar am ehesten im Kontext der Gründung neuer Klöster. Die Epoche ab dem Jahre 1683 stellt sich dann völlig anders dar. Nicht zuletzt unter den Vorzeichen eines höchst erfolgreichen militärischen Vorgehens gegen die in diesem Jahre endgültig von der Stadt abgewendete osmanische Bedrohung entwickelte sich eine geradezu ungeheure Dynamik des Siedlungsgeschehens. Neben dem raschen Wiederaufbau und der Beseitigung von Zerstörungen war es jetzt insbesondere der Adel, der die Vorstädte für sich und den repräsentativen Bau seiner Gartenpalais regelrecht entdeckte. Der Aufenthalt des anhaltischen Amtsträgers aus Dessau, Bernhard Georg Andermüllers, in Wien zwischen 1699 und 1703, seine im Jahr seiner Abreise verfertigte Vogelschau, vor allem aber auch seine regelmäßigen Berichte an den Hof der Fürsten von Anhalt lassen Einblicke in die in großer Rasanz vor sich gehenden Veränderungen, ja Modernisierungen des Wiener Stadtbildes zu. Und dies sollte auch im weiteren Verlauf, nach Andermüllers Abreise und noch mehr nach seinem Ableben im Jahre 1717 anhalten und den Ausbau Wiens zur barocken Metropole weiterhin begleiten.

Weingartner des Weiteren als Zeichner einer Ansicht des Schlosses Pfannhof nördlich bei St. Veit an der Glan in Kärnten, vgl. dazu Deuer, Schloss Pfannhof.

539 In welch noch einmal an Dynamik enorm sich steigernder Art und Weise sich dies dann in der zweiten Hälfte des 18. und am Anfang des 19. Jahrhunderts weiter fortsetzte, dazu vgl. Opll, Stadtbild und Stadtsein.

# 11. Resümee

Erneut[540] ist es ein von der bisherigen Wien-Forschung unbeachtet gebliebenes kartographisches Werk, das in sorgfältiger Analyse und Auswertung einen in vieler Hinsicht neuen, in jedem Fall ungleich detaillierteren Einblick in die Wiener Stadtentwicklung, hier an der Wende vom 17. zum 18. Jahrhundert, anderthalb bis zwei Jahrzehnte nach der Zweiten Wiener Türkenbelagerung möglich macht. Dabei ist der so gerne verwendete Entwicklungsbegriff vielgestaltig zu verstehen, d. h. es geht nicht bloß um die Veränderung von Topographie und Stadtbild, auch der politische, soziale und kulturelle Wandel sowie die künstlerische Neuformung der städtischen Welt schlägt sich hier nieder, wird besser zu fassen und zu verstehen.

Erneut geht es auch um ein Plädoyer für die intensivere Nutzung bildlicher Überlieferungen, die bei aller Distanz zur Realität bei sorgfältiger Interpretation und vor allem in der Zusammenschau mit der anderen Überlieferung eben doch eine weitaus eindrücklichere Rekonstruktion des Vergangenen bzw. einen höheren Grad von Annäherung an diese zulässt.

Und erneut wird klar, wie wichtig es ist, Bildzeugnisse wie Karten, Pläne und Ansichten in ihrem Entstehungskontext zu sehen und zu begreifen. Erst dabei wird deutlich, wie wenig es bei diesen Bildwerken darum ging, ein exaktes Abbild der Realität darzubieten, gar einem Interessierten die Orientierung im Gewirr städtischer Straßen und Verbauung zu ermöglichen, und wie viel wichtiger oft völlig andere Intentionen bei der Entstehung derartiger Überlieferungen waren. Dies lässt sich am Beispiel der auf Wien bezüglichen Bildwerke augenfällig aufzeigen: So war es der Festungsbau, dem sich die frühen Wiener Stadtpläne des 16. Jahrhunderts in erster Linie widmeten und dem sie letztlich ihre Entstehung verdankten. Stadtpläne des 17. Jahrhunderts, wobei selbstverständlich zwischen gedruckten und handgezeichneten Werken zu trennen ist, fokussierten weiterhin deutlich auf die städtischen Befestigungen, doch gab es bereits auch Pläne, die vorwiegend oder doch zusätzlich administrativen Zwecken dienten (Schlierbach-Plan, Suttinger-Plan). Die Ausweitung des Blicks der Kartographen über den ummauerten Stadtbereich hinaus in die Vorstädte sollte zunächst ebenfalls aus Gründen des Ausbaus von vorgelagerten Befestigungslinien erfolgen (Priami-Plan, Herstal-van Ghelen-Plan), ehe 1706 dann, ebenfalls von Militärkartographen hergestellt und maßgeblich von der Errichtung des Linienwalls zwei Jahre zuvor angestoßen, mit dem Anguissola–Marinoni-Plan das erste Planwerk vorgelegt wurde, welches das vorstädtische Umland der Stadt gleichberechtigt einbezog. Noch bis in die Zeit um 1740 besaß der Plan der beiden Italiener in habsburgischen Diensten Vorbildwirkung, wurde dann freilich insbesondere dafür genutzt, die in der Zwischenzeit entstandenen Neubauten entsprechend ins (Karten-)Bild zu rücken.

---

540 Opll–Scheutz, Schlierbach-Plan.

Ansichten wiederum entstanden entweder als Ausfluss einer Beauftragung, als Versuch ihrer Produzenten, für ein vorgelegtes Werk entsprechende Honorierung zu erfahren, oder auch im Kontext der seit dem späten 15. Jahrhundert neu aufkommenden Städtebuchliteratur. Vor allem die bedeutenden frühen Vogelschauen Wiens, das Werk Jacob Hoefnagels von 1609, das des Folbert van Ouden-Allen aus den 1680er Jahren sowie das darauf fußende Ölgemälde des Domenico Cetto von 1689 fügen sich exakt in diesen Kontext ein.

In dieser Epoche, im späten 17. und im frühen 18. Jahrhundert, sollte dann der aus Dessau und aus bürgerlichem Umfeld stammende Kanzleirat Bernhard Georg Andermüller (1644–1717) im Auftrag seines Dienstgebers, des anhaltischen Fürstenhauses, mehrere Jahre hindurch in der Kaiserstadt Wien weilen. Der gut ausgebildete Verwaltungspraktiker Andermüller war in die Donaumetropole entsandt worden, um das Interesse seiner Herren an einer Erwerbung des sachsen-lauenburgischen Erbes beim Reichshofrat effizient zu vertreten, Rasch eingearbeitet, erhielt Andermüller im Verlauf seines vierjährigen Wien-Aufenthalts weitere diplomatische Aufträge. Im letzten Jahr seiner Tätigkeit in der Reichshaupt- und Residenzstadt schließlich, 1703, zeichnete er eine Vogelschau der Stadt Wien – wohl gestützt auf jahrelange Beobachtung und – nicht erhaltene – umfangreiche Vorarbeiten und Skizzen. Er konnte dabei auf ausgeprägten graphischen Fähigkeiten aufbauen, denen eine lebenslange Lust am Zeichnen entsprang.

Inwieweit es korrekt ist, bei ihm von einem Autodidakten zu sprechen, lässt sich schwer sagen. Er hatte in seinen frühen Jahren auch als Hofmeister bzw. Hauslehrer bei einem nicht näher genannten jungen Freiherrn von Kettler aus dem Kurland gearbeitet, mag dabei seinen Zögling auch im Zeichnen unterrichtet haben. In jedem Fall war Andermüller ein „Dilettant" im alten Sinn des Wortes, somit ein seiner Vorliebe für das Zeichnen mit großem Engagement ergebener „Liebhaber". Bei seiner (karto-)graphischen Tätigkeit wusste er sich auch vorhandener Vorlagen zu bedienen, muss in jedem Fall eine Version der Hoefnagelschen Vogelschau gekannt oder wahrscheinlich sogar besessen haben, da mehrere graphische Spezifika seines Werks eindeutig darauf hinweisen. Es kann auch nicht ausgeschlossen werden, dass er über ein Exemplar des 1701 im Druck erschienenen Häuserverzeichnisses des Johann Jordan verfügte. In nicht durchgehend hoher Präzision, immer wieder aber doch auch sehr exakt, bietet er auf seiner Vogelschau einen Blick auf die ummauerte Stadt samt Befestigungen und Ravelins. Sein Interesse an der Identifizierung der innerstädtischen Bauten geht weit über das seiner Vorgänger hinaus. In der Vogelschau selbst benennt er insbesondere die Elemente der Stadtbefestigungen und die innerstädtischen Verkehrsflächen, die umfassende Legende führt im Gegensatz zu älteren Wiener Ansichten nicht nur die herausragenden kirchlichen Gebäude sowie die kaiserliche Burg an, sie bietet vor allem die Namen zahlreicher adeliger Palais, deren barockes Gepräge zum Teil auch bildhaft hervorgehoben wird.

Bei einem Überblick über das Dargestellte zeichnen sich bei Andermüller in der Wiener Innenstadt recht markant klösterlich dominierte Bereiche, ein militärischer Block (Kaiserliches Zeughaus in der Renngasse, Arsenal, Bürgerliches Zeughaus) und ein Adelsblock (entlang von Herrengasse, Wallnerstraße und Stadtmauer im Südwesten) ab. Im Süden dominiert der Hof (Hofburg mit Augustinerkirche), doch gibt es zu Andermüllers Zeiten auch noch eine relativ weit ausgedehnte Bebauung mit bürgerlichem Hausbestand (Giebelhäuser, u. a. beidseitig des Grabens, beidseitig der Naglergasse, vom Judenplatz nach Norden und vor allem im Herzen des Stubenviertels von der Bäckerstraße nach Norden bis zur Stadtmauer), der vielfach noch das spätmittelalterlich-frühneuzeitliche

Gepräge aufweist und sich damit vom Bild, das uns Jacob Hoefnagel hundert Jahre zuvor bietet, noch nicht maßgeblich unterscheidet.

Für Andermüllers Initiative lässt sich kein Auftrag, etwa der Fürsten von Anhalt, solch eine Darstellung anzufertigen, nachweisen. Es gibt auch keinen Hinweis darauf, dass er die Vogelschau jemandem zu präsentieren bzw. widmen gedachte oder gar an eine Veröffentlichung im Druck dachte. Zwei kausale Erklärungsstränge der Anlage dieser Vogelschau durch den Dessauer Amtsträger sind denkbar:

(1) Andermüller verbildlichte in seiner Vogelschau das Netzwerk der Reichshofräte und Entscheidungsträger in der am Reichshofrat anhängigen sachsen-lauenburgischen Erbschaftsfrage, auf die er sich bezogen hatte und sich sein künftiger Amtsnachfolger in Wien in Zukunft stützen konnte. Eine der Haupttätigkeiten des Dessauer Gesandten bestand neben dem Verfassen von Eingaben im ständigen und arbeitsintensiven Antichambrieren sowohl in den Stadtwohnungen der Reichshofräte (und anderer Entscheidungsträger des Kaiserhofes) als auch in den vorstädtischen Gartenpalais. Die Anwesenheitsgesellschaft des Kaiserhofes verlangte ständige Präsenz und ein subtiles, heute als Bestechung zu nennendes finanzielles Unterfüttern der gestellten schriftlichen Eingaben. Präzis vermerkt der Plan Orte des Kontaktes und der informellen Entscheidungsfindung des Kaiserhofes (Geheime Konferenz, Hofämter) auf der Vogelschau. Andermüller verfügte über gute Voraussetzungen für das Geschäftsfeld eines Gesandten. Er sprach mehrere Sprachen (Deutsch, Französisch, Italienisch, Latein, Griechisch, Hebräisch); „Sein hurtiger Geist / sein offener Kopff und schöne Feder / oder Schreibart"[541] – so die Diktion der Leichenpredigt –, aber auch die angetretene „Kavalierstour" nach Italien zeugen von einem guten Verwaltungsfachmann, der einen wachen Blick für Netzwerke gehabt haben muss, wollte er Anliegen seines Fürsten durchsetzen.

(2) Große Wahrscheinlichkeit hat aber auch für sich, dass Andermüller mit seinem Wien-Bild – und darauf weisen trotz des Fehlens einer regelrechten Widmung insbesondere die so ausgesprochen prachtvolle graphische Gestaltung wie auch das Großformat – doch auch seine Ergebenheit und Reverenz gegenüber seinem Fürstenhaus dinglich zum Ausdruck bringen wollte. Bei der Anfertigung muss das repräsentative Blatt in jedem Fall plan gewesen sein, sonst hätten die Einzeichnungen entlang der jetzigen senkrechten Faltung nicht so gut ausgeführt werden können. Die Faltung erfolgte sicherlich erst nach Abschluss der Zeichnung. Leider konnte die Forschung bislang nicht eruieren, auf welchen Wegen der Andermüller-Plan in die „Öffentlichkeit" und damit später in die Königliche Bibliothek in Brüssel gelangt ist.

Das Bildwerk des Bernhard Georg Andermüller ist somit einer eingehenden Autopsie zu unterziehen[542]. Darüber hinaus bietet sie aber einen entscheidenden Anstoß dafür, sich den Phänomenen der Veränderung des Wiener Stadtbildes um 1700 eingehender, als dies bisher geschehen ist, zu widmen. Die Verfügbarkeit des Czeikeschen Wien Lexikon in Form des redaktionell betreuten *Wien Geschichte Wiki* auf der Homepage des Magistrats der Stadt Wien, eine jahrzehntelange Beschäftigung mit der Stadtgeschichte Wiens, in Sonderheit im Hinblick auf räumliche Komponenten derselben, aber natürlich auch hinsichtlich eines Gesamtüberblicks, die in jüngster Zeit nachhaltig intensivierte Aufarbeitung bildlicher Überlieferungen zu Wien ab dem 16. Jahrhundert und die bewährte Kooperation zwischen den beiden Autoren – all dies hat einen Stand der Forschung ent-

---

541 Trauer- und Gedächtnuß-Rede 10.

542 Siehe dazu oben S. 53–61 und unten Anhang 1 und 2, S. 131–133 sowie S. 135–161.

stehen lassen, auf dessen Grundlage sich ein doch in vieler Hinsicht neuartiges, in jedem Fall aber eindrücklicheres Bild des Veränderungsprozesses zeichnen lässt, dem Wien vor allem in der Frühen Neuzeit unterliegt.

Auch aus der politischen und gleichsam „allgemeinen" Geschichte Wiens sind die Umbrüche und zum Teil regelrechten Zäsuren bekannt, von denen vor allem im 16. und 17. Jahrhundert die Geschicke der Stadt begleitet werden und die diese damit prägen und lenken. Es reicht, hier auf die epochemachenden Ereignisse der Ersten und der Zweiten Wiener Türkenbelagerung (1529 und 1683) hinzuweisen – schwere Rückschläge, zugleich aber Ausgangspunkte für Neuansätze in vielfacher Weise. Darüber hinaus lassen sich aber ergänzend aus den Bereichen der Geistes- wie der Kultur- und Kunstgeschichte Schlagworte wie die sogenannte „Klosteroffensive" der Gegenreformation oder die Anfänge der Barockisierung des Stadtbildes benennen, die ebenso deutlich herausstreichen, in welch tiefgreifender Weise in diesem Zeitraum Transformationsprozesse zu verzeichnen sind.

In einem eigenen Abschnitt des Buches steht die Auseinandersetzung mit diesen Phänomenen im Mittelpunkt, wobei die Betrachtungsweise in räumlicher Hinsicht auf die Bereiche der ummauerten Stadt, die städtischen Befestigungen und den Bereich der Vorstädte abstellt. Um eine klarere Vorstellung und ein genaueres Bild von diesen Wandlungen im Stadtbild und innerhalb desselben zu erhalten, zugleich die Bedeutung und das Ausmaß der Transformationsvorgänge im Verlauf des 16. und 17. Jahrhunderts im Verhältnis zu den mittelalterlichen Gegebenheiten besser zu verstehen, ist es angeraten, ja beinahe unabdingbar, für sämtliche dieser drei „Stadträume" mit einem Rückblick auf die mittelalterlichen Verhältnisse zu beginnen. Orientiert an herausragenden Baulichkeiten innerhalb der Stadt und vor ihren Mauern, aber auch an den Bestandteilen der Befestigungen, gelingt es, selbst für die Epoche vor dem Einsetzen bildlicher Überlieferungen ein relativ klares Bild von den räumlich-topographischen Gegebenheiten zu entwerfen.

Für die Frühe Neuzeit liegen dann aber auch Pläne und Ansichten der Stadt vor, die in Verbindung mit der Auswertung traditionellen Quellenmaterials, das eingefügt in die so überaus praktischen Hinweise moderner Hilfsmittel zumindest in Umsetzung vonseiten der Forschungsliteratur zur Verfügung steht, nun doch einen sehr viel deutlicheren Eindruck von den herrschenden Gegebenheiten und Verhältnissen möglich machen. Tatsächlich sollte sich Wien bereits nach 1529 grundlegend zu wandeln beginnen, wobei der Fokus zunächst – und das noch bis ins frühe 17. Jahrhundert hinein – vor allem auf dem Um- und Ausbau der Befestigungsanlagen gelegen war. Wie schon für die mittelalterliche Epoche, so sind es auch jetzt weiterhin im Kern die kirchlichen Gebäude, die aufgrund der besseren Überlieferungslage als Leitmotive der Wandlungs- und Transformationsprozesse anzusehen sind. Dabei ist als architektonischer wie institutioneller Ausdruck der „Klosteroffensive" auf Neugründungen von Klöstern sowohl inner- als außerhalb der Stadt hinzuweisen, aber auch Umbauten vorhandener Bauensembles unter Beachtung eines (früh)barocken Stilempfindens prägen die äußeren Anzeichen der Wandlungen und Veränderungen des Stadtbildes von Wien. Anders als für die mittelalterliche Epoche ist es aber nun neben dem Landesfürsten, der seine an der südlichen Stadtmauer gelegene Residenz auszubauen beginnt und Neubauten, wie Zeughäuser und das Arsenal, errichten lässt, vor allem im 17. Jahrhundert auch der Adel, der sich nicht nur innerhalb der ummauerten Stadt prächtige, repräsentative und eben zeitgemäße Barockpalais erschaffen lässt, sondern maßgeblich nach der Abwehr der zweiten osmanischen Bedrohung im Jahre 1683 dann in großer Rasanz und mit hoher Dynamik – im Übrigen auch hier dem Hof nachfolgend – die Vorstädte als Bereich für neue Bauinitiativen für sich erschließt. Die Stadt selbst folgt diesem Trend erst zu Beginn des 18. Jahrhunderts, beschränkt sich allerdings bei der Umgestaltung des Rathauses im Wesentlichen auf eine Adaptierung an den Zeitgeist mittels Vorblendung einer barocken Fassade und die Ausgestaltung des Inneren. Zu einem Neubau, wie dies der Adel an der Wende vom 17. zum 18. Jahrhundert so häufig tut und dabei die führenden Architekten der Zeit beauftragt, schreitet die Stadtverwaltung nicht. Vergleichbar langsam vollzieht sich ganz offenkundig auch der Wandel des Stadtbildes im Hinblick auf das eigentlich bürgerliche Bauen, die Wohnhäuser, Arbeitsstätten und Geschäftslokale der Wiener Bürgerschaft. Zwar lassen sich in manchen Bereichen des auf der Andermüllerschen Vogelschau präsentierten Stadtbildes bereits vermehrt traufenseitig zur Straße gerichtete Häuser ausnehmen, die das mittelalterlich-giebelseitig zur Straße hin orientierte Haus abzulösen beginnen – von einer die Gesamtstadt ergreifenden Modernisierung und Barockisierung kann jedoch keine Rede sein. Neues, Zukunftsweisendes trug sich ab dem frühen 18. Jahrhundert überhaupt sehr viel mehr außerhalb als innerhalb der Stadtmauern zu. Die Vorstädte, in denen der Adel vor allem nach 1683 seine Lustschlösser und Gartenanlagen zu errichten begann und die durch den letzten große Befestigungsbau, den Wien in seiner Geschichte erleben sollte, nämlich durch den Bau des Linienwalls (1704), nun erstmals auch eine erkennbare räumliche Einheit bildeten, stellten die Zonen dar, in welcher der dynamische Transformations- und Wandlungsprozess des Wiener Stadtbildes sich fortsetzen sollte.

# Anhang 1: Beschriftungen in der Andermüllerschen Vogelschau von 1703

1. Außerhalb der Befestigungen (im Uhrzeigersinn, beginnend im Südosten = links oben):

I. Kärntner Brücke *(Karnterbrück)*
II. Kärntner Tor *(Kärnterthor)*
III. Burgtor *(Burgthor)*
IV. Schottentor *(Das Schottenthor)*
V. Neutor *(Das Neüe Thor)*
VI. Kleines Fischertor bzw. Wassertor *(Der Einlass)*
VII. Rotenturmtor *(Rothethurnthor)*
VIII. Schlagbrücke *(Schlagbrücken)*
IX. Leopoldstadt *(Auf der Leopoldstadt)*
X. Stubentorbrücke *(Landstrassenbrück)*[543]
XI. Stubentor *(Stubenthor)*
XII. Weißgerberbrücke *(Weissgerber Brücke)*[544]

2. Die Befestigungen (im Uhrzeigersinn, beginnen im Südosten = links oben):

a. Kärntner Tor *(Kärnterthor)*[545]
b. Kärntner Bastei *(Kärnter Pastey)*
c. Burgbastei *(Burg Pastey)*
d. Spanier Oberbastei *(Spanier Ober Pastey*; gelegen zwischen der Burgbastei und dem Südwesttrakt, dem Schweizerhof der Hofburg)
e. Löblbastei *(Löwel Pastey)*
f. Oberbastei *(Ober Pastey*; gelegen zwischen der Löblbastei und der innerstädtischen Verbauung)
g. Mölkerbastei *(Mölcker Pastey)*
h. Elendbastei *(Elend Pastey)*
i. Neutorbastei *(Wasser Pastey)*[546]

---

[543] Diese Bezeichnung für die außerhalb des Stubentores in die Vorstadt Landstraße führende Brücke über den Wienfluss ist in keiner anderen Überlieferung als hier belegt.

[544] Mit diesem Beleg ist der Bestand der Vorläuferin der heutigen Radetzkybrücke (Art. Radetzkybrücke. *Wien Geschichte Wiki*) bereits für das frühe 18. Jahrhundert zu belegen.

[545] Diese Bezeichnung unmittelbar außerhalb des Tores ist offenbar deshalb durchgestrichen, weil sie weiter nach stadtaußen zu ohnehin wiederkehrt.

[546] Für die Neutorbastei lässt sich im 16. und 17. Jahrhundert mehrfach die Bezeichnung „Donaubastei" nachweisen, vgl. dazu Opll–Krause–Sonnlechner, Wien als Festungsstadt 182 und 267). Der Name „Wasserbastei" ist in keiner anderen Überlieferung als hier belegt.

j. Gonzagabastei *(Neüe Gonzagische Werck)*
k. Biberbastei *(Biber Pastey)*
l. Dominikanerbastei *(Hollerstauden)*[547]
m. Braunbastei *(Praun Pastey*; gelegen beim Jakoberkloster)
n. Wasserkunstbastei *(WasserKunst Pastey)*

3. Innerhalb der Befestigungen (in alphabetischer Reihenfolge)
Vorbemerkung: In vier Fällen – bei der Fleischhalle, dem Heiligenkreuzer Hof, der Hohen Brücke und dem Schottenhof – werden hier auch Objekte genannt, sonst handelt es sich durchgehend um Benennungen von Straßen, Gassen und Plätzen).
aa. Am Hof *(auf dem Hoff)*
bb. Annagasse *(S. Annen Gasse)*
cc. Bäckerstraße *(Ober Becker-Gasse)*
dd. Ballgasse *(Grune Anger* [sic!])
ee. Bankgasse *(Hinder Schenck Gasse)*
ff. Brandstätte *(die Brandstatt)*
gg. Bräunerstraße *(Unter Breüner gasse)*
hh. Dorotheergasse *(Dorotheen Gasse)*
ii. Fleischhalle *(Fleisch Halle*; an der Kreuzung Rotenturmstraße/Liechtensteg-Lugeck, eine der seltenen Objektbezeichnungen)[548]
kk. Fleischmarkt *(der alte Fleischmarckt)*
ll. Freyung *(auf der Freyung)*
mm. Graben *(auf dem Graben)*
nn. Griechengasse siehe Hafnersteig
oo. Habsburgergasse (*Ober Breüner-gasse*)
pp. Hafnersteig – Griechengasse (*Schweinemarckt*)
qq. Heiligenkreuzer Hof (*H. Creütz*; eine der seltenen Objektbezeichnungen)[549]
rr. Herrengasse (*Herren Gasse*; Bezeichnung wird viermal angeführt: bereits in der heutigen Augustinerstraße und auch noch in der heutigen Schottengasse)
ss. Himmelpfortgasse (*Himmelpfortgasse*[550])
tt. Hohe Brücke *(Hohebrücke*; im Zug der Wipplingerstraße, die nicht benannt ist, zugleich eine der seltenen Objektbezeichnungen)
uu. Hoher Markt *(Hohe Marck)*
vv. Johannesgasse *(S. Ioannis Gasse)*
ww. Judenplatz *(Iudenplatz)*

[547] Dieser Name für die beim Dominikanerkloster gelegene Bastei ist für das 17. und 18. Jahrhundert zu belegen, Art. Dominikanerbastei. *Wien Geschichte Wiki.*

[548] Die Bezeichnung bezieht sich auf die für den Lichtensteg bis 1564, für das Lugeck noch 1701 bezeugten Fleischbänke an dieser Stelle, vgl. dazu Perger, Straßen 47 (s. v. Fleischmarkt), 86 (s. v. Lichtensteg) und 88f. (s. v. Lugeck). Ob aus der Bezeichnung auf ein eigenes Gebäude, also eine Fleisch-„Halle" geschlossen werden kann, lässt sich nicht sagen.

[549] Unter den in der Vogelschau eingezeichneten Gebäuden befindet sich auch die Bernhardskapelle im Heiligenkreuzer Hof, siehe unten Anhang 2, 140, Nr. 11.

[550] Das Wort ist nicht zu lesen, muss aber wohl als *gasse* aufgelöst werden.

xx. Kärntner Straße *(Kärnter Gasse*; Bezeichnung wird vom Kärntner Tor her dreimal angeführt, das dritte Mal direkt vor St. Stephan)

yy. Kohlmarkt *(Kohlmarck)*

zz. Krugerstraße *(Die Klugen* [sic!] *Gasse)*

aaa. Neuer Markt *(Neue Marck)*

bbb. Renngasse *(Renngasse)*

ccc. Riemergasse *(Riemergasse*; von der Singerstraße bis zur Wollzeile)

ddd. Rosengasse *(Rosen Gasse)*

eee. Salzgries *(Auf dem Saltzgriess)*

fff. Schauflergasse *(Schaufel-gasse)*

ggg. Schenkenstraße *(Vorder Schenck Gasse)*

hhh. Schottenhof *(Schotten-Hoff*; eine der seltenen Objektbezeichnungen)[551]

iii. Schulergasse *(Die Schuler Gasse)*

kkk. Seilerstätte *(Seilerstatt)*

lll. Singerstraße *(Singer Strasse)*

mmm. Sonnenfelsgasse *(Unter Becker-Gasse)*

nnn. Strauchgasse *(Strauch Gasse)*

ooo. Teinfaltstraße *(Die Einfalt-Gasse)*

ppp. Tiefer Graben *(im tiefen graben)*

qqq. Weihburggasse (*Weipurgs Gasse*; im Teil nahe der Stadtmauer steht durchgestrichen *Grüne Anger)*

rrr. Wildpretmarkt *(Kühnmarck )*[552]

sss. Wollzeile *(auf der Wolzeile* bzw. *Wolzeile)*

---

551 Zum Schottenhof (Wien 1, Freyung, Schottengasse 2, Helferstorferstraße 2) vgl. Art. Schottenhof (1, Freyung 6). *Wien Geschichte Wiki.*

552 Perger, Straßen 157f.: Tatsächlich heißt der Wildpretmarkt 1701 Alter Heringmarkt und Neuer Kienmarkt, 1766 Neuer Kienmarkt ([Alter Kienmarkt = Bereich Ruprechtsplatz], ab 1786 und 1795 wieder der alte Name Kammerhof, seit 1862 Wildpretmarkt).

# Anhang 2: Die Legende der Andermüllerschen Vogelschau von 1703 (in der Ordnung der Legende [A] und in alphabetischer Reihenfolge [B])

Vienna Avstriae, *ichnographice delineata, exhibens singulas plateas, fora, palatia, templa, monasteria, aliaque tum privata tum publica aedificia. / Wien in Oesterreich, wie es im grundlager zu sehen, mit seinen gassen, marckplätzen, herrenhausern, pallästen, kirchen, klöstern u(nd) andern vornehmsten gebäuen.*

(A) In der Ordnung der Legende:

Vorbemerkung: Die Legende weist am Ende der Großbuchstaben sowie der verdoppelten Großbuchstaben eine Zwischenüberschrift (*Palatia in der Herrengasse*) auf, womit die Signaturen a bis zz eingeleitet werden. Allerdings finden sich in dieser Gruppe auch nicht-adelige Gebäude, ebenso wie sich unter denen am Schluss mit arabischen Ziffern bezeichneten Gebäuden wiederum einige Adelspalais befinden.

| | |
|---|---|
| *A* | *Die kayser*(liche) *burg* |
| *B* | *Die neüe burg* |
| *C* | *Die ertzhertz*(ogliche) *burg* |
| *D* | *Reit- und Tumelplatz* |
| *E* | *Augustiner hofkirche* |
| *F* | *Hofcammer, reichshofrath und hofreichscantzleyen* |
| *G* | *S. Stephani hauptkirche* |
| *H* | *S. Michaelis* |
| *I* | *Zu den Schotten, kirch u*(nd) *abtey* |
| *K* | *S. Marien zur stiegen – sind die 4 parochialkirchen* |
| *L* | *S. Petri kirch, a*(nno) *800 von Carolo m*(agno) *erbauet, a*(nno) *1701 von kays*(er) *Leopoldo viel prächtiger aufgeführet* |
| *M* | *Jesuiter zu S. Annen* |
| *N* | *Ursuliner kloster in der S. Johannisgasse* |
| *O* | *S. Joannis baptistae, der Malteser ritter* |
| *P* | *Burgerspital u*(nd) *kirche* |
| *Q* | *Capuciner* |
| *R* | *Himmelpfort, closter* |
| *S* | *Franciscaner zu S. Hieronymo* |
| *T* | *S. Nicolai, nonnencloster* |
| *V* | *S. Elisabeth im teütschen hause* |
| *X* | *S. Mar*(ia) *Magdal*(ena) *und Elisabeth* |

| | |
|---|---|
| *Y* | *S. Maria Rotunda, Dominicaner* |
| *Z* | *S. Jacobi, nonnencloster* |
| *Aa* | *Jesuit*(er) *collegium und universität* |
| *Bb* | *S. Barbarae, im convictorio der jesuiten* |
| *Cc* | *S. Laurentii, nonnencl*(oster) |
| *Dd* | *Jesuiter auf dem Hoff* |
| *Ee* | *S. Salvatoris* |
| *Ff* | *Rathhauss* |
| *Gg* | *Carmeliter nonnen zu S. Joseph it*(em) *zum VII. büchern* |
| *Hh* | *S. Thomae im Gundelhoff* |
| *Ii* | *Pallast graff Philipps von Dietrichstein gegenüber den augustinern* |
| *Kk* | *S. Dorotheenhoff, propstey und kirche* |
| *Ll* | *Das konigliche nonnencloster zu den Engeln* |
| *Mm* | *S. Barbarae cappell in der Breinerstrasse* |
| *Nn* | *Minoriten hinter dem Landhause* |
| *Oo* | *S. Georgii im Freysingerhoff* |
| *Pp* | *S. Philippi und Jacobi im Cöllnerhoff* |
| *Qq* | *S. Bernhardi im H*(eiligen) *Creutz-hoff* |
| *Rr* | *S. Andreae im Bischofshofe bey S. Stephan* |
| *Ss* | *Neuburger hoff gegen dem keyser*(lichen) *zeughause* |
| *Tt* | *Das keyser*(liche) *rust- und zeughauss* |
| *Vv* | *Die keyser*(liche) *Stallburg u(nd) hofkriegsrath* |
| *Xx* | *Der Margarethenhoff* |
| *Yy* | *Das keyser*(liche) *postambt beym Stubenthor* |
| *Zz* | *Graff Rabutin, gegen dem Bischofshoff über* |
| | *Palatia in der Herrengasse* |
| *a* | *Ferd*(inand) *Gundacker, gr*(af) *v*(on) *Diedrichstein* |
| *b* | *Ferdin*(and) *furst v*(on) *Diedrichstein, erb*(landmundschenk) |
| *c* | *Gr*(af) *von Mollarth* |
| *d* | *Landhauss* |
| *e* | *Gr*(af) *Polheim* |
| *f* | *Gr*(af) *Zinzendorff* |
| *g* | *Zum Schwartzenthor* |
| *h* | *Minoritencloster* |
| *i* | *Gr*(af) *von Abensp*(erg) *und Traun* |
| *k* | *Kayser*(liches) *Hofspital* |
| *l* | *Theod*(or) *gr*(af) *von Sintzendorf* |
| *m*[553] | *Gr*(af) *Rüd*(iger) *Ernst v*(on) *Stahremberg* |
| *n* | *Gr*(af) *von Windischgrätz* |
| *o* | *Fürst Joh*(ann) *Ad*(am) *Andre von Lichtenstein* |
| *p* | *Gr*(af) *von Flasching* |
| *q* | *Spanischen botschafter* |
| *r* | *Gr*(af) *Straetmann* |
| *s* | *Trautsohn* |
| *t* | *Gr*(af) *Hoyss* |

[553] korr. aus *o*.

| | |
|---|---|
| *u* | *Gr*(af) *Palfi* |
| *x* | *Fürst Montecuculi* |
| *z* | *Gr*(af) *Hamilton* |
| *aa* | *Gr*(af) *v*(on) *Rosenberg* |
| *bb* | *Gr*(af) *Frantz v*(on) *Trautmansdorf* |
| *cc* | *Fürst von Porcia* |
| *dd* | *Gr*(af) *Carl v*(on) *Wallstein* |
| *ff* | *Gr*(af) *Frantz Jos*(eph) *von Lamberg* |
| *gg* | *Mölckerhoff* |
| *hh* | *Gasthoff zu den drey hacken* |
| *ii* | *Graff Herm*(ann) *Jac*(ob) *von Ttschernin* |
| *kk* | *Das keyser*(liche) *arsenal* |
| *ll* | *Hintere arsenal u*(nd) *reitschul* |
| *mm* | *Gr*(af) *Bathiani* |
| *nn* | *Fürst von Sachsen-Zeitz, Raab*(er) *bischof* |
| *oo* | *Gr*(af) *von Harrach, obr*(ister) *hofm*(eister) |
| *pp* | *Gr*(af) *E*(rnst) *Otto von Traun, landmarsch*(all) |
| *qq* | *Gr*(af) *v*(on) *Kaunitz, r*(eichs) *v*(ize) *cantz*(ler) |
| *rr* | *Am Heydenschuss* |
| *ss* | *Bürger zeüghauss* |
| *tt* | *Jesuiter coll*(egium) *u*(nd) *professhaus, aufn Hof* |
| *uu* | *Fürst v*(on) *Fundi, gr*(af) *Mansf*(eld) |
| *xx* | *Statt- und rathauss* |
| *zz* | *Schrane oder gerichtshauss* |

| | |
|---|---|
| *No 1* | *Stattgasthauss* |
| *2* | *Fürsten von Schwartzenberg* |
| *3* | *Graff Corbelli* |
| *4* | *Printz Eugenius von Savoyen* |
| *5* | *Gr*(af) *von Questenberg* |
| *6* | *Ambthauss der malefitzpersonen* |
| *7* | *Keyser*(liches) *zeughauss* |
| *8* | *Stock im Eisen, aufn rossmarck* |
| *9* | *Michaelerplatz* |
| *10* | *Franciscaner kirch u*(nd) *kloster* |
| *11* | *Päpst*(lichen) *nuntii aufm Hoff* |
| *12* | *Die landscrone* |
| *13* | *Beym Schönenbrunnen* |
| *14* | *Gr*(af) *von Wagensperg* |
| *15* | *Palatinus Esterhasi* |
| *16* | *Gr*(af) *Caprara* |
| *17* | *Fürst Adam von Lichtenstein* |
| *18* | *Die müntzschmeltzhütten im graben bey der Wasserkunstpastey* |

(B) In alphabetischer Reihenfolge:

Vorbemerkung: In der Liste wird in Klammern der Originalwortlaut wiedergegeben; in zwei Fällen – beim Michaelerplatz und beim Stock-im-Eisen-Platz – handelt es sich um Platzbezeichnungen. Nach dem Originalwortlaut wird in der Liste sodann die Signatur in der Legende genannt, und danach werden Erläuterungen geboten. – Die Abweichung gegenüber der im Text (oben S. 55) genannten Zahl von 107 Objekten in der Legende ergibt sich daraus, dass in Anhang 2 insgesamt dreizehn Verweise (die Nummern 2, 12, 13, 25, 30, 33, 34, 48, 76, 83, 88, 92 und 115) enthalten sind.

(1) Abensberg und Traun, Graf von (*Graf von Abensperg und Traun*) – Sign.: *i* – Erläuterung: Das Haus (Wien I, Schauflergasse 6) war 1670 an Otto Ehrenreich Graf von Abensberg und Traun (1644–1715)[554] gekommen, der es 1695 dem Generalfeldmarschall und Kommandanten in Siebenbürgen Graf Friedrich Veterani (um 1650–1695) verkaufte, in Familienbesitz stand es bis 1785[555]. Nach der Bezeichnung durch Andermüller muss man davon ausgehen, dass es den älteren Besitzernamen noch einige Jahre hindurch bewahrt hat bzw. für Andermüller eben als Haus der Grafen von Abensberg und Traun galt[556].

(2) Amtshaus siehe Malefizpersonen

(3) Andreaskapelle im Bischofshof bei St. Stephan (*S. Andreae im Bischofshofe bey S. Stephan*) – Sign.: *Rr* (im Plan selbst *rr*) – Erläuterung: Errichtet im Pfarrhof von St. Stephan (Wien I, Rotenturmstraße 2) vor 1267, lange Zeit als Achatiuskapelle bezeichnet; 1627 bei Stadtbrand zerstört, im Zuge des Neubaus des Bischofshofes (1632–1641) zusätzlich das Patrozinium St. Andreas[557].

(4) Annakirche (*Jesuiter zu S. Annen*) – Sign.: *M* – Erläuterung: Die Annakirche (Wien I, Annagasse 38) wurde 1582 vom Kaiser den Jesuiten übertragen, die hier 1627 ihr Noviziatshaus errichteten und von 1629 bis 1634 einen barocken Umbau durchführten, wobei an der Ostseite ein Turm angefügt wurde[558]. Andermüllers Vogelschau zeichnet den mächtigen Turm mit barockem Zwiebelhelm – irrtümlich – am Westende der Kirche ein. Auf der Ansicht der Annakirche und Annagasse von Salomon Kleiner (1724) ist der mit barockem Zwiebelhelm bekrönte Turm – richtig – an der Chorseite der Kirche zu sehen.

(5) Arsenal (*Das keyserliche arsenal*) – Sign.: *kk* – Erläuterung: Das kaiserliche Arsenal (Abb. 41) als Angelpunkt der kaiserlichen Donauflotille (ehemals Wien I, Rockhgasse 4–6, Hohenstaufengasse 1–5, 2–6, Renngasse 5–9, Wipplingerstraße 29–31) entstand parallel zum Ausbau der Stadtbefestigungen an dieser Stadtseite um 1560[559].

(6) Arsenal, Hinteres -, und Reitschule (*Hintere arsenal und reitschul*) – Sign.: *ll* – Erläuterung: Es handelt sich hier um das Kaiserliche Zeughaus (ehemals Wien I, Renngasse 5–9), das auch als Oberes Arsenal bezeichnet wurde, zu dem nach der Andermüller-Vogelschau jedenfalls um 1700 auch eine Reitschule gehörte[560].

---

554 Sienell, Die Geheime Konferenz 210.

555 Harrer, Wien 7 238f.; Haider, Verlorenes Wien 13–15.

556 Dieses Phänomen lässt sich auch für etliche Objekte auf dem Schlierbach-Plan von Wien aus den frühen 1620er Jahren feststellen, vgl. dazu Opll–Scheutz, Schlierbach-Plan 139 mit Anm. 234 sowie die Einzelbelege: 91f. Nr. 5 und 6, 93f. Nr. 10, 94f. Nr. 13, 96f Nr. 18, 20 und 22, 98f. Nr. 28, 99f. Nr. 29, 100f. Nr. 31–33, 103 Nr. 38, 105 Nr. 42, 107ff. Nr. 47–50, 113f. Nr. 64, 117 Nr. 73, 122 Nr. 83, 126 Nr. 96 und 133 Nr. 115.

557 Perger–Brauneis, Die mittelalterlichen Kirchen 272; Art. Andreaskapelle (1, Rotenturmstraße). *Wien Geschichte Wiki.*

558 Art. Annakirche (1). *Wien Geschichte Wiki.*

559 Opll–Krause–Sonnlechner, Wien als Festungsstadt 263–267.

560 Art. Kaiserliches Zeughaus (Oberes Arsenal). *Wien Geschichte Wiki;* Scheutz, Zeughäuser 536.

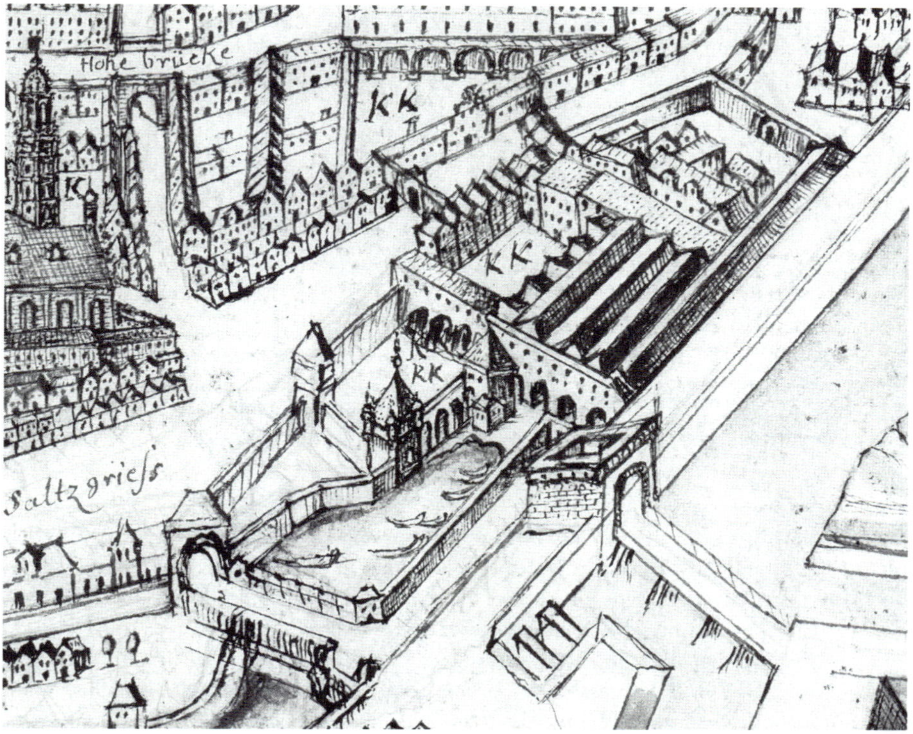


Abb. 41: Ansicht des Arsenals auf der Vogelschau des Bernhard Georg Andermüller von 1703.

(7) Augustinerkirche (*Augustiner hofkirche*) – Sign.: *E* – Erläuterung: Die Augustinerkirche (Wien I, Augustinerstraße 3) wurde von 1330 bis 1349 errichtet, doch blieb der Chor noch länger unvollendet. Der 1602 neu errichtete Glockenturm am Ostende erhielt in der Mitte des 17. Jahrhunderts seine barocke Zwiebelhaube, die auch auf Andermüllers Vogelschau (Abb. 42) und auf der Ansicht bei Salomon Kleiner (1724) zu sehen ist[561].

(8) Barbarakapelle zwischen Habsburgergasse und Bräunerstraße (*S. Barbarae cappell in der Breinerstrasse*) – Sign.: *Mm* – Erläuterung: Diese Hauskapelle (ehemals Wien I, Graben 15, Habsburgergasse 1) geht auf eine Stiftung des Wiener Ratsherrn Erhart Griesser († 1445) von 1433 zurück[562]. Andermüller (Abb. 43) zeigt sie mit einem nach Osten gerichteten polygonalen Chor und einem Dachreiter mit barockem Zwiebelhelm.

(9) Barbarakonvikt der Jesuiten *(S. Barbarae, im convictorio der jesuiten)* – Sign.: *Bb* – Erläuterung: Das Konvikt (Wien I, Postgasse 10) mit seiner Kapelle wird erstmals 1573 erwähnt; heute (seit 1775) befindet sich hier die griechisch-unierte Kirche[563]. Andermüller zeigt sie mit abgesetztem polygonalen Chor nach Osten und einem Dachreiter (bzw. Turm?) mit barockem Zwiebelhelm.

---

561 Art. Augustinerkirche. *Wien Geschichte Wiki*; Buchinger–Schön, Das Augustinerkloster; dies., Die Augustinerkirche; zur Epoche bis zum frühen 18. Jh. Holzschuh-Hofer–Jeitler, Augustinerkloster; Karner, Augustinerkloster.

562 Perger–Brauneis, Die mittelalterlichen Kirchen 276; Art. Barbarakapelle. *Wien Geschichte Wiki*.

563 Art. Barbarakirche. *Wien Geschichte Wiki*.

Abb. 43: Ansicht der Barbarakapelle zwischen Habsburgergasse und Bräunerstraße auf der Vogelschau des Bernhard Georg Andermüller von 1703.

Abb. 42: Ansicht der Augustinerkirche auf der Vogelschau des Bernhard Georg Andermüller von 1703.

(10) Batthyány, Graf *(Graf Bathiani)* – Sign.: *mm* – Erläuterung: Der ursprünglich hier gelegene „alte Schlögelhof" (Wien I, Renngasse 4) kam 1690 an den Grafen Sinzendorf und danach von diesem an Adam Graf Batthyány, der 1699–1706 durch Johann Bernhard Fischer von Erlach das hochbarocke Palais erbauten ließ[564].

(11) Bernhardskapelle im Heiligenkreuzer Hof *(S. Bernhardi im Heiligen Creutzhoff)* – Sign.: *Qq* (im Plan selbst *qq*) – Erläuterung: Die halböffentliche Kapelle (Wien I, Schönlaterngasse 5 und Heiligenkreuzer Hof) wurde unter Abt Clemens Scheffer (1658–1693) anstelle einer älteren Kapelle neu errichtet und 1662 eingeweiht[565]. Andermüller zeigt sie mit einem in der Mitte des Daches aufsitzenden Dachreiter mit barockem Zwiebelhelm.

(12) Botschaft siehe Spanische

(13) Brunnen siehe Schöner Brunnen

(14) Bürgerspital und -kirche (*Burgerspital und kirche*) – Sign.: *P* – Erläuterung: Das mittelalterliche Bürgerspital wurde nach den Zerstörungen der Ersten Wiener Türkenbelagerung (1529) 1530/39 in die ehemalige Klosterkirche St. Clara (Schweinemarkt, heute: Areal Wien I, Maysedergasse 2–8, Tegetthoffstraße 5–9, 6–10, Lobkowitzplatz 1, Gluckgasse 1–5, Augustinerstraße 8, Führichgasse 5, Albertinaplatz 1) verlegt, die dann das Patrozinium des früheren Heiligengeistspitals übernahm[566]. Andermüller zeigt den auch auf den Vogelschauen von Jacob Hoefnagel (1609) und Folbert van Ouden-Allen (1684) zu sehenden eleganten, polygonalen (sechs- oder achteckigen?) Turm an der Südwestecke mit hoch aufragendem Spitzdach (Abb. 44). Der Turm ist auch im Hintergrund von Salomon Kleiners Ansicht des Neuen Marktes (1724) und auf einer der Kirche selbst gewidmeten Ansicht desselben Künstlers (ebenfalls 1724) zu sehen, wird aber dort von einem Zwiebelhelm bekrönt.

---

564 Art. Renngasse 4. *Wien Geschichte Wiki.*

565 Perger–Brauneis, Die mittelalterlichen Kirchen 273; Art. Bernhardkapelle. *Wien Geschichte Wiki;* zum Namen des Abtes auch Schücker, Scheffer.

566 Schedl, Klosterleben und Stadtkultur 235–256 sowie 364–368 Abb. 24–31; Art. Zum Heiligen Geist. *Wien Geschichte Wiki.*

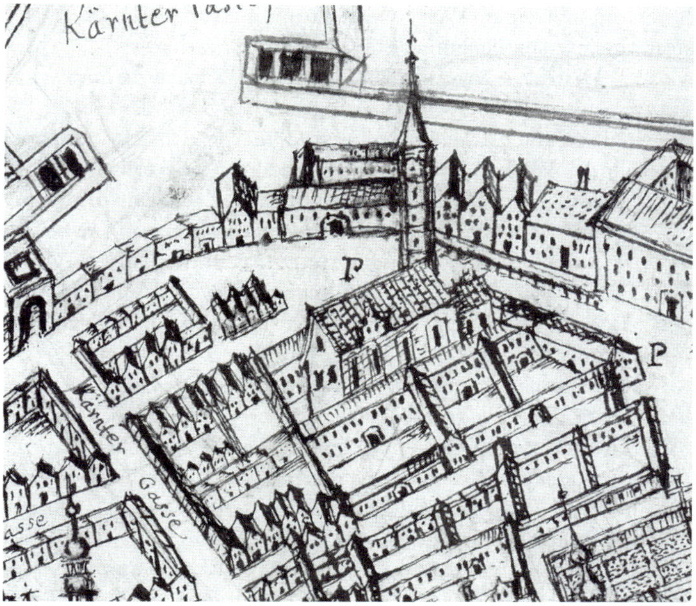


Abb. 44: Ansicht der Bürgerspitalkirche auf der Vogelschau des Bernhard Georg Andermüller von 1703.

(15) Caprara, Graf *(Graf Caprara)* – Sign.: *No 16* – Erläuterung: Das Haus (Wien I, Wallnerstraße 8) gelangte 1687 an Aeneas Silvius Graf Caprara (1631–1701), der hier 1698 sein Palais von Domenico Egidio Rossi erbauen ließ[567].

(16) Corbelli, Graf *(Graff Corbelli)* – Sign.: *No 3* – Erläuterung: Das Palais (Wien I, Johannesgasse 7) wurde 1695 von Johann Andreas Graf von Corbelli († 1704) und dessen Frau Maria Franziska erworben[568].

(17) Czernin, Graf Hermann Jakob von *(Graff Hermann Jacob von Ttschernin)* – Sign.: *ii* – Erläuterung: Das Gebäude (Wien I, Renngasse 3) gelangte 1687 durch Kauf von Hanns Georg von Kuefstein (1645–1699) an Hermann Jakob Graf Czernin von Chudenitz (1659–1710)[569]. Andermüller zeigt inmitten des Innenhofes einen barocken Brunnen.

(18) Deutschordenskirche *(S. Elisabeth im teütschen hause)* – Sign.: *V* – Erläuterung: Der Ritterorden wurde zu Beginn des 13. Jahrhunderts in Wien angesiedelt; Kapelle und Ordenshaus (Wien I, Singerstraße bei 7) sind 1249 erstmals erwähnt. Die heutige Kirche geht auf einen Bau nach 1326/27 zurück. Zwischen 1667 und 1682 erfolgte eine weitgehende bauliche Erneuerung, wobei die Westfassade verbaut wurde[570]. Der durch Andermüller bezeugte Turm am Ostende der Kirche dürfte am ehesten aus der Zeit dieser baulichen Veränderungen stammen und weist eine Bekrönung mit barockem Zwiebelhelm auf. Gegenzulesen ist Andermüllers Darstellung mit der Ansicht der Deutschordenskirche

567 Harrer, Wien 7 90–93; Art. Aeneas Silvius Caprara. *Wien Geschichte Wiki.*

568 Pollack, Palais Corbelli-Schoeller 6.

569 Harrer, Wien 2/IV 698–700.

570 Perger–Brauneis, Die mittelalterlichen Kirchen 239–243; Art. Deutschordenskirche. *Wien Geschichte Wiki.*

bei Salomon Kleiner (1724), wo der Turm mit barockem Zwiebelhelm aus der zur Singerstraße gerichteten Neigung des Daches emporwächst.

(19) Dietrichstein, Ferdinand Fürst von *(Ferdinand furst von Diedrichstein, erblandmundschenk)* – Sign.: *b* – Erläuterung: Seit 1455 war das Objekt (Wien I, Herrengasse 7), das zunächst aus zwei Häusern bestand, in Dietrichsteinschem Besitz und blieb dies bis ins frühe 19. Jahrhundert[571]. Auf der Andermüller-Ansicht ist in der Mitte des Traktes an der Herrengasse ein Dachreiter mit barockem Zwiebelhelm zu sehen.

(20) Dietrichstein, Ferdinand Gundacker Graf von *(Ferdinand Gundacker, graf von Diedrichstein)* – Sign.: *a* – Erläuterung: Das in den Jahren 1660–1685 von Gundacker Graf Dietrichstein († 1690) erworbene Gebäude (Wien I, Herrengasse 1–3, Schauflergasse 2) stand bis ins 19. Jahrhundert als Gräflich-Dietrichsteinsches Fideikommisshaus im Besitz der Familie[572].

(21) Dietrichstein, Philipp Graf von *(Pallast graff Philipps von Dietrichstein gegenüber den augustinern)* – Sign.: *Ii* – Erläuterung: Das aus zwei Häusern bestehende Objekt (Wien I, Lobkowitzplatz 2) gelangte 1687 durch Kauf vom Propst des Kloster St. Dorothea sowie von den Erben des Freiherrn Hanns Franz Leopold von Fels an Graf Philipp Sigmund von Dietrichstein (1651–1716), der hier nach Plänen des Giovanni Pietro Tencala sein Palais errichten ließ[573].

(22) Dominikanerkloster *(S. Maria Rotunda, Dominicaner)* – Sign.: *Y* – Erläuterung: Die Kirche des ab 1226 entstandenen Dominikanerklosters (Wien I, Postgasse 4) wurde bereits 1237 geweiht und erlebte in den folgenden Jahrhunderten, insbesondere im 15. Jahrhundert, etliche Umbauten und Erweiterungen. Der zur Stadtmauer weisende Chor wurde nach 1529 abgerissen. Die heutige Kirche wurde 1631–1634 neu erbaut, doch dauerte die Vollendung mit Fassade noch bis in die 1670er Jahre[574]. Die Andermüllersche Vogelschau zeigt an der Südseite der Kirche zwei mit barocken Zwiebelhelmen bekrönte Türme, was mit der – allerdings von Westen her aufgenommen – Ansicht bei Salomon Kleiner (1724) nicht übereinstimmt und wohl so zu verstehen ist, dass der anhaltische Kanzleirat nicht wirklich die Realität abbildete (Abb. 45).

(23) Dorotheerkloster *(S. Dorotheenhoff, propstey und kirche)* – Sign.: *Kk* – Die Propstei (ehemals Wien I, Dorotheergasse 17) wurde 1410 durch Andreas Plank, den späteren Kanzler König Albrechts II., gestiftet. Die Kirche wurde 1459 geweiht und ein Turm 1620 errichtet. Die Zweiturmfassade, wie sie in der Ansicht des Salomon Kleiner (1724) zu sehen ist, entstand unter Propst Ferdinand Nolthäus (1695–1712) in den Jahren 1702 bis 1704[575]. Die Andermüller-Vogelschau von 1703 zeigt die Kirche folgerichtig mit nur einem Turm mit barockem Zwiebelhelm.

(24) Esterházy, Palatin *(Palatinus Esterhasi)* – Sign.: *No 15* – Erläuterung: Das Palais (Wien I, Wallnerstraße 4, Haarhof 1, Naglergasse 9, Neubadgasse 1) wurde vom unga-

---

[571] Art. Herrengasse 7. *Wien Geschichte Wiki*; vgl. auch die Ansicht in Prämers „Architecturischer Schauplatz", vor 1680, in: Das barocke Wien 15f. Nr. 11.

[572] Art. Dietrichsteinpalais (Herrengasse 1–3, Schauflergasse 2). *Wien Geschichte Wiki*; vgl. auch die Ansicht in Prämers „Architecturischer Schauplatz", vor 1680, in: Das barocke Wien 15 Nr. 10.

[573] Harrer, Wien 6/I 135–140; Haider, Verlorenes Wien 16–18.

[574] Perger–Brauneis, Die mittelalterlichen Kirchen 146–154; Art. Dominikanerkirche. *Wien Geschichte Wiki.*

[575] Perger–Brauneis, Die mittelalterlichen Kirchen 169–176; Art. Dorotheerkirche. *Wien Geschichte Wiki.*

Abb. 45: Ansicht der Dominikanerkirche auf der Vogelschau des Bernhard Georg Andermüller von 1703.

rischen Palatin Fürst Paul I. von Esterházy (1635–1713) in den Jahren 1687 bis 1695 errichtet[576]. Die Andermüllersche Vogelschau zeigt zwei große Innenhöfe.

(25) Eugen von Savoyen siehe Savoyen

(26) Flasching, Graf von *(Graf von Flasching)* – Sign.: *p* – Erläuterung: Ein Teil dieses ursprünglich aus zwei Gebäuden bestehenden Objekts (Wien I, Bankgasse 10) kam im Jahr 1700 in den Besitz von Maximilian Ernst Graf von Flasching[577]. Auf der Andermüller-Ansicht ist in der Mitte des Traktes in Richtung zur Stadtmauer ein Dachreiter mit barockem Zwiebelhelm zu sehen.

(27) Fondi, Fürst von, Graf von Mansfeld *(Fürst von Fundi, graf Mansfeld)* – Sign.: *Uu* (im Plan selbst *uu*) – Erläuterung: Das Gebäude (Wien I, Wipplingerstraße 10) kam 1679 in den Besitz des Grafen Heinrich Franz von Mansfeld, Fürst von Fondi (1641–1715), der von 1701–1703 Präsident des Hofkriegsrates, von 1703 bis zu seinem Tod Oberstkämmerer war[578]. Auf der Vogelschau Andermüllers ist im Trakt an der Wipplingerstraße in Richtung zum Innenhof ein giebelförmiger Aufsatz zu erkennen.

(28) Franziskanerkirche und -kloster (*Franciscaner kirch und kloster*) – Sign.: *No 10* – Erläuterung: Der seit dem 15. Jahrhundert in Wien ansässige Franziskanerorden erhielt 1589 das ehemalige Büßerinnenkloster St. Hieronymus (Wien I, Franziskanerplatz 4, Weihburggasse 19, Singerstraße 26–26A), das zu Beginn des 17. Jahrhunderts tiefgehende bauliche Umgestaltungen erfuhr[579]. Der ab 1614 an den Chor angefügte Glockenturm wird von Andermüller als mit barockem Zwiebelhelm bekrönter Turm, allerdings irrtümlich am Westende der Kirche eingezeichnet. Dass sich an dieser Stelle kein Turm befand, zeigt auch die Ansicht der Franziskanerkirche und des Franziskanerplatzes von Salomon Kleiner (1724).

(29) Franziskanerkloster (*Franciscaner zu S. Hieronymo*) – Sign.: *S* – Erläuterung: Siehe dazu die Hinweise oben bei Nr. 28.

(30) Gasthaus siehe Stadtgasthaus.

(31) Gasthof zu den Drei Hacken (*Gasthoff zu den drey hacken*) – Sign.: *hh* – Erläuterung: Das Gebäude (Wien I, Renngasse 1) führte den Schildnamen „Zu den drei Hacken" schon seit dem 16. Jahrhundert, und nicht erst seit 1667[580]. Im ältesten ge-

576 Art. Esterházypalais (1, Wallnerstraße). *Wien Geschichte Wiki.*

577 Harrer, Wien 7 196–198.

578 Art. Wipplingerstraße 10. *Wien Geschichte Wiki*; Art. Heinrich Franz Mannsfeld. *ebd.* – Das benachbarte Palais Herberstein (Wipplingerstraße 12, vgl. dazu Haider, Verlorenes Wien 75) ist auf der Vogelschau von 1703 dagegen nicht verzeichnet.

579 Perger–Brauneis, Die mittelalterlichen Kirchen 230–236; Art. Franziskanerkloster. *Wien Geschichte Wiki.*

580 Art. Zu den drei Hacken (Renngasse). *Wien Geschichte Wiki*; Ergänzung und Korrektur bei Opll–

druckten Häuservezeichnis von Wien, das der Briefträger Johann Jordan 1701 veröffentlichte, heißt es, dass dieser Gasthof der „Einkehrung der Sächsischen / und Böhmischen Cavaglieri" diente[581].

(32) Georgskapelle im Freisinger Hof *(S. Georgii im Freysingerhoff)* – Sign.: *Oo* – Erläuterung: Hof mit Kapelle (ehemals Wien I, Graben 29–29a) stammen aus babenbergischer Zeit, erwähnt wird die Kapelle erstmals 1277[582]. Die Kapelle ist auf der Vogelschau nicht als eigenständiger Bau zu erkennen.

(33) Győr siehe Sachsen-Zeitz

(34) Hacken, Drei – siehe Gasthof

(35) Hamilton, Graf (*Graf Hamilton*) – Sign.: *z* – Erläuterung: Ein Teil dieses Objekts (Wien I, Teinfaltstraße 8 und 8A) gelangte 1697 durch Kauf an Jakob Reichsgraf von Hamilton (1642–1717), Herr und Graf der Herrschaften Mohrenfeld, Hirschfeld etc., Landvogt der Markgrafschaft Burgau, kurfürstlich-pfälzischer Geheimer Rat und Generalleutnant der Kavallerie[583]. Die Vogelschau zeigt auf dem Dach des zur Stadtmauer gerichteten Traktes insgesamt drei (!) Dachreiter mit Zwiebelhelmen, doch muss offen bleiben, ob es diese jemals in dieser Form gegeben hat.

(36) Harrach, Graf von, Obersthofmeister *(Graf von Harrach, obrister hofmeister)* – Sign.: *oo* – Erläuterung: Das Gebäude (Wien I, Freyung 2–3A, Herrengasse 16), in dessen Bereich bereits seit dem frühen 17. Jahrhundert Harrachscher Besitz vorhanden war, wurde 1690 von Ferdinand Bonaventura I. Graf Harrach (1637–1706) erworben und durch einen Prachtbau von Domenico Martinelli ersetzt[584]. – Auf der Andermüller-Vogelschau weist das Gebäude eigenartigerweise ein mittelalterliches Gepräge mit zwei mächtigen Ecktürmen in Richtung zur Freyung auf (Abb. 46).

(37) Heidenschuss (*Am Heydenschuss*) – Sign.: *rr* – Erläuterung: Benannt nach dem schon 1365 bezeugten Hausschild „Da der Hayden scheuzzt" (Wien I, Strauchgasse 1/ Heidenschuss 3)[585].

(38) Himmelpfortkloster (*Himmelpfort, closter*) – Sign.: *R* – Das Kloster (ehemals Wien I, Himmelpfortgasse 7 und 9/Kircheneingang in der Rauhensteingasse) geht auf das 13. Jahrhundert zurück und war seit 1586 von Augustiner-Chorfrauen bewohnt. Die Kirche wurde 1331 geweiht. Im frühen 17. Jahrhundert trat der Wiener Bischof Melchior Khlesl als besonderer Förderer auf und finanzierte den Neubau der Konventsgebäude (1614–1617)[586]. Den von Andermüller gezeigten mächtigen Turm mit Zwiebelhelm, gelegen an der Südseite der Westfassade, hat es in dieser Form wohl niemals gegeben. Auf der Ansicht des Salomon Kleiner (1724) ist jedenfalls nur ein kleiner Dachreiter mit Zwiebelhelm am Dachfirst unweit der Westfassade zu sehen.

(39) Hofburg *(Ertzherzogliche burg)* – Sign.: *C* – Erläuterung: Hier handelt es sich um die Amalienburg (Wien I, Ballhausplatz 1, In der Burg), die als Residenz für Erzherzog Ernst in der zweiten Hälfte des 16. Jahrhunderts entstand und ihren heutigen

---

Scheutz, Schlierbach-Plan 123 Nr. 86.

581 Jordan, Schatz / Schutz / und Schantz 39.

582 Perger–Brauneis, Die mittelalterlichen Kirchen 272; Art. Georgskapelle (1, Graben). *Wien Geschichte Wiki.*

583 Harrer, Wien 7 169–181, hier 179f.

584 Art. Harrachpalais (1). *Wien Geschichte Wiki.*

585 Art. Zum Hayden Schuß. *Wien Geschichte Wiki.*

586 Perger–Brauneis, Die mittelalterlichen Kirchen 189–194; Schedl, Klosterleben und Stadtkultur 185–207 sowie 361 Abb. 17 (Salomon Kleiner, 1724); Art. Himmelpfortkloster. *Wien Geschichte Wiki.*

Abb. 46: Ansicht des Palais Harrach auf der Freyung auf der Vogelschau des Bernhard Georg Andermüller von 1703.
Abb. 47: Ansicht der Katharinenkapelle des Hofspitals auf der Vogelschau des Bernhard Georg Andermüller von 1703.

Namen erst erhielt, als sie als Witwensitz für Kaiserin Amalie Wilhelmine (1711–1742) diente[587].

(40) Hofburg *(Reit- und tumelplatz)* – Sign.: *D* – Erläuterung: Bereich des heutigen Josefsplatzes[588].

(41) Hofburg – Leopoldinischer Trakt *(Die neüe burg)* – Sign.: *B* – Erläuterung: Der heutige Leopoldinische Trakt der Hofburg, mit dessen Bau man 1660 begann und der nach einem schweren Brand 1668 ab November dieses Jahres bis 1683 im Wesentlichen abgeschlossen werden konnte[589]. Die ältesten Ansichten dieses Hofburgteils finden sich bei Folbert van Ouden-Allen (vor 1683), bei Andermüller und bei Salomon Kleiner (1724).

(42) Hofburg *(Hofcammer, reichshofrath und hofreichscantzleyen)* – Sign.: *F* – Erläuterung: Bereich des in der heutigen Form erst ab 1723 erbauten Reichskanzleitraktes[590].

(43) Hofburg *(Die kayserliche burg)* – Sign.: *A* – Erläuterung: Hier handelt es sich um den eigentlichen Kernbereich der Burg, den Schweizerhof[591].

(44) Hofspital, Kaiserliches *(Kayserliches Hofspital)* – Sign.: *k* – Erläuterung: Das 1537 gestiftete, dann in kaiserliche Obhut übernommene Spital (ehemals Wien I, Schauflergasse 8, Ballhausplatz 3) verwendete seit 1554 die zuvor zum Minoritenkloster gehörende Katharinenkapelle für den Gottesdienst (Abb. 47)[592]. Andermüllers Vogelschau zeigt die

[587] Art. Amalienburg. *Wien Geschichte Wiki*, und jetzt die einschlägigen Abschnitte bei Die Wiener Hofburg im Mittelalter; Holzschuh-Hofer, Die Neue Burg (Amalienburg) 336–345; Karner, Die Neue Burg (Amalienburg) 346–360.

[588] Jeitler–Martz, Der Rosstummelplatz 268–278; Karner, Der Rosstummelplatz 268–287.

[589] Karner, Der Leopoldinische Trakt 377–421.

[590] Art. Reichskanzleitrakt. *Wien Geschichte Wiki*; zur Situation im frühen 17. Jh. vgl. Opll–Scheutz, Schlierbach-Plan 91f. Nr. 1–5, allgemein jetzt Jeitler, Die Verwaltungsräume 318–330; Karner, Die Verwaltungsräume 330–335.

[591] Dazu für die Entwicklung seit dem frühen 13. Jh. die Ausführungen bei Die Wiener Hofburg im Mittelalter; Die Wiener Hofburg 1521–1705.

[592] Art. Kaiserspital. *Wien Geschichte Wiki;* jetzt Grün, Das Hof- oder Kaiserspital 241–248; Abbildung der Katharinenkapelle bei Scheutz–Weiss, Spitalordnung.

Abb. 48: Ansicht des Jakoberklosters auf der Vogelschau des Bernhard Georg Andermüller von 1703.

Kapelle mit einer Westfassade mit geschwungen ausgeführtem Giebel und einem Dachreiter mit barockem Zwiebelhelm am Ostende des Dachfirstes.

(45) Hoyos, Graf *(Graf Hoyss)* – Sign.: *t* – Erläuterung: Auf der Grundlage älteren Besitzes erweiterte Johann Baptist Graf Hoyos († 1706) 1672 sein hiesiges Anwesen (Wien I, Schenkenstraße 12, Löwelstraße 14–16) und vereinigte mehrere Gebäude zu einem Palais[593]. Ebenfalls im Besitz des Grafen Hoyos und im Plan selbst eingezeichnet, aber in dessen Legende nicht ausgewiesen, war das Objekt Ecke Teinfaltstraße 2/Schottengasse, siehe dazu unten bei Nr. 121.

(46) Jakoberkloster *(S. Jacobi, nonnencloster)* – Sign.: *Z* (im Plan findet sich dort – offenbar irrtümlich – ein *X*) – Erläuterung: Das ehemalige Nonnenkloster (Augustiner-Chorfrauen; Wien I, Riemergasse 7, Zedlitzgasse 2–4, Stubenbastei 6–12, An der Hülben 1–3, Jakobergasse 1–5, 6–8) wird – entgegen den Hinweisen in den einschlägigen Lexika[594] – nicht erst 1301, sondern schon um 1236 erwähnt. Die mittelalterliche, zweischiffige Kirche wies in der zweiten Hälfte des 16. Jahrhunderts schwere Baumängel auf, und beim Erdbeben von 1590 brachen die Gewölbe ein. Ab 1614 erfolgte auf Initiative Melchior Khlesls, des Wiener Bischofs, die Neueinwölbung. Auf der Vogelschau des Jacob Hoefnagel (1609) ist auf der Westfassade ein kleiner Dachreiter mit spitzem Turm zu sehen, den auch die Ansicht von Salomon Kleiner (1724) zeigt[595]. Die bei Andermüller zu sehenden mächtigen Türme (Dachreiter) mit barocken Zwiebelhelmen an der West- und Ostseite entsprechen sicherlich nicht der Realität (Abb. 48).

(47) Jesuiten siehe Universität

(48) Jesuiten Am Hof *(Jesuiter collegium und professhaus, aufn Hof)* – Sign.: *td* (im Plan gar nicht eingetragen, da gleich daneben mit *Dd* die Jesuitenkirche vermerkt ist) – Erläuterung: Ferdinand I. übergab 1554 das spätmittelalterliche Karmeliterkloster an

593 Art. Türkenhaus. *Wien Geschichte Wiki*; vgl. auch die Ansicht in Prämers „Architecturischer Schauplatz", vor 1680, in: Das barocke Wien 15 Nr. 8.

594 Art. St. Jakob auf der Hülben (1). *Wien Geschichte Wiki*.

595 Lohrmann–Opll, Regesten, 135 Nr. 529; Perger–Brauneis, Die mittelalterlichen Kirchen 132f., 194–201; Schedl, Klosterleben und Stadtkultur 161–183 sowie 358 Abb. 11 und 12 (Hoefnagel, 1609; Kleiner, 1724).

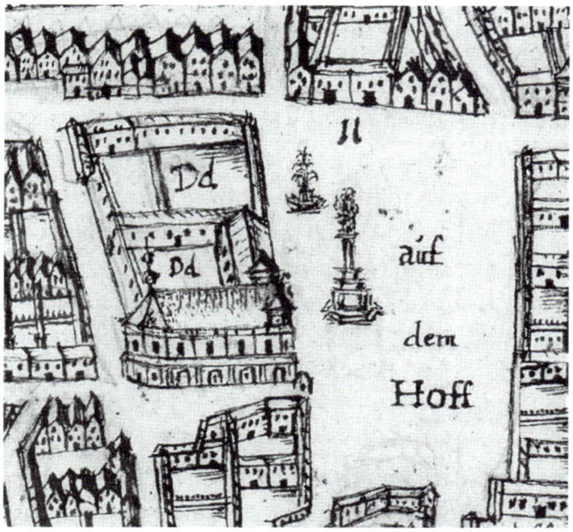


Abb. 49: Ansicht der Jesuitenkirche Am Hof mit der davor stehenden Mariensäule auf der Vogelschau des Bernhard Georg Andermüller von 1703.

die Jesuiten, von denen die Kirche wiederhergestellt wurde, die zur Unterscheidung von der Universitätskirche (siehe unten Nr. 111) als Alte bzw. Obere Jesuitenkirche (Wien I, Am Hof 1) galt. Noch 1609 (Hoefnagel-Vogelschau) wies die Kirche am Übergang vom Langhaus zum Chor einen schmalen, polygonalen (sechseckigen?) Dachreiter auf. Die prächtige, von zwei Türmen begleitete Schaufassade zum Platz Am Hof entstand 1662[596]. Auf der Andermüllerschen Vogelschau (Abb. 49) sind die beiden Türme zur Linken und Rechten der Westfassade mit niedrigen Pyramidendächern zu sehen, der Dachreiter am Anfang des Chores wird angedeutet. Auf der Ansicht der Kirche zu den 9 Chören der Engel und des Platzes Am Hof von Salomon Kleiner (1724) sind die Fassade zum Platz hin und am Ende des Kirchendachs ein Türmchen (Dachreiter?) zu sehen. – Vgl. auch hier Nr. 49.

(49) Jesuitenkirche *(Jesuiter auf dem Hoff)* – Sign.: *Dd* – Erläuterung: Siehe dazu die Hinweise oben bei Nr. 48.

(50) Johanniter- bzw. Malteserkirche *(S. Joannis baptistae, der Malteser ritter)* – Sign.: *O* – Erläuterung: Die Kirche (Wien I, Kärntner Straße bei 37) geht auf die um 1265 gestiftete Kapelle des schon um 1200 nach Wien berufenen Johanniterordens zurück und wurde in der ersten Hälfte des 14. Jahrhunderts zur Kirche ausgebaut[597]. Sowohl die Vogelschau des Jacob Hoefnagel (1609) als auch die des Folbert van Ouden-Allen (vor 1683) zeigen an der Westfassade einen schlanken Dachreiter mit Spitzdach, der bis heute in veränderter Form besteht. Andermüller dagegen bietet die Ansicht eines massiven Turms mit Zwiebelhelm an der Nordseite der Westfassade, was wohl kaum der Realität entspricht.

(51) Kapuzinerkirche *(Capuciner)* – Sign.: *Q* – Erläuterung: Unter markantem Eingriff ins städtische Gefüge wurde am Neuen Markt von 1621 bis 1623 als Stiftung Kaiserin Annas (1585–1618) mit dem Bau des Kapuzinerklosters begonnen; die Kirche war 1632 vollendet[598]. Auf der Nordseite des Daches unweit der Westfassade wächst bei Andermüller ein Dachreiter bekrönt mit Zwiebelturm empor, der auf der Ansicht des Neuen

[596] Perger–Brauneis, Die mittelalterlichen Kirchen 132f.; Art. Jesuitenkirche. *Wien Geschichte Wiki.*

[597] Art. Malteserkirche. *Wien Geschichte Wiki.*

[598] Art. Kapuzinerkloster. *Wien Geschichte Wiki*; Art. Kapuzinerkirche. *ebd.*

Marktes von Salomon Kleiner (1724) und auch später (Vogelschau des Joseph Daniel Huber, 1773) nicht zu sehen ist (siehe oben S. 77 Abb. 10).

(52) Kaunitz, Graf von -, Reichsvizekanzler *(Graf von Kaunitz, reichsvicecantzler)* – Sign.: *qq* – Erläuterung: Infolge diverser Umbauten älterer Häuser entstand hier (Wien I, Freyung 1/Strauchgasse 2) ein Besitzkomplex von zwei Häusern, der ab 1694 zur Gänze im Besitz des Grafen Dominik Andreas Kaunitz (1655–1705) war[599].

(53) Klosterneuburger (oder Neuberger?) Hof (*Neuburger hoff gegen dem keyserlichen zeughause*) – Sign.: *Ss* (im Plan findet *ss* für das Bürgerliche Zeughaus – zwischen Tiefem Graben und Färbergasse – Verwendung; ein zweites Mal findet sich *ss*, wobei der erste Buchstabe ein langes *ſ* ist, an der Seilerstätte nahe dem mit *Tt* bezeichneten kaiserlichen Zeughaus) – Erläuterung: Da sich der Hof des Stiftes Klosterneuburg in Wien seit 1604 in der Renngasse (Wien I, Renngasse 10)[600] befand, liegt hier auf dem Andermüllerschen Plan entweder ein Versehen vor, oder er meinte den Hof des Zisterzienserklosters Neuberg an der Mürz (Wien I, Schulerstraße 16), der sich allerdings nicht an der Stelle nahe der östlichen Stadtmauer Wiens befand, wo die Signatur *Ss* im Plan zu sehen ist[601].

(54) Königinkloster *(Das konigliche nonnen closter zu den Engeln)* – Sign.: *Ll* – Erläuterung: Die Gründung dieses Clarissenklosters (Wien I, Josefsplatz 5, Bräunerstraße 11–13, Stallburggasse 1–3, Dorotheergasse 16–18) geht auf Elisabeth (1554–1592), Königin von Frankreich, 1582/83 zurück. Der Chor war zur Dorotheergasse gerichtet, wie der Vergleich etwa mit dem Steinhausen-Plan von 1710 zeigt; die Darstellung auf der Andermüller-Vogelschau ist daher falsch (siehe oben S. 75 Abb. 8)[602].

(55) Lamberg, Graf Franz Josef von *(Graf Frantz Joseph von Lamberg)* – Sign.: *ff* (ein *ee* findet sich in der Legende nicht, ist aber so im Plan vermerkt!) – Erläuterung: Das spätere Dicasterialgebäude (Wien I, Freyung 5/Teinfaltstraße 1) bestand ursprünglich aus drei Häusern, die nach 1664 in den Besitz der Familie Lamberg kamen[603].

(56) Landhaus *(Landhauss)* – Sign.: *d* – Erläuterung: Der Bau des Landhauses (Wien I, Herrengasse 13, Minoritenplatz 7) begann bald nach der Erwerbung der älteren hier gelegenen Einzelgebäude durch die Stände im Jahre 1513[604].

(57) Landskron *(Die landscrone)* – Sign.: *No 12* – Erläuterung: Dieses Haus am Nordende des Kienmarktes, des heutigen Wildpretmarkts (Wien I, Landskrongasse 1–3), ist seit 1376 mit seinem Hausnamen „Die Landskron" belegt[605]. Da die Ansicht des hier als „Kienmarkt" bezeichneten Platzes von Salomon Kleiner (1724) den Blick nach Süden, somit direkt von dem Haus „Die Landskron" aus bietet, ist das Gebäude selbst darauf nicht zu sehen.

(58) Laurenzerkloster *(S. Laurentii, nonnencloster)* – Sign.: *Cc* – Erläuterung: Das seit 1302 fassbare Dominikanerinnenkloster, später Augustiner-Chorfrauenstift (heute: Bereich Wien I, Fleischmarkt 19) erhielt ab 1630/38 einen 1685 noch nicht vollkommen abgeschlossenen Neubau. Der schlanke Turm in Form eines Dachreiters an der Westseite

599 Art. Palais Hardegg. *Wien Geschichte Wiki.*

600 Art. Klosterneuburger Hof. *Wien Geschichte Wiki.*

601 Zum Neuberger Hof. *Wien Geschichte Wiki.* – Im Häuserverzeichnis von Johann Jordan von 1701 (Jordan, Schatz / Schutz / und Schantz 98) heißt es: „Der Closter Neubergerische Hoff / eben zu solchem Closter gehörig/ ein doppeltes Eckhauß."

602 Art. Königinkloster. *Wien Geschichte Wiki.*

603 Art. Dicasterialgebäude. *Wien Geschichte Wiki.*

604 Art. Niederösterreichisches Landhaus. *Wien Geschichte Wiki.*

605 Art. Landskrongasse. *Wien Geschichte Wiki*; Art. Bellegardehof. *ebd.*

ist bereits auf der Vogelschau des Jacob Hoefnagel (1609) und abermals auf der Ansicht von Salomon Kleiner (1733) zu sehen[606]. Die Darstellung bei Andermüller zeigt einen wuchtigen Turm mit Zwiebelhelm, der aus dem Dach emporragt, was in dieser Form sicher falsch ist.

(59) Liechtenstein, Fürst Adam von *(Fürst Adam von Lichtenstein)* – Sign.: *No 17* – Erläuterung: Nach Ausweis der Besitzverhältnisse kann es sich hier nur um das Gebäude Wien I, Herrengasse 6–8 (ident mit Wallnerstraße 5–7 und Fahnengasse 2) handeln, das seit der Mitte des 15. Jahrhunderts zum Teil in liechtensteinischem Besitz war. Im 17. Jahrhundert erwarben die Liechtensteiner weitere Häuser auf diesem Grundstück. Durch den Komplex hindurch führte die Brunngasse, die nicht mit der heutigen Fahnengasse ident ist, sondern die Wallnerstraße zwischen Haarhof und Neubadgasse erreichte. Die Situation hat sich infolge der Errichtung des Palais Liechtenstein durch Fürst Alois Liechtenstein (1792) nachhaltig gewandelt[607].

(60) Liechtenstein, Fürst Johann Adam Andreas von *(Fürst Johann Adam Andre von Lichtenstein)* – Sign.: *o* – Erläuterung: Hier handelt es sich um das Liechtensteinsche Majoratshaus (Wien I, Minoritenplatz 4, Bankgasse 9, Abraham-a-Sancta-Clara-Gasse 1 und Löwelstraße 10), das 1694 Dominik Andreas Graf Kaunitz zu bauen begonnen hatte, das aber noch im selben Jahr von Johann Adam I. von Liechtenstein (1657/62–1712) erworben wurde, der es bis 1705 fertigstellen ließ[608].

(61) Magdalenenkirche (*S. Maria Magdalena und Elisabeth*) – Sign.: *X* (ein *X* findet sich irrtümlich auch zur Bezeichnung des Jakoberklosters an der östlichen Stadtmauer, siehe oben Nr. 46) – Erläuterung: Errichtet um 1300 über der Virgilkapelle am Stephansplatz[609]. Der aus der Nordseite des Daches über dem Nordeingang emporwachsende Dachreiter ist auf der Vogelschau des Jacob Hoefnagel (1609) und auch bei Andermüller zu sehen (Abb. 50).

(62) Malefizpersonen, Amtshaus der *(Ambthauss der malefitzpersonen)* – Sign.: *No 6* – Erläuterung: Diente von 1368–1785 als Kriminalgefängnis (ehemals Wien I, Rauhensteingasse 10) und wurde 1608 und abermals 1722 neu erbaut. Einen Eindruck von der Fassade zur Rauhensteingasse schräg gegenüber der Klosterkirche St. Agnes zur Himmelpforte mit einer erst 1722 darauf angebrachten Kreuzigungsgruppe, die bis heute in der Mariahilfer Kirche zu sehen ist, bietet die Ansicht dieses Klosters von Salomon Kleiner (1724)[610]. Bei Andermüller ist das Gebäude auffälligerweise nur als Grundriss eingezeichnet.

(63) Margaretenhof *(Der Margarethenhoff)* – Sign.: *Xx* (diese Signatur fehlt im Plan!) – Erläuterung: Seit dem frühen 14. Jahrhundert bezeugter bürgerlicher Hof mit Hauskapelle (ehemals Wien I, Bereich Bauernmarkt 2A oder 4 südlich des Gundelhofs, zu die-

---

606 Art. Laurenzergebäude. *Wien Geschichte Wiki.*

607 Harrer, Wien 7 124–130; Haider, Verlorenes Wien 19–23; Art. Brunngasse 1. *Wien Geschichte Wiki.*

608 Harrer, Wien 7 227–230; Art. Liechtensteinsches Majoratshaus (1, Bankgasse 9). *Wien Geschichte Wiki.*

609 Perger–Brauneis, Die mittelalterlichen Kirchen 69–72; Die Virgilkapelle in Wien. Baugeschichte und Nutzung; Art. Maria-Magdalena-Kapelle. *Wien Geschichte Wiki.*

610 Art. Amtshaus (1, Rauhensteingasse 10). *Wien Geschichte Wiki.* Art. Mariahilfer Kirche. *Wien Geschichte Wiki.* Ansicht des Salomon Kleiner von 1724 bei Schedl, Klosterleben und Stadtkultur 361 Abb. 17 und bei Fischer (Red.), Blumen des Bösen 1 128f., sowie bei Fischer-Martin–Fischer (Red.), Blumen des Bösen 544–546 Nr. 06,351 (Das Haus des Scharfrichters).

Abb. 50 (l.o): Ansicht der Maria-Magdalenen-Kirche bei St. Stephan auf der Vogelschau des Bernhard Georg Andermüller von 1703.

Abb. 51 (l.u.): Ansicht von Maria am Gestade auf der Vogelschau des Bernhard Georg Andermüller von 1703.

Abb. 52 (r.): Ansicht der Michaelerkirche auf der Vogelschau des Bernhard Georg Andermüller von 1703.

sem siehe unten Nr. 107), die vielleicht bereits um 1250/60 gestiftet wurde[611]. Die Lage des Hofes erhellt aus dem Steinhausen-Plan von 1710.

(64) Maria am Gestade *(S. Marien zur stiegen)* – Sign.: *K* – Erläuterung: Das seit der ersten Hälfte des 12. Jahrhunderts bestehende Gotteshaus am Steilabhang zur Donau (Wien I, Salvatorgasse bei 12) bildet mit seinem durchbrochenen Turmhelm von 1419/28 eine echte „landmark“ in der Wiener Kirchenlandschaft[612]. Eindrucksvolle wie zugleich realitätsnahe Darstellungen vor allem des Turms bieten Jacob Hoefnagel (1609), Folbert van Ouden-Allen (vor 1683) und auch die Andermüllersche Vogelschau (Abb. 51).

(65) Melker Hof *(Mölckerhoff)* – Sign.: *gg* – Erläuterung: Der Stiftshof des Klosters Melk (Wien I, Schottengasse 3–3A, Mölker Steig 4, Schreyvogelgasse 4) geht auf eine Erwerbung des Jahres 1438 zurück und trägt seine Bezeichnung seit 1510[613].

---

611 Perger–Brauneis, Die mittelalterlichen Kirchen 274f.; Art. Margarethenkapelle (1). *Wien Geschichte Wiki*; Opll–Scheutz, Schlierbach-Plan 125 Nr. 93.

612 Art. Maria am Gestade. *Wien Geschichte Wiki.*

613 Art. Melkerhof (1). *Wien Geschichte Wiki.*

Abb. 53: Ansicht der Minoritenkirche auf der Vogelschau des Bernhard Georg Andermüller von 1703.

(66) Michaelerkirche *(S. Michaelis)* – Sign.: *H* – Erläuterung: Die auf dem gleichnamigen Platz gelegene Kirche wurde in der ersten Hälfte des 13. Jahrhunderts errichtet und war spätestens 1276 Sitz einer eigenen Pfarre[614]. Ähnlich wie bei Maria am Gestade (oben Nr. 64) darf auch der an der Südwestecke befindliche polygonale Turm als „landmark" der Wiener Kirchenlandschaft gelten; nach dem Vergleich mit der Ansicht von Salomon Kleiner (1724) ist zu erkennen, dass Andermüller hier eine realitätskonforme Darstellung bietet (Abb. 52).

(67) Michaelerplatz *(Michaelerplatz)* – Sign.: *No 9*

(68) Minoritenkloster *(Minoritencloster)* – Sign.: *h* – Erläuterung: Das am gleichnamigen Platz der Wiener Innenstadt gelegene Kloster geht auf eine bürgerliche Stiftung von 1224 zurück. Die Kirche selbst wird 1251 als Kapelle erwähnt, wurde unter Ottokar II. Přemysl ausgebaut und erhielt im 14. Jahrhundert mehrere Anbauten, darunter den weit nach Osten vorspringenden Ludwigschor, und ein neues Langhaus. Von dem nach Zerstörungen bei der osmanischen Belagerung Wiens von 1683 zwei Jahre später errichteten Notdach des seiner polygonalen (sechseckigen) Form nach gleichfalls mittelalterlichen Turms in Form einer „Mütze" ist auf der Andermüllerschen Vogelschau (Abb. 53) nichts mehr zu erkennen[615]. Als Bekrönung des Turms zeigen Folbert van Ouden-Allen und auch Andermüller Zwiebelhelme, während sie dies auf der Ansicht des Salomon Kleiner in veränderter Form präsentiert.

(69) Minoritenkloster *(Minoriten hinter dem Landhause)* – Sign.: *Nn* (im Plan aus *hn* korrigiert; die Verschreibung resultiert offenbar aus der unmittelbar daneben befindlichen Signatur *h* für das Minoritenkloster) – Erläuterung: Siehe dazu die Hinweise oben bei Nr. 68.

---

[614] Art. Michaelerkloster. *Wien Geschichte Wiki*; siehe auch BUCHINGER, Die Gründungsüberlieferung; BUCHINGER–SCHÖN–SCHWARZ, Der Bau; SCHWARZ–BUCHINGER, Die Portale; BUCHINGER, Der Wiederaufbau; ROHATSCH–HODITS, Baugesteine; BUCHINGER–SCHÖN, Bautätigkeit; ROHATSCH, Gesteinskundliche Untersuchungen; BUCHINGER–SCHÖN, Bauvollendung; BUCHINGER–SCHÖN, Baumaßnahmen; ESSER–STYHLER-AYDIN, Dachwerk.

[615] Art. Minoritenkloster. *Wien Geschichte Wiki*; Art. Minoritenkirche. *ebd.*

(70) Mollard, Graf von *(Graf von Mollarth)* – Sign.: *c* – Hier (Wien I, Herrengasse 9) kaufte sich der Kämmerer Peter von Mollard († 1576) im 16. Jahrhundert an, und das Gebäude war seit 1691 das gräflich Mollardsche Fideikommisshaus. Franz Max Graf Mollard, der Landmarschall von Niederösterreich, ließ sich hier 1696–1698 ein barockes Palais errichten[616].

(71) Montecuccoli, Fürst *(Fürst Montecuculi)* – Sign.: *x* – Erläuterung: Ein Teil des Gebäudes (Wien I, Schenkenstraße 8–10, ident mit Rosengasse 1) kam 1624 durch Kauf an den Hofkriegsrat Ernst Graf von Montecuccoli (1582–1633). Ab 1672 stand es im Besitz des Grafen Raimund Montecuccoli, von dem es 1681 an seinen Sohn Leopold Philipp (1663–1698) überging[617]. Das Gebäude weist auf der Andermüllerschen Vogelschau zwei Innenhöfe auf.

(72) Münzschmelzhütten im Graben bei der Wasserkunstbastei *(Die müntzschmeltzhütten im graben bey der Wasserkunstpastey)* – Sign.: *No 18* – Erläuterung: 1675 wurde hier (heute etwa der Bereich Wien I, Hegelgasse 13–21) die Münzstätte als ebenerdiges Gebäude errichtet[618]. Geht man von einer wirklichkeitsgetreuen Darstellung auf der Andermüller-Vogelschau aus, dann handelte es sich um vier Hütten.

(73) Nikolaikloster *(S. Nicolai, nonnencloster)* – Sign.: *T* – Erläuterungen: An der Stelle des ehemaligen Zisterzienserinnenklosters (Wien I, Singerstraße 13–15, Grünangergasse 10–12, Nikolaigasse 1 und 2) aus der zweiten Hälfte des 13. Jahrhunderts wurde nach verschiedenen Zweckbestimmungen 1625 von Kaiserin Eleonora (Gonzaga, 1598–1655) ein Clarissenkloster gegründet, dessen Kirche mit der Front zur Singerstraße 1652–1653 neu erbaut und dabei um einen in die Grünangergasse reichenden polygonalen Chor erweitert wurde[619]. Der Dachreiter im Westen des Langhauses wird bei Andermüller irrtümlich in Form eines an der Nordseite der Kirche vom Boden her aufragenden wuchtigen Turms mit Zwiebelhelm dargestellt. Sein tatsächliches Aussehen gibt die Ansicht von Salomon Kleiner (1724) wieder.

(74) Nuntiatur, Päpstliche, Am Hof *(Päpstlichen nuntii aufm Hoff)* – Sign.: *No 11* – Erläuterung: Das Gebäude an der Stelle der nach 1575 aufgelassenen Pankrazkapelle (Wien I, Am Hof 4, Naglergasse 24) kam 1630 als Geschenk an den Papst als Sitz für dessen Nuntius in Wien[620].

(75) Pálffy, Graf *(Graf Palfi)* – Sign.: *u* – Erläuterung: Ein Teil des heutigen Gebäudes (Wien I, Schenkenstraße 12) gehörte seit 1683 dem Grafen Niklas Pálffy, in dessen Familie es beinahe 200 Jahre als Besitz verblieb[621].

(76) Päpstliche Nuntiatur siehe Nuntiatur

(77) Peterskirche *(S. Petri Kirch, anno 800 von Carolo magno erbauet, anno 1701 von kayser Leopoldo viel prächtiger aufgeführet)* – Sign.: *L* – Erläuterung: Der barocke Neubau der Peterskirche auf dem gleichnamigen Platz der Wiener Innenstadt begann exakt in den Jahren von Andermüllers Aufenthalt in Wien und muss auf ihn großen Eindruck gemacht haben. Gegenüber den Angaben in den einschlägigen Lexika[622] spricht Andermüller von

---

616 Art. Herrengasse 9. *Wien Geschichte Wiki*; Art. Clary-Mollard-Palais. *ebd.*

617 Harrer, Wien 7 183–189; vgl. auch die Ansicht in Prämers „Architecturischer Schauplatz“, vor 1680, in: Das barocke Wien 14 Nr. 7.

618 Art. Nikolaikloster. *Wien Geschichte Wiki*; Art. Münzstätte. *ebd.*

619 Schedl, Klosterleben und Stadtkultur 95–143; Art. Nikolaikloster. *Wien Geschichte Wiki.*

620 Haider, Verlorenes Wien 44–47; Art. Nuntiaturgebäude. *Wien Geschichte Wiki.*

621 Harrer, Wien 7 189–192.

622 Siehe Art. Peterskirche. *Wien Geschichte Wiki.*

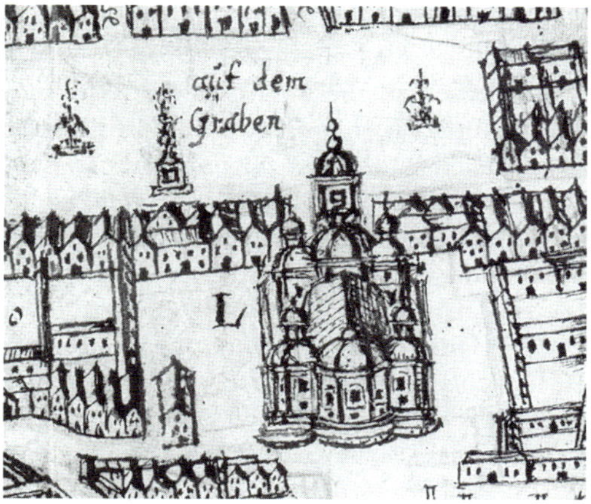


Abb. 54: Ansicht der Peterskirche auf der Vogelschau des Bernhard Georg Andermüller von 1703.

einem Baubeginn bereits 1701. Da er die Fertigstellung des Rohbaus (1708) nicht mehr gesehen hat, ist seine Darstellung wohl als Annäherung an das später erreichte Aussehen zu interpretieren. Gegenlesen lässt sich die Darstellung auf Andermüllers Vogelschau am besten durch die Ansicht bei Salomon Kleiner von 1724, welche in der Legende 1702 als den Anfang der Bauarbeiten nennt und an der barock einspringenden Südfassade die beiden bis heute vorhandenen zwei Ecktürme zeigt, die bei Andermüller nicht erscheinen (Abb. 54).

(78) Philipps- und Jakobskapelle im Kölner Hof *(S. Philippi und Jacobi im Cöllnerhoff)* – Sign.: *Pp* (im Plan selbst *pp*; ein *pp* findet sich aber auch an der NW-Seite der Herrengasse beim heutigen Palais Harrach) – Erläuterung: Diese Kapelle (ehemals Wien I, Lugeck 3, ident mit Köllnerhofgasse 1) geht auf eine Stiftung des Kaufherrn Seifrid Leubel in seinem Hause, dem späteren Kölner Hof (14. Jahrhundert), aus dem Jahre 1289 zurück[623]. Das Gebäude der Kapelle selbst ist auf der Andermüllerschen Vogelschau nicht zu sehen.

(79) Polheim, Graf *(Graf Polheim)* – Sign.: *e* – Erläuterung: Das Gebäude (Wien I, Herrengasse 15) war 1620 konfisziert und dann an Gundacker von Polheim (1575–1644) verkauft worden. Noch 1700 bezeichnete man es als das „Polhaimbsche Haus“, obwohl es damals bereits Susanne Gräfin Neudegg (Neydeck) gehörte[624].

(80) Porcia, Fürst von *(Fürst von Porcia)* – Sign.: *cc* – Erläuterung: Das Palais (Wien I, Herrengasse 23) wurde in der Mitte des 16. Jahrhunderts für den Grafen von Salamanca-Ortenburg erbaut und gelangte 1667 in den Besitz des Fürsten Johann Karl von Porcia. Ab 1698 stand es im Besitz des Hieronymus Ascanus Graf von Porcia († 1712) in Friaul[625]. Auf der Vogelschau Andermüllers ist im Trakt an der Herrengasse ein aus der Fassade emporwachsender Giebelaufsatz zu erkennen.

(81) Postamt, Kaiserliches *(Das keyserliche postambt beym Stubenthor)* – Sign.: *Yy* (Signatur fehlt auf dem Plan!) – Erläuterung: Das alte Postgebäude (Briefpost), das als Ge-

623 Perger–Brauneis, Die mittelalterlichen Kirchen 275; Art. Kölner Hof. *Wien Geschichte Wiki.*

624 Harrer, Wien 7 109–111.

625 Harrer, Wien 7 122–124; Art. Palais Porcia. *Wien Geschichte Wiki.*

bäude bereits 1420 erwähnt wird (damals: herzoglicher Münzhof)[626], lag in einem Durchhaus von der Wollzeile zum Jakoberkloster bzw. – heute – zur Schulerstraße (Wien I, Wollzeile 30). Hierher kam 1781 die Verwaltung der k. k. Briefpost, die dort bis zur Vereinigung mit der Hauptpost verblieb. 1570 kam das Postregal in den Erbländern als erbliches Lehen an die Reichsgrafen Paar, und das „Obriste Hofpostmeisteramt" als oberste Postbehörde entstand; die Kanzleien und Stallungen des Erblandpostmeisters waren im Paarpalais (1, Wollzeile 30) untergebracht. Das Hofpostamt („Briefpost") übersiedelte um 1700 in die Große Schulerstraße und 1849 ins ehemalige Hauptmautgebäude (Hauptpostgebäude = I, Postgasse 10)[627].

(82) Questenberg, Graf von *(Graf von Questenberg)* – Sign.: *No 5* – Erläuterung: Das Palais (Wien I, Johannesgasse 5–5a) wurde ab 1701 für den Reichshofrat Johann Adam Graf Questenberg (1678–1752) erbaut[628].

(83) Raab, Bischof siehe Sachsen-Zeitz

(84) Rabutin, Palais des Grafen Rabutin-Kinsky *(Graff Rabutin, gegen dem Bischofshoff über)* – Sign.: *Zz* (Signatur fehlt auf dem Plan!) – Erläuterung: Seit 1694 stand dieses Objekt (Wien I, Wollzeile 1/Rotenturmstraße 4) im Besitz von Jean-Louis de Bussy-Rabutin (1642–1717) und von Dorothea Elisabeth, Erbin zu Nordtwegen, Herzogin zu Schleswig-Holstein, Gräfin zu Olderndorff und Dillmannhorst, verehelichte Rabutin. Sie machte das Haus durch ihre eleganten Soireen, welche sie allwöchentlich zweimal gab, zum Mittelpunkt des damaligen geistigen Wien. Auch Prinz Eugen gehörte zu ihren Besuchern, und die namhaftesten Künstler und Gelehrten fanden sich bei ihr ein. Sie gab auch in Modefragen den Ton an. Man trug Kleider à la Rabutin, Kopfputz à la Rabutin und vieles mehr. Von ihr sprachen alle Fremden, und auch Lady Montague (1690–1760) erwähnte sie in ihren Briefen vom Jahr 1716. Dort heißt es: „Der Umgang ist ein ganz ungezwungener, Madam Rabutin, eine Dame von bestem Ton, spricht mit Niemanden insbesondere, sondern mit allen gleichmäßig, erwidert auch die Besuche nicht. Und wer nur will, mag sie ansprechen, ohne erst förmlich vorgestellt zu werden. Die Gesellschaft wird mit Chocolade, Eis, Confituren und sonstiger kalter Küche bewirtet. Dann verteilt sie zum L'Hombre, Piquer oder zur mündlichen Conversation." 1704 verkaufte sie den Hof an den geheimen Konferenzrat, königlichen Statthalter und obersten Kanzler im Königreich Böhmen, Grafen Wenzel Norbert Oktavian Kinsky (1642–1719), doch behielt sie auch weiterhin ihre Wohnung dortselbst bei und starb dort am 18. Juli 1725 im 80. Lebensjahr[629].

(85) Rathaus *(Rathhauss)* – Sign.: *Ef* (sic!; Fehler, da eigentlich *Ff* zu erwarten wäre) – Erläuterung: Das Gebäude in der Wipplingerstraße (Wien I, Wipplingerstraße 8, Stoß im Himmel 2, Salvatorgasse 7) ist zweimal auf der Andermüller-Vogelschau (siehe unten Nr. 86) vermerkt, was auch bei anderen Objekten vorkommt (siehe etwa in dieser Liste unter den Nrr. 28 und 29: Franziskanerkloster; unter Nrr. 48 und 49: Jesuiten Am Hof; oder unter Nrr. 118 und 119: Kaiserliches Zeughaus in der Seilerstätte). In den Jahren von Andermüllers Wien-Aufenthalt begann die Barockisierung des Rathauses, doch ist die barocke Hauptfassade zur Wipplingerstraße hin auf der gesüdeten Vogelschau naturgemäß nicht zu sehen[630].

[626] Haider, Verlorenes Wien 32–36; Art. Altes Postgebäude. *Wien Geschichte Wiki.*

[627] Art. Altes Postgebäude. *Wien Geschichte Wiki.*

[628] Art. Questenbergpalais. *Wien Geschichte Wiki.*

[629] Haider, Verlorenes Wien 29–31; Art. Rotenturmstraße 4. *Wien Geschichte Wiki.*

[630] Zum Rathaus selbst vgl. Art. Altes Rathaus. *Wien Geschichte Wiki*; Scheutz, In steter Auseinandersetzung 343–353.

(86) Rathaus *(Statt- und rathauss)* – Sign.: *xx* (Signatur fehlt auf dem Plan!) – Erläuterung: Siehe dazu die Hinweise oben bei Nr. 85.

(87) Rosenberg, Graf von *(Graf von Rosenberg)* – Sign.: *Aa* (sic!, wohl nur deshalb mit Großbuchstaben in der Legende, weil ab hier die verdoppelten Buchstaben beginnen; ab dem *bb* wird beides klein geschrieben) – Erläuterung: Ein Teil dieses aus drei Gebäuden bestehenden Objekts (Wien I, Herrengasse 19 und Bankgasse 2) kam 1683 durch kaiserliche Überlassung an den wirklichen Geheimen Rat und Hofkammerpräsidenten Andre von Orsini-Rosenberg († 1698) und blieb bis 1766 in Familienbesitz. Erst nach 1712 ließ sich die Familie hier durch Johann Bernhard Fischer von Erlach ein Palais errichten[631]. Auf der Vogelschau Andermüllers ist im Trakt an der Herrengasse ein als Dachreiter ausgeführter Turm mit barockem Zwiebelhelm zu erkennen.

(88) Rossmarkt siehe Stock im Eisen

(89) Sachsen-Zeitz, Fürst von, Bischof von Raab *(Fürst von Sachsen-Zeitz, Raaber bischof)* – Sign.: *nn* – Erläuterung: Das Gebäude (Wien I, zwischen Wipplingerstraße 21 und Tiefem Graben 22–24) wurde 1699 von Fürst Christian August (1666–1725), Bischof von Raab (Győr), Herzog von Sachsen-Zeitz, Landgraf in Thüringen und Markgraf zu Meißen, Ober- und Niederlausitz erworben. 1704 schenkte er es den Theatinern, damit diese hier ihr Kloster errichten konnten. Bis 1707 entstand das durchaus luxuriöse Gebäude, das auch bei Salomon Kleiner (1724) wiedergegeben ist[632]. Völlig zu Recht zeichnete es Andermüller auf seiner 1703 entstandenen Vogelschau noch als adeligen Besitz ein.

(90) Salvatorkirche *(S. Salvatoris)* – Sign.: *EE* (im Plan als *Ee* eingetragen!) – Erläuterung: Die Kirche geht auf die 1298 erwähnte Hauskapelle des Wiener Ritterbürgergeschlechts der Haimonen (Wien I, Salvatorgasse 5), eine Liebfrauenkapelle, zurück und erfuhr im 14. Jahrhundert im Kontext des hierher verlegten Rathauses mehrfach Erweiterungen. Aus dem frühen 16. Jahrhundert stammt das Nordportal, eines der seltenen Denkmale der Renaissance in Wien[633].

(91) Savoyen, Prinz Eugen von *(Printz Eugenius von Savoyen)* – Sign.: *No 4* – Erläuterung: Das sogenannte Winterpalais (Wien I, Himmelpfortgasse 8) des Savoyer Prinzen (1663–1736) wurde 1695–1698 durch Johann Bernhard Fischer von Erlach erbaut. Die Bauleitung ging 1702 an Johann Lukas von Hildebrandt über, der ab 1708 mehrfach Erweiterungen vornahm[634].

(92) Schmelzhütte siehe Münzschmelzhütte

(93) Schöner Brunnen *(Beym Schönenbrunnen)* – Sign.: *No 13* – Erläuterung: Der Brunnen an dieser Stelle (Wien I, Abzweigung Tuchlauben 8/Kühfußgasse) ist seit 1436 belegt[635].

(94) Schottenkirche *(Zu den Schotten, kirch und abtey)* – Sign.: *I* – Erläuterung: Die Kirche der 1155 als ältestes Wiener Kloster gegründeten Benediktinerabtei (Wien I, Freyung 6A) wurde 1638–1648 neu erbaut und nach Beschädigungen während der osmanischen Belagerung Wiens im Jahre 1683 1686–1690 restauriert[636]. Andermüller zeigt sie

---

631 Harrer, Wien 7 117–121.

632 Haider, Verlorenes Wien 48–50; Art. Zum alten Babenberger-Stadttor. *Wien Geschichte Wiki*; Art. Theatinerkloster. *Ebd.*

633 Perger–Brauneis, Die mittelalterlichen Kirchen 275; Art. Salvatorkirche. *Wien Geschichte Wiki.*

634 Art. Winterpalais. *Wien Geschichte Wiki.*

635 Art. Schönbrunnerhaus. *Wien Geschichte Wiki.*

636 Perger–Brauneis, Die mittelalterlichen Kirchen 95–122; Art. Schottenkirche. *Wien Geschichte*

Abb. 55: Ansicht der Schottenkirche auf der Vogelschau des Bernhard Georg Andermüller von 1703.

– ähnlich der Ansicht auf der Vogelschau des Folbert van Ouden-Allen (vor 1683) – mit dem durch barocken Zwiebelhelm bekrönten Turm im Osten und den beiden die Westfassade flankierenden Türmen – insgesamt Ergebnisse des Neubaus vor der Mitte des 17. Jahrhunderts (Abb. 55).

(95) Schranne *(Schrane oder gerichtshauss)* – Sign.: *zz* – Erläuterung: Das städtische Gerichtsgebäude ist seit 1325 (ehemals Wien I, Hoher Markt 11) zu fassen und wurde 1437/41 an eine andere Stelle desselben Platzes (ehemals Hoher Markt 5/Tuchlauben 22) verlegt. Bereits 1438 ist überliefert, dass Stufen an der Schranne errichtet wurden – die Freitreppe ist bildlich in einwangiger Form (Aufgang von Osten her) auf der Vogelschau des Jacob Hoefnagel (1609) erstmals zu sehen. Wohl im Zuge des Neubaus der Schranne in den Jahren 1630 bis 1635 entstand dann die auf der Andermüllerschen Vogelschau und später auch bei Adam Delsenbach (1715) und Salomon Kleiner (1725) zu sehende doppelwangige Freitreppe, die erst beim abermaligen Neubau zwischen 1740 und 1743 beseitigt wurde[637].

(96) Schwarzenberg, Fürsten von *(Fürsten von Schwartzenberg)* – Sign.: *No 2* – Erläuterung: Das Objekt (Wien I, Kärntner Straße 26, Marco-d'Aviano-Gasse 1, Neuer Markt 8–8a, Tegetthoffstraße 1) hatte sich Johann Baptist Graf Verdenberg (1582–1648) 1639 aus mehreren älteren Häusern errichten lassen. Es kam ab 1674 im Wege der Anmietung, 1688 durch Kauf an die Grafen Schwarzenberg, die es 1701–1705 zu einem barocken Palais umgestalten ließen[638]. Auch hier war Andermüller – wie dies gleichfalls für St. Peter (hier in der Liste Nr. 77) gilt – Augenzeuge umfassenderen Baugeschehens. Er zeigt auf seiner Vogelschau einen mächtigen Bau mit drei zum Neuen Markt gewandten Portalen, wobei über den beiden äußeren jeweils ein Giebel über die Dachneigung emporragt. Im

*Wiki.*

637 Art. Schranne. *Wien Geschichte Wiki*; Perger, Baugeschichte; Buchinger–Schön, Die Baugeschichte der Wiener Schranne.

638 Haider, Verlorenes Wien 24–28; Art. Schwarzenbergpalais (1). *Wien Geschichte Wiki.*

Vergleich mit der Ansicht des Neuen Marktes von Salomon Kleiner ist jedenfalls zu konstatieren, dass Andermüller hier noch das Aussehen vor dem barocken Umbau wiedergibt.

(97) Schwarzentor, Zum *(Zum Schwartzenthor)* – Sign.: *g* – Erläuterung: Dieser Hausname ist für einen Teil dieses in bürgerlichem Besitz stehenden, einstöckigen Gebäudes (Wien I, Herrengasse 17) 1658 erstmals belegt; zwei Jahre später wurde es mit dem Nachbarhaus zu einem zweistöckigen Haus vereinigt, mit dem die Weinschankgerechtigkeit verbunden war[639].

(98) Siebenbüchnerinnenkloster (*Carmeliter nonnen zu S. Ioseph, item zum VII. büchern*) – Sign.: *Gg* – Erläuterung: 1628 stiftete Kaiserin Eleonora hier (ehemals Wien I, Marc-Aurel-Straße 7–9 und 8–12, Salzgries 1–3, Vorlaufstraße 4) ein Karmelitinnenkloster, dessen Kirche 1640 eingeweiht wurde[640]. Der Gesamtkomplex des Klosters ist erstmals auf dem Suttinger-Plan (1684) zu sehen, allerdings ohne präzisen Grundriss der Kirche. Der Plan des Werner Arnold Steinhausen (1710) zeigt ein Nord-Süd-ausgerichtetes Langhaus mit gerade geschlossenem Chor im Norden. Der auf der Andermüllerschen Vogelschau zu sehende massive Turm mit barockem Zwiebelhelm an der nach Süden gerichteten Eingangsseite der Kirche ist in der sonstigen Bildüberlieferung nicht zu verifizieren (siehe oben S. 79 Abb. 11).

(99) Sinzendorf, Theodor Graf von *(Theodor graf von Sintzendorf)* – Sign.: *l* – Erläuterung: Ein Teil des heutigen Objekts (Wien I, Minoritenplatz 3, Metastasiogasse 2 und Löwelstraße 8) gelangte 1684 in den Besitz des Grafen Theodor von Sinzendorf († 1706)[641]. Auf der Andermüllerschen Vogelschau weist das Gebäude zwei Innenhöfe auf, und über dem zum Minoritenplatz gerichteten Trakt des westlicheren der beiden Gebäudeteile wächst über dem Portal ein Giebel aus der Hausfassade.

(100) Spanische Botschaft *(Spanischen botschafter)* – Sign.: *q* – Erläuterung: Das Gebäude (Wien I, Teil von Bankgasse 10, ident mit Löwelstraße 12 und Schenkenstraße 7) war in der Zeit nach 1586 bis 1725 Sitz der Spanischen Botschaft[642]. Nach dem Andermüllerschen Plan lag es neben dem Palais Flasching in der Bankgasse (siehe oben Nr. 26).

(101) Stadtgasthaus *(Stattgasthauss)* – Sign.: *No 1* – Erläuterung: Das seit dem späten Mittelalter bestehende städtische Vorratshaus für Mehl, die Mehlgrube (Wien I, Neuer Markt 5, Kärntner Straße 22), wurde 1698 einschließlich des hier erwähnten Gasthauses neu erbaut[643].

(102) Stallburg und Hofkriegsrat *(Die keyserliche Stallburg und hofkriegsrath)* – Sign.: *Vu* (Signatur und Gebäude selbst fehlen auf dem Plan!) – Erläuterung: Die Stallburg wurde ab 1558 als Residenz (Wien I, Reitschulgasse 2, Habsburgergasse 11, Stallburggasse 5, Bräunerstraße 14) für Maximilian II. erbaut[644].

(103) Starhemberg, Graf Rüdiger Ernst von *(Graf Rüdiger Ernst von Stahremberg)* – Sign.: *m* – Erläuterung: Das Palais (Wien I, Minoritenplatz 5, Abraham-a-Sancta-Clara-Gasse 2, Bankgasse 5–7, Petrarcagasse 1) wurde 1650–1661 für Konrad Balthasar Graf Starhemberg (1612–1687) erbaut und stand dann im Besitz von dessen Sohn, Ernst

639 Harrer, Wien 7 116.

640 Art. Siebenbüchnerinnenkloster. *Wien Geschichte Wiki.*

641 Harrer, Wien 7 225–227.

642 Opll–Scheutz, Schlierbach-Plan 112 Nr. 61.

643 Art. Mehlgrube. *Wien Geschichte Wiki.*

644 Art. Stallburg. *Wien Geschichte Wiki*; Holzschuh-Hofer–Grün–Karner, Die Stallburg; Karner, Die Stallburg.

Rüdiger Graf Starhemberg (1638–1701), des Verteidigers von Wien im Jahre 1683[645]. Auch nach seinem Tod (4. Jänner 1701) stand es bis zum Ende des 18. Jahrhunderts im Besitz der Grafen Starhemberg[646]. Auf der Vogelschau Andermüllers ist im Trakt zum Minoritenplatz hin ein als Dachreiter ausgeführter Turm mit barockem Zwiebelhelm zu erkennen.

(104) Stephansdom *(S. Stephani hauptkirche)* – Sign.: *G* – Erläuterung: Das seit 1137 als Pfarrkirche konstituierte Gotteshaus bildete von allem Anfang an das geistliche Zentrum Wiens. In der zweiten Hälfte des 15. Jahrhunderts wurde es zum Sitz des Wiener Bischofs und damit Domkirche[647].

(105) Stock im Eisen, auf dem Rossmarkt *(Stock in Eisen, aufn rossmarck)* – Sign.: *No 8* – Erläuterung: Die auch bei Andermüller verwendete Doppelbezeichnung dieses Platzes an der Kreuzung von Kärntner Straße und Singerstraße kam um 1700 auf[648].

(106) Strattmann, Graf *(Graf Straetmann)* – Sign.: *r* – Erläuterung: Der Teil der heutigen Ungarischen Botschaft (Wien I, Bankgasse 4–6, ident mit Schenkenstraße 1–2) stand noch 1684 im Besitz des Adolf von Sinzendorf und gelangte dann in den Besitz des Hofkanzlers Theodor Athletus Heinrich Graf Strattmann (um 1637–1693), der sich hier 1692–1694 von Johann Bernhard Fischer von Erlach ein Palais errichten ließ[649].

(107) Thomaskapelle im Gundelhof *(S. Thomae im Gundelhoff)* – Sign.: *Hh* – Erläuterung: Das bürgerliche Haus mit Hauskapelle (ehemals Wien I, Brandstätte 5 südlich des Margaretenhofs, wie oben Nr. 63) ist seit 1343 nachweisbar, wurde aber wohl schon im 13. Jahrhundert gegründet[650]. Auf der Andermüllerschen Vogelschau ist hier ein mit barockem Zwiebelhelm bekrönter Turm am Südende des Baukomplexes zu erkennen.

(108) Traun, Graf Ernst Otto von, Landmarschall *(Graf Ernst Otto von Traun, landmarschall)* – Sign.: *pp* – Erläuterung: 1670 ließ Ernst Graf Abensberg-Traun zwei hier gelegene Häuser zu einem Palais verbauen (Wien I, Freyung 2, Herrengasse 14). Nach schweren Schäden im Jahr der Türkenbelagerung wurde das Gebäude 1700 durch einen Neubau ersetzt[651].

(109) Trautson, Graf *(Trautsohn)* – Sign.: *s* – Erläuterung: Dieses Teilgebäude der heutigen Ungarischen Botschaft (Wien I, Bankgasse 4–6, ident mit Schenkenstraße 1–2) wurde 1673 von der Witwe Maria Margarethe Trautson erworben, die es noch im selben Jahr an Johann Leopold Donat Graf von Trautson (1659–1724) vermachte, der nach 1676 hier sein Palais errichtete[652].

(110) Trauttmannsdorf, Graf Franz von *(Graf Frantz von Trautmansdorf)* – Sign.: *bb* – Erläuterung: Das Gebäude (Wien I, Herrengasse 21) wurde 1639 durch Maximilian Graf

645 Art. Starhembergpalais (1, Minoritenplatz). *Wien Geschichte Wiki*; vgl. auch die Ansicht in Prämers „Architecturischer Schauplatz“, vor 1680, in: Das barocke Wien 15 Nr. 9.

646 Harrer, Wien 7 230.

647 Art. Stephanskirche. *Wien Geschichte Wiki.*

648 Perger, Straßen 140.

649 Harrer, Wien 7 192–194; Art. Ungarische Botschaft. *Wien Geschichte Wiki.*

650 Art. Thomaskapelle. *Wien Geschichte Wiki*; Opll–Scheutz, Schlierbach-Plan 125 Nr. 94.

651 Art. Abensberg-Traun-Palais. *Wien Geschichte Wiki*; vgl. auch die Ansicht in Prämers „Architecturischer Schauplatz“, vor 1680, in: Das barocke Wien 16 Nr. 12.

652 Harrer, Wien 7 192–194; Art. Ungarische Botschaft. *Wien Geschichte Wiki*. Zu betonen ist, dass das Stadtpalais der Familie (Ecke Habsburgergasse/Stallburggasse, vgl. dazu Haider, Verlorenes Wien 51–53) auf der Vogelschau des Bernhard Georg Andermüller nicht erscheint.

Abb. 56: Ansicht der Universitätskirche auf der Vogelschau des Bernhard Georg Andermüller von 1703.

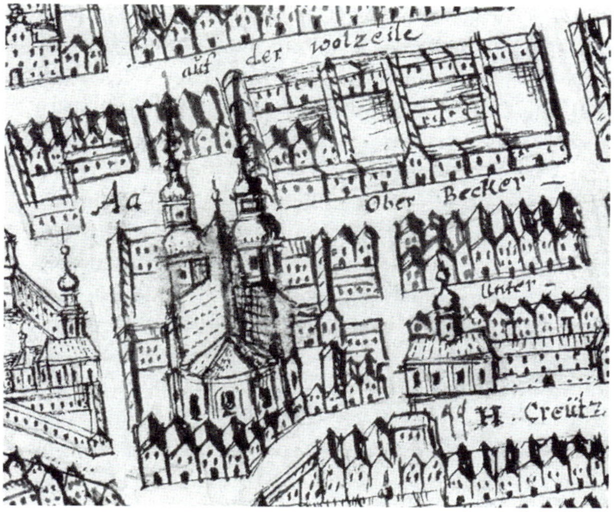


von Trauttmannsdorf (1584–1650) vom Kloster Kremsmünster erworben und war bis 1940 Fideikommissbesitz des Grafenhauses[653].

(111) Universität und Jesuitenkollegium *(Jesuiter collegium und universität)* – Sign.: *Aa* – Erläuterung: Die in der Legende nicht eigens erwähnte, im Plan aber als mächtiger Bau dargestellte Barockkirche auf dem heutigen Dr.-Ignaz-Seipel-Platz, wurde von 1623–1627 errichtet und von 1703–1707 in die heutige Form gebracht[654]. Die Andermüllersche Vogelschau (Abb. 56) bietet einen Blick auf den polygonalen Chor in der Breite des Langhauses und zeigt die beiden Türme mit Zwiebelhelmen, welche die hier nicht erkennbare Südfassade flankieren. Ebendiese Türme zeigt auch die Ansicht der Jesuitenkirche von Salomon Kleiner (1724).

(112) Ursulinenkloster *(Ursuliner kloster in der S. Johannisgasse)* – Sign.: *N* – Erläuterung: Das Ursulinenkloster (ehemals Wien I, Johannesgasse 8/Seilerstätte 26) wurde 1673–1675 erbaut[655]. Die Kombination aus dem typisch barocken Giebel über der Fassade zur Johannesgasse hin mit einem bei Andermüller freilich übertrieben massiv ausgeführten Dachreiter mit barockem Zwiebelhelm findet sich auch auf der Ansicht der Kirche von Salomon Kleiner (1724) wieder.

(113) Wagensperg, Graf von *(Graf von Wagensperg)* – Sign.: *No 14* – Erläuterung: Dieses Gebäude, das sogenannte „Schönbrunnerhaus" (Wien I, Tuchlauben 8, ident mit Kühfußgasse 1 und Milchgasse 2), stand von 1683–1703 im Besitz des Grafen Adolf von Wagensperg. Vor dem 20. Juli 1703 gelangte es an Leopold Wisendo (auch: Wiesend) Edler von Wiesenburg, der das Gebäude neu erbaute[656]. Die Bezeichnung auf der Vogelschau von 1703 zeigt, dass Andermüller noch Graf Wagensperg als Besitzer betrachtete.

---

653 Harrer, Wien 7 121f.

654 Art. Universitätskirche. *Wien Geschichte Wiki.*

655 Art. Ursulinenkirche. *Wien Geschichte Wiki.*

656 Harrer, Wien 1/II 307; Art. Schönbrunnerhaus. *Wien Geschichte Wiki*; vgl. auch die Ansicht des Salomon Kleiner von 1733 („Prospect des Visendischen Hauses unter den Tuchläden"), und dazu: Das barocke Wien 31 Nr. 57.

(114) Wallstein, Graf Karl von *(Graf Carl von Wallstein)* – Sign.: *dd* – Erläuterung: Dieses Gebäude (Wien I, Freyung 4, ident mit Rosengasse 6) wurde teilweise 1686 durch Karl Ferdinand von Wallenstein von den Grafen von Lamberg erworben, von dem es 1705 an seinen Sohn Karl Ernst Graf von Waldstein (sic!; 1661–1713) gelangte, der 1707 auch das Nachbarhaus erwerben konnte. Das barocke Palais entstand erst 1713 bis 1716 unter dem damaligen Besitzer Wirich Philipp Lorenz Daun[657].

(115) Wasserkunstbastei siehe Münzschmelzhütte

(116) Windischgrätz, Graf von *(Graf von Windischgrätz)* – Sign.: *n* – Erläuterung: Ein vom Haus des Grafen Strattmann (siehe dazu oben Nr. 106) abgetrennter Teil der heutigen Ungarischen Botschaft (Wien I, Bankgasse 4–6, ident mit Schenkenstraße 1–3) wurde von Josef Graf von Windischgrätz erworben[658].

(117) Zeughaus, Bürgerliches *(Bürger zeüghauss)* – Sign.: *ss* – Erläuterung: Das städtische Zeughaus (Wien I, Am Hof 10) wurde ab 1562 als zentrales Depot für die städtischen Waffen erbaut[659]. Im Trakt, der das Zeughaus in Richtung Nordosten begrenzt, ist auf der Andermüllerschen Vogelschau ein mit barockem Zwiebelhelm bekrönter Dachreiter zu sehen.

(118) Zeughaus, Kaiserliches *(Keyserliches zeughauss)* – Sign.: *No 7* – Erläuterung: Es handelt sich hier um das auch als Unteres Arsenal bezeichnete kaiserliche Zeughaus an der Ostflanke der Stadt (Wien I, Seilerstätte 22), das 1586/87 errichtet und 1677 unter Hofkriegsratspräsident Raimund Graf Montecuccoli neu erbaut wurde[660]. Andermüller zeichnet hier eine Kapelle mit zur Stadtmauer gerichtetem Chor und mit Zwiebelhelm bekröntem Turm an der Westfassade ein, auf die auch ein mit Kreuzrippen gewölbter und drei Seitenkapellen an der Nordseite versehener Grundriss auf dem Steinhausen-Plan (1710) weist. Etwa hier hatte sich im frühen 16. Jahrhundert die Kapelle des Siechenhauses der Artistenfakultät zu St. Sebastian befunden, doch war diese 1529 völlig zerstört worden[661]. Worum es sich bei dem nicht nur bei Andermüller, sondern eben auch noch auf dem Steinhausen-Plan bezeugten Gebäude gehandelt hat, muss offen bleiben. – Dieses Zeughaus wird auch noch unter einer anderen Signatur in der Andermüller-Vogelschau genannt, siehe hier Nr. 119.

(119) Zeughaus, Unteres kaiserliches, in der Seilerstätte *(Das keyserliches rust- und zeughauss)* – Sign.: *Tt* – Erläuterung: Das kaiserliche Zeughaus ist zweimal in der Andermüller-Vogelschau erwähnt, siehe die vorige Nr. 118.

(120) Zinzendorf, Graf *(Graf Zinzendorff)* – Sign.: *f* – Erläuterung: Ein Teil des ursprünglich aus vier Häusern bestehenden heutigen Objektes (Wien I, Herrengasse 17, ident mit Bankgasse 1/3) wurde 1678 von Georg Ludwig Graf von Zinzendorf (1662–1700), Statthalter zu Prag, Hofkammer- und Kammerpräsident im Königreich Böhmen, erworben. Nach zwischenzeitlich anderen Besitzern gelangte es 1696 durch Kauf (erneut) an Ludwig Graf von Zinzendorf und Pottendorf, Hofkriegsrat und Erblandjägermeister, und dessen Frau[662].

(121) Haus (Wien I, Teinfaltstraße 2/Schottengasse 1) – Sign. *Ff* bzw. *ff* (in der Legende nicht genannt, wohl aber im Plan selbst) – Erläuterung: Das Gebäude kam 1688

---

[657] Harrer, Wien 2/I 155–158; Art. Kinskypalais. *Wien Geschichte Wiki.*

[658] Harrer, Wien 7 192–194.

[659] Bürgerliches Zeughaus. *Wien Geschichte Wiki.*

[660] Art. Kaiserliches Zeughaus (Oberes Arsenal). *Wien Geschichte Wiki*; Perger, Straßen 132.

[661] Perger–Brauneis, Die mittelalterlichen Kirchen 267–269.

[662] Harrer, Wien 7 112.

durch Kauf von Margarete von Longueval, Gräfin von Buquoy, geb. Gräfin von Abensberg und Traun, an den Kämmerer Leopold Carl Graf von Hoyos (1657–1699), Freiherrn von Stixenstein etc., in dessen Familie es bis 1758 verblieb[663]. Graf Hoyos verfügte in Wien auch über ein Palais in der Schenkenstraße, das im Plan eingezeichnet und in der Legende ausgewiesen ist, siehe oben Nr. 45.

663 Harrer, Wien 2/I 56f.

# Anhang 3: Liste der im Buch verwendeten Wien-Pläne und -Ansichten in chronologischer Reihenfolge

Nr. 1: 1529/30: Rundansicht (Panorama) des Niklas Meldeman: kolorierte Federzeichnung (WM, Inv.-Nr. 48.068); Titel: *Der stadt Wien belegerung, wie die auff dem hohen sant Steffansthurn allenthalben gerings vm die gantze stadt zu wasser vnd landt mit allen dingen anzusehen gewest ist Vnd von einem berumpten maeler* [...] *verzeychnet vnd abgemacht gescheen nach Christi geburt. MCCCCCXXIX vnd im XXX in truck gepracht. Gemacht zu Nurenberg durch Niclaßen Meldeman brifmaler bey der lange prucken wonhafft, nach Christi geburt.* – Literatur, Abbildungen, Erläuterungen: Historischer Atlas von Wien, Lief. 3 (1987, Neuauflage 2004); Opll–Stürzlinger, Ansichten und Pläne 55f. Nr. 25; Hohensinner, Bibliografie 52 Nr. 13; Opll–Krause–Sonnlechner, Wien als Festungsstadt Anhang 7 Nr. 2; Art. Rundansicht von Wien, Niklas Meldeman (1530). *Wien Geschichte Wiki.*

Nr. 2: 1547/1549/1552: Augustin Hirschvogel, Grundrissplan der Stadt Wien mit Ansichten der Befestigungen, 1547/1549/1552: Federzeichnung von 1547 (verloren), gemalte, kolorierte Version auf runder Tischplatte von 1549, beschriftet 1549 (WM, Inv.-Nr. 31.022), sowie Radierung 1552 (ÖNB, Kartensammlung, Sign. Alb. Port 183-2; WM, Inv.-Nr. 1.477 bzw. 169781; WStLA, Kartographische Sammlung, Einzelstück 3.2.1.1.P1.1/1. Ex.); Titel: *AVGVSTINVS HIRSVOGEL, HANC VIENNAE QVAM VIDES GEOMETRICAM FACIEM ARCHIMEDEM SIRACVSANVM AVGVSTINVS HIRSFOGEL A SVO DEPICTAM RADIO IMITATVS EST ANNO M.D.XLVII. CVM GRATIA ET PRIVILEGIO IMPERIALI IMPRES VIENNAE 1552*; Maßstab ca. 1:1.800. – Literatur, Abbildungen, Erläuterungen: Historischer Atlas von Wien, Lief. 13 (2010); Opll–Stürzlinger, Ansichten und Pläne 60 Nr. 35; Hohensinner, Bibliografie 55 Nr. 24; Opll–Krause–Sonnlechner, Wien als Festungsstadt Anhang 7 Nr. 5; Art. Stadtplan, Augustin Hirschvogel (1547). *Wien Geschichte Wiki* (mit Link zum Digitalisat).

Nr. 3: 1547: Bonifaz Wolmuet, Grundrissplan der Stadt Wien, 1547: kolorierte Federzeichnung auf neun Blättern in schlechtem Erhaltungszustand (WM, Inv.-Nr. 31.021), Reproduktion durch Albert Camesina in Farblithographie 1857/1858 (WStLA, Kartographische Sammlung, Allgemeine Reihe, Pläne und Karten: Sammelbestand, P1.236 G); Titel: *Die fürstlich Stat Wien in Osterreich wie Sy in Irem vmbschwaif oder zarg beslossn. aus Rechter Geometruscher Maß in grundt nidergelegt vnd gerissn sambt Iren Nümeren, Schregn, Ausslegn oder schmiegn. Nach der Maur herumb mit den Pasteien Thurnen vnd Gräbn. Wie sy dan zum Tail gemacht vnd noch zumachn von nötn aus disem hienach gesetztn Tailer oder Masstab der in 100 Claffter Inhalt des obgesetztn werhschuch abgetailt vnd in die verkhürtzung oder verjüngung züsamen gezogn vnd gebracht wie vor augen durch mich M.*

*Bonifaciüs Wolmuet Stainmetz bürger zü Wienn Anno domini im 1547*; Maßstab: 1:792. – Literatur, Abbildungen, Erläuterungen: Historischer Atlas von Wien, Lief. 3 (1987) (Abbildung der Nachzeichnung durch Camesina); Opll–Stürzlinger, Ansichten und Pläne 61 Nr. 37; Wiener Hofburg 1521–1705 54f. Abb. III (Abbildung des Originals im WM); Hohensinner, Bibliografie 56 Nr. 26; Opll–Krause–Sonnlechner, Wien als Festungsstadt Anhang 7 Nr. 6; Art. Stadtplan, Bonifaz Wolmuet (1547). *Wien Geschichte Wiki* (mit Link zum Digitalisat der Camesina-Ausgabe).

Nr. 4: um 1570: (Nicolò Angielini?), Grundrissplan von Wien mit Ansichten der Befestigungen und etlicher Gebäude: kolorierte Federzeichnung (ÖNB, Cod. 8.609 Han, fol. 7v–8r/Doppelblatt); Titel: *VIENNA*; Maßstab: ca. 1:5.000. – Literatur, Abbildungen, Erläuterungen: Opll–Stürzlinger, Ansichten und Pläne 68–70 Nr. 50; Opll–Scheutz, Schlierbach-Plan Tafel 1; Hohensinner, Bibliografie 60 Nr. 43; Opll–Krause–Sonnlechner, Wien als Festungsstadt Anhang 7 Nr. 15, sowie Tafel 1.

Nr. 5: um 1570: (Nicolò Angielini?), Grundrissplan von Wien mit Ansichten der Befestigungen und etlicher Gebäude, auch im östlichen Vorstadtbereich: kolorierte Federzeichnung (Generallandesarchiv Karlsruhe, Hausfideikommiss Nr. XV, fol. 8v–9r/Doppelblatt, Nr. 6); Titel: *VIENNA*; Maßstab: ca. 1:5.000. – Literatur, Abbildungen, Erläuterungen: Opll–Stürzlinger, Ansichten und Pläne 68–70 Nr. 50; Hohensinner, Bibliografie 60 Nr. 43; Opll, Festungsbau 159 Abb. 2; Opll–Krause–Sonnlechner, Wien als Festungsstadt Anhang 7 Nr. 16 sowie Tafel 2.

Nr. 6: um 1570: (Nicolò Angielini?), Grundrissplan von Wien mit Ansichten der Befestigungen und etlicher Gebäude, auch im östlichen und nördlichen Vorstadtbereich: kolorierte Federzeichnung (Hauptstaatsarchiv Dresden, Abteilung 2, Sign. 12.884 Karten und Risse, Schr. 26, F. 96, Nr. 11, fol. 6v–7r/Doppelblatt, Nr. 4); Titel: *WIENN*; Maßstab: ca. 1:5.000. – Literatur, Abbildungen, Erläuterungen: Opll–Stürzlinger, Ansichten und Pläne 68–70 Nr. 50; Hohensinner, Bibliografie 60 Nr. 43; Opll–Festungsbau 158 Abb. 1; Opll–Krause–Sonnlechner, Wien als Festungsstadt Anhang 7 Nr. 17 sowie Tafel 3.

Nr. 7: um 1576: Carlo Theti, Die Befestigung der Stadt Wien: zwei Federzeichnungen mit Skizzen der Lage und der Befestigungen von Wien mit Ausbauvorschlägen für eine pentagonale Zitadelle im Bereich von St. Ulrich (heute: Wien VII) sowie des Unteren Werds (heute: Wien II, Leopoldstadt), Einzeichnung der Verläufe des Wienflusses und der Donau mit ihrer beim Arsenal gelegenen Insel (Carlo Theti, Discorsi vari in materia di Fortificazione còn suoi disegni, Manuskript, entstanden ab 1576: Mailand/Milano, Biblioteca Ambrosiana, Ms. D.183 Inf. fol. 9 und 10); Titel (der Skizze auf fol. 10): *Vienna d'Austria*. – Literatur, Abbildungen, Erläuterungen: Mollo, Carlo Theti 128–132 sowie 129 Abb. 17 und 131 Abb. 18; Hohensinner, Bibliografie 62 Nr. 49.

Nr. 8: 1609: Jacob Hoefnagel, Vogelschau der Stadt Wien: (1) Kupferstich einer Perspektivansicht der Stadt von Norden (einziges vollständiges Exemplar in der Königlichen Bibliothek in Stockholm: Kungliga biblioteket – Sveriges nationalbibliotek, Signatur KoB DelaG 134); (2) Exemplar ohne den Schriftstreifen am unteren Rand: Hotel Sacher, Wien, derzeit als Leihgabe: WM, Inv.-Nr. DLN 2006/1); Titel: *VIENNA AVSTRIAE Wienn in Osterreich*. – Literatur, Abbildungen, Erläuterungen: Historischer Atlas von Wien, Lief. 10 (2005); Opll–Stürzlinger, Ansichten und Pläne 82 Nr. 65; Hohensinner, Bibliografie 65 Nr. 64; Wien 1609 (mit Abbildung des Wiener Exemplars nach Historischer Atlas von Wien, ebd.); van der Krogt, „Das ist das Auge von Österreich" 96–101 Nr. II; Opll–Krause–Sonnlechner, Wien als Festungsstadt Anhang 7 Nr.

23; Art. Vogelschau von Wien, Jakob Hoefnagel (1609). *Wien Geschichte Wiki*; Abbildungen des Stockholmer Exemplars bei Collijn, Magnus Gabriel de la Gardie's samling, Tafel 10, sowie auf: http://weburn.kb.se/metadata/166/digbild_17389166.htm.

Nr. 9: um 1622/24: (Job Hartmann von Enenkel), Grundriss der Stadt Wien mit Ansichten der Befestigungen und etlicher Gebäude: lavierte Federzeichnung (Stiftsarchiv Schlierbach, Hs. A XXIV, Bd. 2, 24); Maßstab ca. 1:5.600. – Literatur, Abbildungen, Erläuterungen: Opll–Scheutz, Schlierbach-Plan Tafel 2; Die Wiener Hofburg 1521–1705 60f. Abb. III.15; Hohensinner, Bibliografie 66 Nr. 69; Opll–Krause–Sonnlechner, Wien als Festungsstadt Anhang 7 Nr. 24.

Nr. 10: 1663: Oberst Priami, Befestigungsplan für den Bereich des Inselgebietes der Donau zum besseren Schutz der Brücken; kolorierte Federzeichnung (ÖStA, Kriegsarchiv, Kartensammlung K VII e 152); Titel: *Abriß zu Wien zu Versicherung der Brükhen*; Maßstab ca. 1:8.000. – Literatur, Abbildungen, Erläuterungen: Opll, Wien im Bild historischer Karten Tafel 7; Hohensinner, Bibliografie 68 Nr. 80; weitere Hinweise zum Verfasser siehe oben S. 92f. mit Anm. 424.

Nr. 11: wohl um 1670: Stefano Scolari, Grundrissplan der Stadt Wien; ohne Bebauung der Innenstadt, mit mehreren Ansichten aus dem Bereich des Unteren Werds nördlich der Donau (Donaukanal) sowie im Süden nur einer Darstellung der Favorita: Kupferstich, Venetia o.D. (WM, Inv.-Nr. 208.273); Titel: *VIENA D'AVSTRIA*. – Literatur, Abbildungen, Erläuterungen: Hohensinner, Bibliografie 67f. Nr. 75 (zu „um 1650"); die Datierung ergibt sich aus der Nennung der *Citta nova*, die nach der 1670 vorgenommenen Räumung des Ghettos im Unteren Werd – siehe dazu: Judenstadt (2, Unterer Werd). *Wien Geschichte Wiki* – zur Keimzelle der Leopoldstadt wurde. Stefano Mozzi Scolari (um 1612–1687) stammte aus dem Raum Brescia und wirkte von 1644 bis 1687 in Venedig, wo er in der Nähe der Pfarre San Zulian lebte (diese wird auf Scolaris hier behandelten Werken dezidiert genannt), insbesondere als Buchillustrator, vgl. zu ihm Giachery, Scolari 93–120. – Dieser Plan fand später (unten Nr. 13) auch als Grundlage für Darstellungen der Kämpfe bei der Belagerung im Jahre 1683 Verwendung.

Nr. 12: vor 1683/1686: Folbert van Ouden-Allen, Vogelschau von Wien und Umgebung: Gemälde vor 1683, Kupferstich des Amsterdamer Verlegers Joseph Mulder 1686, Druck bei Johann van Ghelen, Wien 1786 (umfasst in der Legende 56 Eintragungen) (WM, IN 138.525 und 19.512). – Literatur, Abbildungen, Erläuterungen: Das barocke Wien 12f. Nr. 3; Opll, Wien im Bild historischer Karten Tafel 4; Folbert van Ouden-Allen (leider ohne Legende!); van der Krogt, „Das ist das Auge von Österreich" 137f. Nr. VI; Hohensinner, Bibliografie 71 Nr. 94; Art. Folbert van Ouden-Allen. *Wien Geschichte Wiki*; WStLA, Karthographische Sammlung, Einzelstück 3.2.1.1.P1.1856, siehe WAIS unter der Signatur.

Nr. 13: ca. 1683: Stefano Scolari, Grundrissplan der Stadt Wien; ohne Bebauung der Innenstadt, mit mehreren Ansichten aus dem Bereich des Unteren Werds nördlich der Donau (Donaukanal) sowie im Süden nur einer Darstellung der Favorita, mit etlichen Darstellungen der Belagerung durch die Osmanen: Kupferstich, Venetia o.D. (WM, Inv.-Nr. 8.677); Titel: *VIENNA D'AVSTRIA*. Für diese Darstellung wurde der bereits um 1670 verfertigte Plan des Scolari (oben Nr. 11) verwendet.

Nr. 14: um 1683: Johann Georg Fischer, Plan der Befestigungen Wiens; ohne Bebauung der Innenstadt, einige Baublöcke rings um die Stadt, Hinweis auf neue Kurtine zwischen Burg- und Kärntner Bastei: kolorierte Federzeichnung (WStLA, Kartographische Sammlung, Einzelstück 3.2.1.1.P5.6157; erworben 2011 aus dem Handel, siehe: WAIS unter der Signatur; mit Digitalisat; Titel: *Grundtrisz der kaÿ. Residenz Stadt Wien, wie solche mit ihren fortifications Wercken anietzo stehet.* – Literatur und Erläuterungen: HOHENSINNER, Bibliografie 70 Nr. 90; die Darstellung zeigt einen neuen höheren Abschnitt des Mauerzugs der Stadtbefestigung zwischen Kärntner Bastei und Burgbastei (in der Legende: *S. Newe erhöchte Cortin von Erden auffgeführt*), wobei auch ein eigener Kavalier (im Plan unter *T* vermerkt) hinter diesem neuen Mauerzug vermerkt wird.

Nr. 15: 1683/84: Grundrissplan der Stadt Wien und ihrer Umgebung; ohne Bebauung der Innenstadt, mit Eintragung von Ereignissen der Türkenbelagerung von 1683 und einer ausführlichen italienischen Legende, die auch die Namen der Ravelins nennt (WStLA, Kartographische Sammlung, Einzelstück 3.2.1.1.P5.6439; erworben aus dem Handel, siehe: WAIS unter der Signatur; mit Digitalisat); Titel: *VIENNA ASSEDIATA DA TVRCHI E LIBERATA DA CHRISTIANI.* – Erläuterungen: HOHENSINNER, Bibliografie 71–75 Nr. 95–112, verzeichnet zahlreiche Wien-Pläne zum Jahr 1683, aber nicht den hier behandelten. Der Plan stammt nach den Angaben im Wiener Archivinformationssystem (WAIS) von „Jannes Petrus Valckeren (Venedig)", eine Angabe, die bei der Erwerbung des Stücks mit übernommen wurde, in dieser Form aber nicht zutrifft. In den diversen Ausgaben des Werks von Johann Peter van Vaelckeren, Vienna a Turcis obsessa, a Christianis eliberata, sive Diarium Obsidionis Viennensis (Viennae Austriae: Voigt 1683), das 1684 andernorts abermals aufgelegt wurde (siehe dazu die Hinweise auf: WAIS unter der Signatur), ist das Blatt jedenfalls in dieser Form nicht enthalten. Im Werk von Vaelckeren – siehe dazu auch die Faksimile-Ausgabe: VAN VAELCKEREN, Wienn von Türcken belägert – sind dagegen zwei Planbeilagen enthalten, deren eine dem Stück im WStLA äußerst ähnlich ist: Sie stammt von Bartholomeo Camuccio und Leander Anguissola und wurde von Domenico Rossetti gestochen (Titel: *Vienna á Turcis obsessa & DEO DANTE A Christianis eliberata*), vgl. dazu VAN DER KROGT, „Das ist das Auge von Österreich" 115–117 Nr. III. Bei der zweiten Planbeilage handelt es sich um eine Karte der osmanischen Lager in der Umgebung Wiens (Titel: *CASTRAMENTATIO [!] Turcarum exercitus ante Viennam anno 1683*), die gleichfalls von Leander Anguissola gezeichnet und von Domenico Rossetti gestochen wurde, vgl. dazu WASNER-PETER, Nachwort 116f.

Nr. 16: 1684: Daniel Suttinger, Grundriss der Stadt Wien mit Angabe der Bezeichnungen und Besitzer der Häuser (Stift Heiligenkreuz, dann Geschenk an Adolf Hitler, jetzt verschollen; verkleinerte Reproduktion von 1940 nach dem Original WM, Inv.-Nr. 72.200 bzw. durch Albert Camesina, 1876 = WStLA, Kartensammlung, Pläne und Karten, 3.2.1.1.P1.881/1G); Titel: *Wienn in Oesterreich auff Ihro Keyserliche Mayest: Allergnädigsten Befehing (!) in Grundt gelegt Und in gegenwärtigen Riß verfertiget Durch Daniel Suttinger, Kaysl. Haubtmann und Ingenieur gebürtig von Penigk in Sachsen Anno 1684 den 11. Decemb.*; Maßstab: ca. 1:1.800. – Literatur, Abbildungen, Erläuterungen: Historischer Atlas von Wien, Lief. 4 (1990) (Abbildung der Reproduktion); HOHENSINNER, Bibliografie 72 Nr. 99; OPLL–KRAUSE–SONNLECHNER, Wien als Festungsstadt Anhang 7 Nr. 24; Art. Stadtplan, Daniel Suttinger (1684). *Wien Geschichte Wiki* (mit Link zum Digitalisat der Camesina-Ausgabe).

Nr. 17: um 1690: Anonym, Grundrissplan der Stadt Wien mit ausführlicher Legende in lateinischer Sprache, welche die Befestigungen inklusive der Ravelins, Gassen, Straßen und Plätze sowie die kirchlichen Bauwerke umfasst: kolorierte Federzeichnung (Széchényi Nationalbibliothek Ungarn/Országos Széchényi Könyvtár, Map Collection TK 526); Titel: *Ichnographiae Viennae Austriae*; Maßstab: 1:5.420. – Literatur, Abbildungen, Erläuterungen: HOHENSINNER, Bibliografie 76 Nr. 122; der Hinweis auf den Plan sowie dessen auf der Website HUNGARICANA online zugängliche Abbildung (http://maps.hungaricana.hu/en/OSZKTerkeptar/522/) ist Sándor Bekesi (Wien Museum) zu verdanken.

Nr. 18: 1695/97: (Michel) Sieur Herstal de la Tache – Johann Peter van Ghelen, Plan eines Projekts zur Befestigung der Vorstädte Wiens mit Einzeichnung etlicher Gebäudeansichten und einem Umfang, der im Westen bis zum Wienerwald (Kahlenberg, Leopoldsberg), im Süden bis zum Schloss Margareten, im Osten bis zu den Augustinern auf der Landstraße und im Norden in den Inselbereich der Donau hinein reicht: kolorierte Federzeichnung (WStLA, Kartographische Sammlung, Einzelstück 3.2.1.1.P1.221G, erworben 1881 aus den Sammlungen des Theodor Georg von Karajan; Digitalisat im WAIS unter der Signatur); Titel bzw. Beschriftung in der linken unteren Ecke: *Remarquez, tout ce qui est coupé de / rouge, doit etre annihilé ou rasé: / et pour bien comprende cette Carte, / il faut s'imaginer d'etre à Maria / Hilff. / Echelle de 200 Toises.* / folgt Maßstabsleiste / *Inventé par le Sier de Herstal dit de la Tache, / et copié par Jean Pierre Van Ghelen. / 1697*; Maßstab: ca. 1:8.000. Das verloren gegangene Original dieses Plans stammt nach der in der ÖNB, Kartensammlung, Textheft 7.A.58. überlieferten, von Sieur (Michel) de Herstal handschriftlich verfassten Erläuterung des Plans in französischer Sprache aus dem Jahre 1695 (zum Autor und zu diesem Textheft siehe oben S. 93–96). – Literatur, Abbildungen, Erläuterungen: Archivalien aus acht Jahrhunderten 56 Nr. 106; Mayer (Red.), Städtebauliche Entwicklung Wiens 50 Nr. 18; Slezak, Donaukartographie 272 Nr. 41 (irrtümliche Datierung zu 1692); Fischer-Martin–Fischer (Red.), Blumen des Bösen 2 73f. Nr. 01,01 (die Abbildung auf S. 74 irrtümlich mit „01,02" bezeichnet); Hohensinner, Bibliografie 76 Nr. 123; jüngst auch Fischer, „Eine neue Manier" 577–594.

Nr. 19: 1703: Bernhard Georg Andermüller, Vogelschau von Wien: kolorierte Federzeichnung (Bibliothèque royale de Belgique, XXXI Vienne 1703 – Andermaller – Manuscrits – III 8.237 [Magasin – Cartes et Plans]); Titel: *Vienna Austriae, ichnographice delineata, exhibens singulas plateas, fora, palatia, templa, monasteria, aliqaque tum privata tum publica aedificia. / Wien in Oesterreich, wie es im grundlager zusehen, mit seinen gassen, marckplätzen, herrenhausern, pallästen, kirchen, klöstern u(nd) andern vornehmsten gebäuen.* – Literatur, Abbildungen, Erläuterungen: Bracke, Inventaris 261 Nr. 201 (mit – allerdings falscher – Angabe des Wasserzeichens „zunehmender Mond" unter Hinweis auf Heawood, Watermarks 84 Nr. 863 [Abbildung Plate Nr. 136: Druck Venedig 1610]; beim Wasserzeichen liegt eine Kombination aus einem einkonturigen dreiblättrigem Kleeblatt mit Stängel und einem Gegenzeichen in Form eines „V" vor, siehe dazu oben S. 58); Hohensinner, Bibliografie 78 Nr. 131; der Analyse dieser Vogelschau ist das gesamte vorliegende Buch gewidmet; Teilabbildung in: Dreger, Baugeschichte 131 (Abb. 130); Abbildung in: Hofburg 1521–1705 70f. (Abb. III.20); hier im Buch, oben Beilage 1 und 3 (Faltblatt 1 und 2), sowie online unter: http://uurl.kbr.be/1501811.

Nr. 20: 1706: Leander Anguissola–Jakob Marinoni (Mitarbeit: Johann Lukas Hildebrandt), Grundrissplan von Wien und seinen Vorstädten: Kombination von Kupferstich und Radierung (WStLA, Kartographische Sammlung, Einzelstück 3.2.3.P1.202732D, siehe: WAIS unter Signatur; mit Digitalisat); Titel: *Accuratissima Viennæ Austriæ Ichnographica Delineatio*; Maßstab 1:5.400. – Literatur, Abbildungen, Erläuterungen: Das barocke Wien 21 Nr. 25; Historischer Atlas von Wien, Lief. 13 (2010); Hohensinner, Bibliografie 78f. Nr. 133; Art. Stadtplan, Anguissola–Marinoni (1706). *Wien Geschichte Wiki.*

Nr. 21: 1710: Werner Arnold Steinhausen, Grundriss der Stadt Wien auf 38 Blättern und mit Angabe der Bezeichnungen und Besitzer der Gebäude: kolorierte Federzeichnung (ÖNB, Kartensammlung, AB 7 A 56; WM, Inv.-Nr. 105.500, mit anderem Titel als unten angegeben; WStLA, KS, Pläne und Karten 3.2.1.1.P1.234 G.1 = Reproduktion durch Gustav Adolph Schimmer von 1847, siehe: WAIS unter der Signatur; mit Digitalisat); Titel: *Iosepho Augusto Ichnographiam hanc Imperialis Suae Sedis Viennae Austriae Jussu Supremi regiminis ejusque Gubernatoris Caroli Ferdinandi Sac. Rom. Imp. comitis â Weltz Sac. Caes.ae Mtt.is Camerarii et Consiliarii intimi accuratè desumptam consecrat dedicat Mtt.is Suae Caes.ae Infimus et fidelissimus architectus militaris Werner Arnold Steinhausen. Ao. MDCCX*; Maßstab: 1:864. – Literatur, Abbildungen, Erläuterungen: Opll, Wien im Bild historischer Karten Tafel 16; Historischer Atlas von Wien, Lief. 15 (2012) (nach der Reproduktion durch Gustav Adolph Schimmer von 1847); Hohensinner, Bibliografie 80f. Nr. 142; Opll–Krause–Sonnlechner, Wien als Festungsstadt Anhang 7 Nr. 26; Art. Stadtplan, Steinhausen (1710). *Wien Geschichte Wiki* (mit Link zum Digitalisat der Schimmer-Ausgabe).

Nr. 22: 1733/34: Vogelschauen der Wiener Vorstädte auf neun Tafeln: (1) Leopoldstadt und Jägerzeile; (2) Thury, Lichtental, Rossau; (3) Alservorstadt, Währing; (4) Lerchenfeld, Josefstadt; (5) St. Ulrich, Spittelberg; (6) Gumpendorf, Laimgrube; (7) Matzleinsdorf, Hundsturm, Wieden, Freihaus auf der Wieden; (8) St. Marx, Landstraße; (9) Weißgerber Lände, Erdberg; Kupferstiche, auch koloriert, alles ohne Künstler-, Stecher- und Druckervermerke, in: (Ignatius Schachner,) Franciscus Dolfin, Lustra decem coronae Viennensis, seu suburbia Viennensia [...] Anno 1734. Mense Majo (Viennae Austriae. Joan. Petri Van Ghelen). – Literatur, Abbildungen, Erläuterungen: Nebehay–Wagner, Bibliographie 1, 213 Nr. 148; Hohensinner, Bibliografie 85f. Nr. 174; online einsehbar unter https://fedora.phaidra.univie.ac.at/fedora/get/o:69507/bdef:Book/view (Exemplar der Universitätsbibliothek Wien mit den Ansichten, aber mit textlich kürzerem Titelblatt) sowie http://reader.digitale-sammlungen.de/de/fs1/object/display/bsb10839956_00003.html (Exemplar der Bayerischen Staatsbibliothek ohne Ansichten, aber mit textlich ausführlicherem Titelblatt); der Jesuit Franz (Franciscus) Dolfin (1697–1775) wirkte in Wien als Poetik- und Rhetorikprofessor, vgl. Brunner, Die „Metamorphoses Austriae", und dies., Die „Quatuor saecula laureata". Dolfin war eigentlich der Promotor der von Ignatius Schachner verfassten Arbeit, dessen Name auf dem Titelblatt allerdings nicht erscheint. Schachner wird in einem Schematismus von 1752 (Schematismus Derer Kays. Königl. Wie auch Erz-Herzoglichen / Nach dem Alphabet gesetzten Instanzien, Aemtern / Banco, Cammer / Buchhaltereyen, Canzleyen, Consistorien, Gerichtern, Nieder-Oesterreicherischen Land-Ständen Ordnung / Der Stadt Wien Aemtern [...] [Wien 1752] 253) unter den Doktoren der Wiener Universität angeführt und lebte damals im oberösterreichischen Steyr. – Die in den „Lustra" enthaltenen Kupferstiche weisen keine Hinweise auf ihre(n) Schöpfer auf, doch legte – zu einem nicht bekannten Zeitpunkt – der Augsburger Verleger Matthäus Seutter (1678–1757) eine Collage aus den neun Vogelschauen der Vorstädte und einer Ansicht der befestigten Stadt aus Blickrichtung Westen auf. Nach dem Tod Seutters und der Verlagsaufteilung von 1762 ging die Platte dieses Stichs gemeinsam mit vielen anderen Seutterschen Werken an desssen langjährigen Mitarbeiter und Schwiegersohn Tobias Conrad Lotter (1717–1777) über, der das Werk unter Hinzufügung seines Namens („verlegt von Tobias Conrad Lotter, Geogr. In Augspurg") abermals auflegte, vgl. dazu zuletzt Ritter, Die Welt aus Augsburg 36–51, hier 43. – Im WStLA befinden sich ein Vogelschauplan der Leopoldstadt und der Jägerzeile (Einzelstück 3.2.1.1.P1.1755) in Form eines kolorierten Kupferstichs, der dort „um 1730" datiert wird, sowie das hier behandelte Blatt (Einzelstück 3.2.1.1.P1.1625G:

*Accuratus et Novißimus Prospectus Caesareae Residentiae VIENNAE in Austria Inferiore, cum Novem eam cingentibus et circumjacentibus celebrioribus Suburbiis. Cum gratia et privil(egio) S(acri) R(omani) I(mperii) Vicariatus in partibus Rheni, Sueviae et Iuris Francon(um)/Eigentlich und Neuester Prospect der Kayserl. Residenz Stadt WIEN, in Nieder-Oesterreich, samt neun um selbige herum ligender namhaffter Vor Städte. verlegt von Tobias Conrad Lotter, Geogr. in Augspurg*), gleichfalls in Form eines kolorierten Kupferstichs, der dort mit „um 1740" (Infolge der Nennung Lotters als Verleger ist die Datierung auf frühestens 1762 zu korrigieren!) datiert wird. Die Vogelschau der Leopoldstadt und der Jägerzeile (Plan 1755) zeigt dieselbe Ansicht wie auf dem die Gesamtstadt erfassenden Blatt. Man wird deshalb wahrscheinlich beide Werke Tobias Conrad Lotter zuzuweisen haben, der somit wohl im Auftrag seines Schwiegervaters Seutter einen Nachstich der ursprünglich im Werk von Dolfin/Schachner und dort ohne jegliche Künstler- und Druckervermerke enthaltenen Vogelschauen gemacht haben muss. Die ursprünglichen Vogelschauen der „Lustra" von 1733/34 können jedenfalls kaum mit Lotter, der erst 1717 geboren wurde und erst ab ca. 1740 für Seutter arbeitete, in Verbindung gebracht werden.

Nr. 23: 1736: Anonym, Grundrissplan von Wien und seinen Vorstädten: kolorierte Federzeichnung nach Vorlage des Anguissola–Marinoni-Plans von 1706 (WStLA, Kartographische Sammlung Einzelstück 3.2.1.1.P1.222G; siehe: WAIS unter der Signatur; Signatur, mit Digitalisat); Titel: *Neu Accurat und corrigirter Plan von der Kayserl. Haubt und Residentz Stadt Wienn, wie solcher nicht nur allein mit denen Vorstädten, sondern auch die Bastionen der Fortification in Perspectiv gestellet worden, und so in dem 1736 Jahr neu gefundene Kirchen und Plätze zu sehen*; Maßstab 1: 5.760. – Literatur, Abbildungen, Erläuterungen: Archivalien aus acht Jahrhunderten 60 Nr. 121; Mayer (Red.), Städtebauliche Entwicklung 52 Nr. 21; Hohensinner, Bibliografie 86 Nr. 179.

Nr. 24: 1740: Johannes Weingartner, Grundrissplan von Wien und seinen Vorstädten: kolorierte Federzeichnung nach Vorlage des Anguissola–Marinoni-Plans von 1706 (Generallandesarchiv Karlsruhe, Hfk [„Haus-Fideicommiss"] G Nr. 191 [rot]); Titel: *NEU / Accurat Vermert, und VollKommener / PLAN / von der Kays. Haubt- und Residentz Stadt / WIENN / Sambt dennen Vorstötten / und Linien / Anno MDCCXL / Ioannes Weingartner / Ingenieur Fecit.* Maßstab: 1:8.000. – Literatur, Abbildungen, Erläuterungen: Schäfer, Inventar 180 Nr. 978; Hohensinner, Bibliografie 88 Nr. 191; zum Planverfasser siehe oben S. 122–124 mit Anm. 538; keine Abbildung verfügbar.

Nr. 25: 1745: Anonym, Grundrissplan von Wien und seinen Vorstädten mit drei Befestigungsprojekten (*GRNVNDT.RISS DER KONIGLICHEN (sic!) HAVBT VND RESIDENZ STADT WIENN SAMBT VMBLIGENDEN VOBSTÄDTEN (sic!) VND NEÜ PROJECTIRTER FORTIFICATION 1745* [korrigiert aus: 1755]): kolorierte Federzeichnung (ÖNB, Kartensammlung 7.A.58.; irrtümlich mit dem Textheft zum Herstal-Plan, siehe oben Nr. 18, unter einer Signatur vereinigt). – Literatur, Abbildungen, Erläuterungen: siehe oben S. 94 mit Anm. 431 und S. 96.

Nr. 26: 1769–1773, 1778: Joseph Daniel Huber, Vogelschau der Stadt Wien mit ihren Vorstädten, Federzeichnung, dann Kupferstich bzw. Radierung: Kombination aus Kupferstich und Radierung einer in Militärperspektive angefertigten Vogelschau von Stadt und Vorstädten in 24 Einzelblättern (ÖNB, Kartensammlung a.B. 7 A 3; WStLA, KS, Pläne und Karten, 3.2.1.1.P1.11); Titel: *Scenographie oder Geometrische Perspect. Abbildung der Kayl. Königl. Haupt. und Residenz Stadt Wienn in Oesterreich* [...]; Maßstab: ca. 1:1.440. – Literatur, Abbildungen, Erläuterungen: Opll, Wien im Bild historischer Karten, Tafel 21; Heinz–Mokre, Joseph Daniel von Huber 93–122, hier: 101–107;

Historischer Atlas von Wien, Lief. 12 (2009); Hohensinner, Bibliografie 100 Nr. 269; Folbert van Ouden-Allen; Opll–Krause–Sonnlechner, Wien als Festungsstadt, Anhang 7 Nr. 28; Huber, Vogelschauplan der Stadt Wien.

# Siglen- und Abkürzungsverzeichnis

| | |
|---|---|
| *ADB* | *Allgemeine Deutsche Biographie* |
| AÖG | Archiv für Österreichische Geschichte |
| Bd. | Band |
| Beih. | Beiheft/Beiheft |
| Dipl. | ungedruckte Diplomarbeit |
| Diss. | ungedruckte Dissertation |
| *DRW* | *Deutsches Rechtswörterbuch* (auch online) |
| *EdN* | *Enzyklopädie der Neuzeit* |
| Ergbd. | Ergänzungsband |
| FB | Forschungen und Beiträge zur Wiener Stadtgeschichte |
| *HA* | *Historische Anthropologie* |
| *HZ* | *Historische Zeitschrift* |
| *JbVGStW* | *Jahrbuch des Vereins für Geschichte der Stadt Wien* |
| LASA, DE | Landesarchiv Sachsen-Anhalt, Abteilung Dessau |
| MA | Masterarbeit |
| *MIÖG* | *Mitteilungen des Instituts für Österreichische Geschichtsforschung* |
| *MVGStW* | *Mitteilungen des Vereins für Geschichte der Stadt Wien* |
| *NDB* | *Neue Deutsche Biographie* |
| N. F. | Neue Folge |
| ÖAW | Österreichische Akademie der Wissenschaften |
| ÖNB | Österreichische Nationalbibliothek, Wien |
| ÖStA | Österreichisches Staatsarchiv, Wien |
| *ÖZKD* | *Österreichische Zeitschrift für Kunst und Denkmalpflege* |
| QIÖG | Quelleneditionen des Instituts für Österreichische Geschichtsforschung |
| VIÖG | Veröffentlichungen des Instituts für Österreichische Geschichtsforschung |
| VKNGÖ | Veröffentlichung der Kommission für Neuere Geschichte Österreichs |
| WAIS | Wiener Archivinformationssystem |
| *WGBll* | *Wiener Geschichtsblätter* |
| *Wien Geschichte Wiki* | *https://www.wien.gv.at/wiki/index.php?title=Wien_Geschichte_Wiki* |
| WM | Wien Museum |
| WStLA | Wiener Stadt- und Landesarchiv |
| *ZHF* | *Zeitschrift für Historische Forschung* |

# Quellenverzeichnis


Amsterdam, Nationalbibliothek der Niederlande (Koninglijke Bibliotheek) http://www.geheugenvannederland.nl/?/nl/items/KONB16:530346842

Bern, Universitätsbibliothek , Sign. RYH 6511 42 – Ägais, Zypern, http://aleph.unibas.ch/F?func=find-b&find_code=SYS&request=001284411

Brüssel, Bibliothèque royale de Belgique, XXXI Vienne 1703 – Andermaller – Manuscrits – III 8.237 (Magasin – Cartes et Plans): Vienna Austriae ichonographice delineata exhibens singulas plateas, foras palatia, templa, monasteria aliaque tum privata tum publica aedificia. [Digitalisat: uurl.kbr.be/1501811]

Wien, Österreichische Nationalbibliothek, FKB 281–12, II,93, Teil eines Sammelatlasses von ca. 1710: II,93. INSULA SAMOS: Polycratis REG. et PYTHAGORAE PHIL. Patria, ferax gregum terraeque fictilis (Amsterdam, Peter Schenk um 1710)

# Bibliographie

850 Jahre St. Stephan. Symbol und Mitte in Wien 1147–1997 (Katalog der 226. Sonderausstellung des Historischen Museums der Stadt Wien, Wien 1997).

Matthew Smith ANDERSON, The Rise of Modern Diplomacy 1450–1919 (London 1993).

Archivalien aus acht Jahrhunderten. Ausstellung des Archivs der Stadt Wien (Katalog der 15. Sonderausstellung des Historischen Museums der Stadt Wien, Dezember 1964–Februar 1965, Wien o. J.).

Andrea und Helmut ASMUS, Sachsen-Anhalt. Landesgeschichte (Magdeburg 1991).

Armand BAERISWYL, Auf der grünen Wiese oder im dichten Eichenwald? Die Anfänge der Zähringerstädte Freiburg im Breisgau und Bern im Licht archäologischer Erkenntnisse, in: Stadtgründung und Stadtwerdung. Beiträge von Archäologie und Stadtgeschichtsforschung, hg. von Ferdinand OPLL (Beträge zur Geschichte der Städte Mitteleuropas 22, Linz 2011) 1–19.

–, Stadt, Vorstadt und Stadterweiterung im Mittelalter. Archäologische und historische Studien zum Wachstum der drei Zähringerstädte Burgdorf, Bern und Freiburg im Breisgau (Schweizer Beiträge zur Kulturgeschichte und Archäologie des Mittelalters 30, Basel 2003).

John P. BARRON, Archbishop Joseph Georgirenes and the Prehistory of the Greek College, in: Anglicanism and orthodoxy 300 years after the „Greek College" in Oxford, hg. von Peter M. DOLL (London 2006) 79–112.

Johann Christoff BECKMANN, Historie des Fürstenthums Anhalt. Von dessen Alten Einwohnern und einigen annoch verhandenen Alten Monumenten [...], 4 Bde. (Zerbst 1710).

Jean BÉRENGER, Ferdinand Fürst von Schwarzenberg, Journal de la Cour de Vienne (1686–1688) (Bibliothèque d'études de l'Europe Centrale 12, Paris 2013).

Georg Conrad BERGIUS–Bernhard Georg ANDERMÜLLER–Georg HERMANN, Disputatio Theologica De Sessione Christi Ad Dextram Patris: Pars Secunda (Frankfurt/Oder 1664).

Thomas BILLER, Die mittelalterliche Stadtbefestigung im deutschsprachigen Raum. Ein Handbuch. I. Systematischer Teil; II. Topographischer Teil (Darmstadt 2016).

Ludwig BITTNER–Lothar GROSS, Repertorium der diplomatischen Vertreter aller Länder seit dem Westfälischen Frieden (1648) 1: 1648–1715 (Berlin 1936).

Wouters BRACKE, Inventaris van de handgetekende Kaarten in de Koninklijke Bibliotheek van België, Afdeling Kaarten en Plannen losse Bladen (vóór 1800). *Archives et Bibliothèques de Belgique* 73/1–4 (2002) 177–285.

Jan BRADEMANN, Reformierte Konfessionalisierung oder konfessionelle Koexistenz?, in: Auf dem Weg zu einer Geschichte Anhalts. Wissenschaftliches Kolloquium zur

800-Jahr-Feier des Landes Anhalt, Köthen 2012 (Mitteilungen des Vereins für Anhaltische Landeskunde Sonderbd. 2012) 159–192.

Christina BRAUNER, Ein Schlüssel für zwei Truhen. Diplomatie als interkulturelle Praxis am Beispiel einer westafrikanischen Gesandtschaft nach Frankreich (1670/71). *HA* 21/2 (2013) 199–226.

Sandra BRUNNER, Die „Metamorphoses Austriae“ des Franciscus Dolfin: Antike Mythenrezeption und poetische Habsburgpanegyrik (Dipl. Wien 1997).

–, Die „Quatuor saecula laureata Austriacorum Caesarum pietate ac clementia dein etiam belli, pacisque artibus Illustrium in felici somnio Scipionis Habspurgici, Rudolfi Primi adumbrata“ des Franciscus Dolfin (Diss. Wien 2002).

Günther BUCHINGER, Die Gründungsüberlieferung, in: Die Wiener Hofburg im Mittelalter 82–85.

–, Der Wiederaufbau nach der Brandkatastrophe von 1276, in: Die Wiener Hofburg im Mittelalter 118–122.

Günther BUCHINGER–Doris SCHÖN, Das Augustinerkloster, in: Die Wiener Hofburg im Mittelalter 195–249.

–, Die Augustinerkirche im 15. Jahrhundert, in: Die Wiener Hofburg im Mittelalter 480–503.

–, Die Baugeschichte der Wiener Schranne nach bildlichen Quellen und archäologischen Befunden. *JbVGStW* 57/58 (2001/2002) 301–334.

–, Baumaßnahmen nach dem Stadtbrand von 1525, in: Die Wiener Hofburg im Mittelalter 521–527.

–, Bautätigkeit und Ausstattung im Wechselspiel zwischen landesfürstlichem Hof und bürgerlicher Pfarrgemeinde, in: Die Wiener Hofburg im Mittelalter 250–284.

–, Bauvollendung und Ausstattung der Kirche, in: Die Wiener Hofburg im Mittelalter 504–521.

Günther BUCHINGER–Doris SCHÖN–Mario SCHWARZ, Der Bau St. Michaels bis zur Mitte des 13. Jahrhunderts, in: Die Wiener Hofburg im Mittelalter 85–107.

Bertrand Michael BUCHMANN, Der Wiener Linienwall. Entstehung und strategische Bedeutung. *WGBll* 31 (1976) 45–55.

–, Der Wiener Linienwall und die Linienämter. *WGBll* 33 (1978) 65–76.

Tobias BÜCHI, Fortifikationsliteratur des 16. und 17. Jahrhunderts. Traktate in deutscher Sprache im europäischen Kontext (Basel 2015).

Stefan BÜRGER, Architectura militaris. Festungsbautraktate des 17. Jahrhunderts von Specklin bis Sturm (Kunstwissenschaftliche Studien 176, Berlin–München 2013).

Joachim CASTAN, Hochschulwesen und reformierte Konfessionalisierung. Das Gymnasium Illustre des Fürstentums Anhalt in Zerbst 1582–1652 (Studien zur Landesgeschichte 3, Halle 1999).

La Clef du Cabinet des Princes de l'Europe, Ou Recueil historique & politique sur les matieres du tems. Contenant aussi quelques Nouvelles de Litterature & autres Remarques curieuses, Janvier 1706, Tome 4 (Jacques le Sincere, o. O. 1716).

Isak COLLIJN, Magnus Gabriel de la Gardie's samling af äldre stadsvyer och historiska planscher i Kungl. Biblioteket (Kungl. Bibliotekets Handlingar 35, Stockholm 1915).

Norbert CONRADS, Der Huldigungsbesuch des letzten Piasten 1675 in Wien, in: Schlesien in der Frühmoderne. Zur politischen und geistigen Kultur eines habsburgischen Landes, hg. von DEMS.–Joachim BAHLCKE (Neue Forschungen zur schlesischen Geschichte 16, Weimar 2009) 77–101.

Felix CZEIKE, Die Wiener Kasernen seit dem 18. Jahrhundert. *WGBll* 36 (1981) 161–190.

–, Historisches Lexikon Wien 1–6 (6. Bd. gemeinsam mit Helga CZEIKE) (Wien 1992–2004).

–, Das Wiener Stadtbild in Gesamtansichten, 1. Teil: Die Darstellungen der gotischen Stadt, in: Handbuch der Stadt Wien 88, II. Teil (Wien – aktuell) (1974) 13–44.

Wilhelm DEUER, Das Schloss Pfannhof gegen Westen, aus einer Sammelhandschrift über die Gräflich-Goëssischen Herrschaften. *Carinthia* I (1994) 226f.

Thomas DORFNER, „Es kommet mit einem Reichs-Agenten haubtsächlich darauf an …". Die Reichshofratsagenten und ihre Bedeutung für die Kommunikation mit dem und über den Reichshofrat (1658–1740), in: Die höchsten Reichsgerichte als mediales Ereignis, hg. von Anja AMEND-TRAUT–Anette BAUMANN–Stephan WENDEHORST–Steffen WUNDERLICH (Bibliothek Altes Reich 11, München 2012) 97–112.

Moritz DREGER, Baugeschichte der k. k. Hofburg in Wien bis zum XIX. Jahrhunderte (Österreichische Kunsttopographie 14, Wien 1914).

Friedrich EDELMAYER, Gesandtschaftsberichte in der Frühen Neuzeit, in: Quellenkunde der Habsburgermonarchie (16.–18. Jh.). Ein exemplarisches Handbuch, hg. von Josef PAUSER–Martin SCHEUTZ–Thomas WINKELBAUER (MIÖG Ergbd. 44, Wien 2004) 849–859.

Carl Friedrich ELSAESSER, Leitfaden zum Gebrauch bei seinen Vorlesungen über die Theorie der Kanzleipraxis (Erlangen 1783).

Alfred ENGEL, Die Ausweisung der Juden aus den königlichen Städten Mährens und ihre Folgen. *Jahrbuch der Gesellschaft für Geschichte der Juden in der čechoslovakischen Republik* 2 (1930) [Nachdruck: Frankfurt/Main 2008] 50–96.

Andreas ERB, Der „wilde Wolf von Merzien" oder „Cavalier von ansehnlichen Character"? – ein anhaltischer Adliger im Konflikt mit seinem Landesherrn, in: Adel, Recht und Gerichtsbarkeit im frühneuzeitlichen Europa, hg. von Annette BAUMANN–Alexander JENDORFF (Bibliothek Altes Reich 15, München 2014) 353–378.

Andreas ERB–Tobias SCHENK, Zweiundzwanzig Gröbziger Bauern, zwei anhaltische Fürsten, eine kursächsische Kommission und der Wiener Reichshofrat. Ein langer Marsch durch die Institutionen des Alten Reiches. *Mitteilungen des Vereins für Anhaltische Landeskunde* 23 (2015) 105–129.

Georg ERLER, Die Matrikeln und die Promotionsverzeichnisse der Albertus-Universität zu Königsberg in Preußen. Bd. 2: Die Immatrikulationen von 1544–1829 2 (Leipzig 1911).

Martin ESPENHORST, Einführung: Frieden übersetzen in der Vormoderne. Translationsleistungen und -defizite im vormodernen Friedensprozess, in: Frieden übersetzen in der Vormoderne. Translationsleistungen in Diplomatie, Medien und Wissenschaft, hg. von Heinz DUCHHARDT–DEMS. (Veröffentlichungen des Instituts für Europäische Geschichte Mainz 92, Göttingen 2012) 9–15.

Gerold ESSER–Gudrun STYHLER-AYDIN, Das Dachwerk der Kirche St. Michael in Wien – Baudokumentation und Bauanalyse, in: Die Wiener Hofburg im Mittelalter 527–538.

Sven EXTERNBRINK, Internationale Politik in der Frühen Neuzeit. Stand und Perspektiven der Forschung zu Diplomatie und Staatensystem, in: Geschichte der Politik, hg. von Hans-Christof KRAUS–Thomas NICKLAS (HZ Beih. 44, München 2007) 15–39.

Jeanette FALCKE, Studien zum diplomatischen Geschenkwesen am brandenburgisch-preußischen Hof im 17. und 18. Jahrhundert (Quellen und Forschungen zur Brandenburgischen und Preußischen Geschichte 31, Berlin 2006).

Thomas FELLNER–Heinrich KRETSCHMAYR, Die Österreichische Zentralverwaltung. I. Abteilung: Von Maximilian I. bis zur Vereinigung der österreichischen und böhmischen Hofkanzlei (1749). Bd. 1: Geschichtliche Übersicht (VKNGÖ 5, Wien 1907).

Albert FISCHER, Daniel Specklin aus Straßburg (1536–1589). Festungsbaumeister, Ingenieur und Kartograph (Veröffentlichungen der Kommission für geschichtliche Landeskunde in Baden-Württemberg. Ein Beitrag zum Historischen Atlas von Baden-Württemberg, Sigmaringen 1996).

Karl FISCHER, Der Kartograph Daniel Suttinger (1640–um 1690). Sein Leben und sein Werk im Rahmen der frühen Wiener Stadtkartographie. *JbVGStW* 47/48 (1991/1992) 51–91.

–, „Eine neue Manier, die Stadt Wien und die Leopoldstadt zu befestigen und zu vergrößern." Das Fortifikationsprojekt des Michel Herstal de la Tache von 1695 in einer Kopie von 1697, in: Wien und Niederösterreich – eine untrennbare Beziehung? Festschrift für Willibald Rosner zum 65. Geburtstag, hg. von Elisabeth LOINIG–Stefan EMINGER–Andreas WEIGL (Studien und Forschungen aus dem Niederösterreichischen Institut für Landeskunde 70, St. Pölten 2017) 577–594.

Gerhard FISCHER (Red.), Die Blumen des Bösen. Eine Geschichte der Armut in Wien, Prag, Budapest und Triest in den Jahren 1693 bis 1873, Bd. 1 (München–Wien 1992).

–, Der Himmel ist nackt, schön offen, in: Die Blumen des Bösen. Eine Geschichte der Armut in Wien, Prag, Budapest und Triest in den Jahren 1693 bis 1873, Bd. 2, hg. von Nora FISCHER-MARTIN–DEMS. (Wien 1994) 13–48.

Nora FISCHER-MARTIN–Gerhard FISCHER (Red.), Die Blumen des Bösen. Eine Geschichte der Armut in Wien, Prag, Budapest und Triest in den Jahren 1693 bis 1873, Bd. 2 (Wien 1994).

[Folbert van Ouden-Allen/Alten-Allen] –Vogelschau der Stadt Wien. Kupferstich nach Folbert van Alten-Allen, Wien vor 1683. Reprint der Ausgabe, hg. von Walter Öhlinger (Schleinbach 2012).

Werner FREITAG, Die Fürsten von Anhalt in Spätmittelalter und Früher Neuzeit. Eine Einführung, in: Die Fürsten von Anhalt 9–31.

Susanne FRITSCH–Hannes TAUBER, Der Fall der Bastei. Die Wiener Befestigungsanlagen und ihr Ende 1857 (Veröffentlichungen des Wiener Stadt- und Landesarchivs, Reihe B: Ausstellungskataloge 76, Wien 2007).

Die Fürsten von Anhalt. Herrschaftssymbolik, dynastische Vernunft und politische Konzepte in Spätmittelalter und Früher Neuzeit, hg. von Werner FREITAG–Michael HECHT (Studien zur Landesgeschichte 9, Halle/Saale 2003).

Joseph GEORGIRENES, A description of the present State of Samos, Nicaria, Patmos and Mount Athos (London 1677).

Alessia GIACHERY, Stefano Mozzi Scolari, „stampadore e miniatore di stampe di rame" nella Venezia del Seicento: vita, attività, eredi. *Bibliothecae.it. Rivista di studi semestrale* 1–2 (2012) 93–120 (online unter: https://bibliothecae.unibo.it/article/viewFile/5691/5411/).

Michael GÖBL, Wappen-Lexikon der habsburgischen Länder (Schleinbach 2013).

Holger GRÄF, Gestaltende Kräfte und gegenläufige Entwicklungen im Staatensystem des 17. und 18. Jahrhunderts. Die Republik der Vereinigten Niederlande als Macht des

Übergangs, in: Das europäische Staatensystem im Wandel. Strukturelle Bedingungen und bewegende Kräfte seit der Frühen Neuzeit, hg. von Peter KRÜGER–Elisabeth MÜLLER-LUCKNER (Schriften des Historischen Kollegs 35, München 1996) 11–25.

Sibylle GRÜN, Das Hof- oder Kaiserspital, in: Die Wiener Hofburg 1521–1705 241–248.

Niels GRÜNE, „Und sie wissen nicht, was es ist". Ansätze und Blickpunkte historischer Korruptionsforschung, in: Korruption. Historische Annäherungen an eine Grundfigur politischer Kommunikation, hg. von DEMS.–Simona SLANIČKA (Göttingen 2010) 11–34.

Gründliche Fürstell- und Erweisung / Daß die Succession in- und an dem Fürstenthum Nieder-Sachsen / ins gemein Lauenburg genant / auf den sich begebenden Abgang des Herrn Hertzogen zu Sachsen / Engern und Westphalen Fürstlichen Leibes-Lehens-Erben / dem Hoch Fürstl. Hause Anhalt allein von Rechtswegen gebühre (Zerbst $^{2}$1671).

Oswald VON GSCHLIESSER, Der Reichshofrat. Bedeutung und Verfassung, Schicksal und Besetzung einer obersten Reichsbehörde von 1559 bis 1806 (VKNGÖ 33, Wien 1942).

Die Habsburgermonarchie 1620 bis 1740. Leistungen und Grenzen des Absolutismusparadigmas, hg. von Petr MAŤA–Thomas WINKELBAUER (Forschungen zur Geschichte und Kultur des östlichen Mitteleuropa 24, Stuttgart 2006).

Franz HADRIGA, Die Trautson. Paladine Habsburgs (Graz 1996).

Edgar HAIDER, Verlorenes Wien. Adelspaläste vergangener Tage (Wien–Köln–Graz 1984).

Paul HARRER VON LUCIENFELD, Wien, seine Häuser, Menschen und Kultur. Ungedr. Manuskript (vorhanden in der Wienbibliothek und im Wiener Stadt- und Landesarchiv), Bd. 1, I.–III. Teil. (o. O. 1951–1952); Bd. 2, I.–IV. Teil (o. O. 1952–1953); Bd. 3, I.–II. Teil (o. O. 1942–1943); Bd. 4, I.–III. Teil (o. O. 1954–1955); Bd. 5, I.–II. Teil (o. O. 1955–1956); Bd. 6, I.–II. Teil (o. O. 1956–1957); Bd. 7 (o. O. 1957); Bd. 8, I.–II. Teil (Register und Indices) (o. O. 1958).

Edward HEAWOOD, Watermarks, mainly of the 17$^{th}$ and 18$^{th}$ centuries (Hilversum 1950).

Michael HECHT, Anhalt und die Dynastie der Askanier in der Frühen Neuzeit, in: Auf dem Weg zu einer Geschichte Anhalts. Wissenschaftliches Kolloquium zur 800-Jahr-Feier des Landes Anhalt (Mitteilungen des Vereins für Anhaltische Landeskunde Sonderbd. 2012, Köthen 2012) 91–106.

Markus HEINZ–Jan MOKRE, Über Joseph Daniel von Huber (1730/1731–1788) und seinen Vogelschauplan von Wien. *JbVGStW* 47/48 (1991/1992) 93–122.

Historischer Atlas von Wien, Lief. 1–18, hg. von Renate BANIK-SCHWEITZER–Felix CZEIKE–Gerhard MEISSL–Ferdinand OPLL–Andreas WEIGL (Wien 1981–2015).

Severin HOHENSINNER, Bibliografie historischer Karten und Literatur zu österreichischen Flusslandschaften (Materialien zur Umweltgeschichte Österreichs 3, Wien 2015).

Renate HOLZSCHUH-HOFER, Die Neue Burg (Amalienburg), in: Die Wiener Hofburg 1521–1705 336–345.

Renate HOLZSCHUH-HOFER–Markus JEITLER, Das Augustinerkloster und der Augustinergang 1521–1619, in: Die Wiener Hofburg 1521–1705 246–256.

Renate HOLZSCHUH-HOFER [Vorarbeiten: Sibylle GRÜN]–Herbert KARNER, Die Stallburg, in: Die Wiener Hofburg 1521–1705 294–305.

Caroline HUBER, Analyse der Topographie einer frühneuzeitlichen Residenz. Der Briefträger Johann Jordan (1665–1738) und das erste gedruckte Adressbuch der Stadt Wien aus dem Jahr 1701. Mit einem Register des „Postbuches" im Anhang (MA Wien 2018).

Joseph Daniel von HUBER, Vogelschauplan der Stadt Wien, hg. von Walter ÖHLINGER (Schleinbach 2015).

Walter HUMMELBERGER–Kurt PEBALL, Die Befestigungen Wiens (Wiener Geschichtsbücher 4, Wien–Hamburg 1974).

Markus JEITLER, Die Verwaltungsräume, in: Die Wiener Hofburg 1521–1705 318–330.

Markus JEITLER–Jochen MARTZ, Der Rosstummelplatz, in: Die Wiener Hofburg 1521–1705 268–278.

Johann JORDAN, Schatz, Schutz und Schantz deß Ertz-Hertzogtumbs Oesterreich: das ist ein sehr genaue und ordentliche Beschreibung aller Gassen, Plätz, Palläst, Häuser und Kirchen der berühmten Haubt- und Kayserl. Residenz-Statt Wienn (Wienn 1701).

Walter JUNGE, Leibniz und der Sachsen-Lauenburgische Erbfolgestreit (Hildesheim 1965).

Josef KALLBRUNNER, Das Wiener Hofquartierwesen und die Massnahmen gegen die Quartiersnot im 17. und 18. Jahrhundert. *MVGStW* 5 (1925) 24–36.

Herbert KARNER, Das Augustinerkloster und seine Verbindung zum kaiserlichen Hof, 1620–1705, in: Die Wiener Hofburg 1521–1705 256–267.

–, Der Leopoldinische Trakt 1660–1705, in: Die Wiener Hofburg 1521–1705 377–421.

–, Die Neue Burg (Amalienburg), in: Die Wiener Hofburg 1521–1705 346–360.

–, Der Rosstummelplatz, in: Die Wiener Hofburg 1521–1705 268–287.

–, Die Stallburg, in: Die Wiener Hofburg 1521–1705 305–310.

–, Die Verwaltungsräume, in: Die Wiener Hofburg 1521–1705 330–335.

Katrin KELLER–Martin SCHEUTZ–Harald TERSCH, Einmal Weimar – Wien und retour. Johann Sebastian Müller und sein Wienbericht aus dem Jahr 1660 (VIÖG 42, Wien 2005).

Manfred KNEDLIK, „Auff Osterreichisch teütsch gericht". Wolfang Schmeltzl und das Theater der Gegenreformation in Wien, in: Literatur – Geschichte – Österreich. Probleme, Perspektiven und Bausteine einer österreichischen Literaturgeschichte. Thematische Festschrift zur Feier des 70. Geburtstages von Herbert Zeman, hg. von Wynfrid KRIEGLEDER–Christoph FACKELMANN (Austria: Forschungen und Wissenschaft, Literatur- und Sprachwissenschaft 18, Wien 2011) 402–414.

Gerhard KÖBLER, Historisches Lexikon der deutschen Länder. Die deutschen Territorien und reichsunmittelbaren Geschlechter vom Mittelalter bis zur Gegenwart (Darmstadt $^{6}$1999).

Matthias KÖHLER, Neue Forschungen zur Diplomatiegeschichte. *ZHF* 40/2 (2013) 257–271.

Hansdieter KÖRBL, Die Hofkammer und ihr ungetreuer Präsident. Eine Finanzbehörde zur Zeit Leopolds I. (VIÖG 54, Wien 2009).

Max KRATOCHWILL, Wolfgang Lazius. *WGBll* 20 (1965) 449–452.

Heike KRAUSE–Martin MOSSER–Christine RANSEDER–Ingeborg GAISBAUER–Sylvia SAKL-OBERTHALER, Hernals. Die archäologischen Ausgrabungen (Wien Archäologisch 12, Wien 2016).

Heike KRAUSE–Gerhard REICHHALTER–Ingeborg GAISBAUER–Ingrid MADER–Sylvia

Sakl-Oberthaler–Christine Ranseder, Mauern um Wien. Die Stadtbefestigung von 1529 bis 1857 (Wien Archäologisch 6, Wien 2009).

Kersten Krüger, Militär und Stadt – Ratzeburg 1689–1695. Befestigung, Bombardierung und Wiederaufbau, in: Europäische Städte im Zeitalter des Barock. Gestalt – Kultur – Sozialgefüge, hg. von dems. (Städteforschung A/28, Köln–Wien 1988) 399–436.

Johann Georg Krünitz, Oekonomische Encyklopädie oder allgemeines System der Staats- Stadt- Haus- und Landwirthschaft, 242 Bde. (Berlin 1773–1858).

Irene Kubiska-Scharl–Michael Pölzl, Die Karrieren des Wiener Hofpersonals 1711–1765. Eine Darstellung anhand der Hofkalender und Hofparteienprotokolle (FB 58, Wien 2013).

Sonja Lessacher, „Über die prugken ze hanndeln oder ze wanndeln". Die Verwaltung der Wiener Brücken im Mittelalter und in der Frühen Neuzeit, in: Verwaltetes Wasser im Österreich des Spätmittelalters und der Frühen Neuzeit, hg. von Martin Scheutz–Herwig Weigl (Forschungen zur Landeskunde von Niederösterreich 37, St. Pölten 2016) 149–199.

Elisabeth Lichtenberger, Die Wiener Altstadt. Von der mittelalterlichen Bürgerstadt zur City (Wien 1977).

Georg Liebe–Emil Theuner, Aeltere Universitäts-Matrikeln. Universität Frankfurt a. O., Bd. 2 (1649–1811) (Leipzig 1888).

Klaus Lohrmann–Ferdinand Opll, Regesten zur Frühgeschichte von Wien (FB 10, Wien 1981).

Christina Lutter, Politische Kommunikation an der Wende vom Mittelalter zur Neuzeit. Die diplomatischen Beziehungen zwischen der Republik Venedig und Maximilian I., 1495–1508 (VIÖG 34, Wien 1998).

Martin Mantzke, Das Fürstenhaus, in: Sachsen-Anhalt. Historische Landeskunde Mitteldeutschlands, hg. von Hermann Heckmann (Würzburg 1986) 45–52.

Petr Maťa, Der Adel aus den böhmischen Ländern am Kaiserhof 1620–1740. Versuch, eine falsche Frage richtig zu lösen. In: Šlechta v habsburské monarchii a císařský dvůr (1526–1740) [Der Adel in der Habsburgermonarchie und der Kaiserhof (1526–1740)], hg. von Václav Bůžek–Pavel Král (Opera historica 10, České Budějovice 2003) 191–233.

Maximilian Maurer, Das Hofquartierwesen am Wiener Hof in der Frühen Neuzeit (Dipl. Wien 2013).

Alfred May, Wien in alten Ansichten. Das Werden der Wiener Vedute (Wien–München $^{2}$1980).

Wolfgang Mayer (Red.), Die städtebauliche Entwicklung Wiens bis 1945 (Katalog zur Ausstellung der Geschäftsgruppe Stadtplanung und des Wiener Stadt- und Landesarchivs, Messepalast Halle P, 6. Dezember 1978 bis 30. April 1979, o. O. o. J.).

Grete Mecenseffy, Die evangelischen Kirchen Wiens (Wiener Geschichtsbücher 24, Wien 1980).

Yair Mintzker, The Defortification of the German City, 1689–1866 (Publications of the German Historical Institute, New Jersey 2014).

Giuseppe Mollo, Carlo Theti, I „Discorsi delle fortificationi" di un ingegnere militare del XVI secolo, in: Storie e teorie dell'architettura dal Quattrocento al Novecento, hg. von Alfredo Buccaro et al. (Quaderni di storia dell'Architettura 1/1, Pisa 2008) 83–132.

Paul MITCHELL, Der Baubestand der Burg des 15. Jahrhunderts, in: Die Wiener Hofburg im Mittelalter 407–412.

Cornelia Niekus MOORE, Patterned Lives. The Lutheran Funeral Biography in Early Modern Germany (Wolfenbütteler Forschungen 111, Wiesbaden 2006).

Johann Jacob MOSER, Einleitung zu denen Cantzley-Geschäfften zum Gebrauch der Hanauischen Staats- und Cantzley-Academie (Hanau 1750).

Ingo NEBEHAY–Robert WAGNER, Bibliographie altösterreichischer Ansichtenwerke aus fünf Jahrhunderten. Die Monarchie in der topographischen Druckgraphik von der Schedel'schen Weltchronik bis zum Aufkommen der Photographie 1–3; 2. Nachtrag A–Z. Mit weiteren Ergänzungen und Korrekturen; Register (Graz 1981–1991).

Wolfgang NEUGEBAUER, Monarchisches Kabinett und Geheimer Rat. Vergleichende Betrachtungen zur frühneuzeitlichen Verfassungsgeschichte in Österreich, Kursachsen und Preußen. *Der Staat* 33 (1994) 511–535.

Jan NIEDERKORN, Wiens Befestigungen im Jahr 1597. Ein Memorandum von Georg Basta mit Vorschlägen zu ihrer Verbesserung und zum Verhalten des kaiserlichen Heeres im Fall einer Belagerung durch die Türken. *JbVGStW* 42 (1986) 34–46.

–, Die europäischen Mächte und der „Lange Türkenkrieg" Kaiser Rudolfs II. (1593–1606) (AÖG 135, Wien 1993).

Alfred NOE, Die italienische Literatur in Österreich. Teil 1: Von den Anfängen bis 1797 (Geschichte der italienischen Literatur in Österreich 1, Wien–Köln–Weimar 2011).

N. O., Monatliche Unterredungen einiger guten Freunde von allerhand Büchern und anderen annemlichen Geschichten [...] 2 (Leipzig 1689).

Ferdinand OPLL, The Basis of our Knowledge – Sources and Records, in: A Companion to medieval and early modern Vienna 1250–1529, ed. Elisabeth GRUBER–Susana ZAPKE (Amsterdam 2018) (in Druck).

–, Der Burgfried der Stadt Wien. Studien zum Kompetenzbereich des Magistrats vor und nach der Türkenbelagerung von 1683 (FB 15, Wien 1985).

–, Erstnennung von Siedlungsnamen im Wiener Raum (Kommentare zum Historischen Atlas von Wien 2, Wien–München 1981).

–, Ferdinand I. und seine Stadt Wien. Versuch einer Neubewertung des Verhältnisses zwischen Herrscher und Stadt. *JbVGStW* 61 (2005) 73–98.

–, Der Festungsbau als Initiator des Stadtplanes. Zur Entwicklung der Wiener Stadtpläne im 16. Jahrhundert, in: Urbanität. Formen der Inszenierung in Texten, Karten und Bildern, hg. von Martina STERCKEN–Ute SCHNEIDER (Städteforschung A/90, Köln–Weimar–Wien 2016) 133–155 und 232f. (Abb. 1 und 2).

–, Friedrich Barbarossa als Gründer von italienischen Städten. Lodi – Alessandria/Caesarea – Crema. *MIÖG* 118 (2010) 27–60.

–, Die „Gestapo-Kartei" (und andere sensationelle Funde im Archiv). Reflexionen zum Thema „Finden und Entdecken" in Archiven. *Scrinium. Zeitschrift des Verbandes österreichischer Archivare* 55 (2001) 591–601.

–, Alte Grenzen im Wiener Raum (Kommentare zum Historischen Atlas von Wien 4, Wien–München 1986).

–, Innensicht und Außensicht. Überlegungen zum Selbst- und Fremdverständnis Wiens im 16. Jahrhundert. *WGBll* 59 (2004) 188–208.

–, „Iter Viennese Cristo auspice et duce". Wien im Reisetagebuch des Tilemann Stella von 1560. *JbVGStW* 52/53 (1996/97) 321–360.

–, Planung oder Genese? Zur städtischen Entwicklung Wiens bis zum Ende des 13. Jahrhunderts, in: Europäische Städte im Mittelalter, hg. von Ferdinand Opll–Christoph Sonnlechner (FB 52/Veröffentlichungen des Wiener Stadt- und Landesarchivs, Reihe C: Sonderpublikationen 14, Innsbruck–Wien–Bozen 2010) 217–252.

–, Schutz und Symbol. Zur Stadtbefestigung von Wien vom hohen Mittelalter bis zur Mitte des 19. Jahrhunderts. *ÖZKD* 64 (2010) 12–21.

–, Seigneurial Power and Planning: Aspects of the Origins of Towns in Austria with Particular Reference to Vienna and Wiener Neustadt, in: Lords and Towns in Medieval Europe. The European Historic Towns Atlas Project, hg. von Anngret Simms–Howard B. Clarke (Farnham–Burlington 2015) 165–187.

–, Stadtbild und Stadtsein Wiens um 1800. Veränderungen und Wandel – Beharrung und Konstanz, in: Der Wiener Kongress. Die Erfindung Europas, hg. von Thomas Just–Wolfgang Maderthaner–Helene Maimann (Wien 2014) 146–161.

–, Städtegründungen des hohen Mittelalters – Überlegungen anhand der lombardischen Stadt Lodi, in: Stadtgründung und Stadtwerdung. Beiträge von Archäologie und Stadtgeschichtsforschung, hg. von dems. (Beiträge zur Geschichte der Städte Mitteleuropas 22, Linz 2011) 269–321.

–, Trennen und Verbinden. Zur praktischen und symbolischen Bedeutung des Stadttores, in: Orte der Stadt im Wandel vom Mittelalter zur Gegenwart. Treffpunkte, Verkehr und Fürsorge, hg. von Lukas Morscher–Martin Scheutz–Walter Schuster (Beiträge zur Geschichte der Städte Mitteleuropas 24, Innsbruck–Wien–Bozen 2013) 59–89.

–, Was ist Wien? Studien zur städtischen Identität in Spätmittelalter und Früher Neuzeit (13. bis frühes 18. Jahrhundert). *JbVGStW* 57/58 (2001/2002) 125–196.

–, Wien (Österreichischer Städteatlas, Lief. 1, Wien 1982); online: http://mapire.eu/oesterreichischer-staedteatlas/wien/.

–, Wien im Bild historischer Karten (Wien 1983, ²2004).

–, Wien um die Mitte des 13. Jahrhunderts, in: Europas Städte zwischen Zwang und Freiheit. Die europäische Stadt um die Mitte des 13. Jahrhunderts, hg. von Wilfried Hartmann (Schriftenreihe der Europa-Kolloquien im Alten Reichstag. Sonderbd., Regensburg 1995) 233–255.

–, Wiener Stadtansichten im Spätmittelalter und in der frühen Neuzeit (15.–17. Jahrhundert), in: Bild und Wahrnehmung der Stadt, hg. von dems. (Beiträge zur Geschichte der Städte Mitteleuropas 19, Linz 2004) 157–188.

Ferdinand Opll–Heike Krause–Christoph Sonnlechner, Wien als Festungsstadt im 16. Jahrhundert. Zum kartografischen Werk der Mailänder Familie Angielini (Wien–Köln–Weimar 2017).

Ferdinand Opll–Martin Scheutz, Der Schlierbach-Plan des Job Hartmann von Enenkel. Ein Plan der Stadt Wien aus dem frühen 17. Jahrhundert (QIÖG 13, Wien 2014).

Ferdinand Opll–Martin Stürzlinger, Wiener Ansichten und Pläne von den Anfängen bis 1609. Mit einem Neufund aus Gorizia/Görz aus der Mitte des 16. Jahrhunderts (WGBll Beih. 4, Wien 2013).

Richard Perger, Die Baugeschichte des Wiener Schrannengebäudes nach schriftlichen Quellen. *JbVGStW* 57/58 (2001/2002) 269–299.

–, Straßen, Türme und Basteien. Das Straßennetz der Wiener City in seiner Entwicklung und seinen Namen (FB 22, Wien 1991).

Richard Perger–Walther Brauneis, Die mittelalterlichen Kirchen und Klöster Wiens (Wiener Geschichtsbücher 19/20, Wien–Hamburg 1977).
Richard Perger–Ernst Petritsch, Der Gasthof „Zum Goldenen Lamm" in der Leopoldstadt und seine türkischen Gäste. *JbVGStW* 55 (1999) 147–172.
Gerhard Piccard (Bearb.), Wasserzeichen Blatt – Blume – Baum (Veröffentlichungen der Staatlichen Archivverwaltung Baden-Württemberg, Sonderreihe: Die Wasserzeichenkartei Piccard im Hauptstaatsarchiv Stuttgart. Findbuch XII, Stuttgart 1982).
Wolfgang Pircher, Verwüstung und Verschwendung. Adeliges Bauen nach der Zweiten Türkenbelagerung (FB 14, Wien 1984).
Ingrid Pollack, Das Palais Corbelli-Schoeller unter besonderer Berücksichtigung der historistischen Ausstattung der Innenräume (Dipl. Wien 2008).
Friedrich Polleross, Geistliches Zelt- und Kriegslager. Die Wiener Peterskirche als barockes Gesamtkunstwerk. *JbVGStW* 39 (1983) 142–208.
Rouven Pons, *Die Dame ist romanesque und coquet* ... Catharina Gräfin Wackerbarth (1670–1719) als kursächsische Gesandte in Wien. *MIÖG* 114 (2006) 65–95.
–, Diario di Vienna. Das Wiener Tagebuch des Mailänder Gesandten Martini von Martinsberg 1697/98. *JbVGStW* 62/63 (2006/07) 205–271.
–, Gesandte in Wien. Diplomatischer Alltag um 1700, in: Ein zweigeteilter Ort? Hof und Stadt in der Frühen Neuzeit, hg. von Susanne Cl. Pils–Jan Paul Niederkorn (FB 44, Innsbruck 2005) 155–187.
–, Palais zu vermieten. Das Wiener Palais Gallas im Jahre 1717. *WGBll* 60 (2005) 45–49.
–, „Wo der gekrönte Löw hat seinen Kayser-Sitz". Herrschaftsrepräsentation am Wiener Kaiserhof zur Zeit Leopolds I. (Deutsche Hochschulschriften 1195, Egelsbach 2001).
Martin Pozsgai, Die Gesandten am französischen Hof als Kunstagenten. Daniel Cronström aus Schweden und Ernst Ludwig Carl aus Brandenburg-Ansbach, in: Materielle Grundlagen der Diplomatie, hg. von Mark Häberlein–Christof Jeggle (Irseer Schriften N. F. 9, Konstanz 2013) 175–192.
Hermann von Raumer, Die Geschichte der Familie von Raumer (Bibliothek familiengeschichtlicher Arbeiten 38, Neustadt an der Aisch 1975).
Gustav Reingrabner, Protestanten in Österreich. Geschichte und Dokumentation (Wien–Graz–Köln 1981).
Wolfgang Reinhard, Geschichte der Staatsgewalt. Eine vergleichende Verfassungsgeschichte Europas von den Anfängen bis zur Gegenwart (München 1999).
–, Historische Anthropologie frühneuzeitlicher Diplomatie. Ein Versuch über Nuntiaturberichte 1592–1622, in: Wahrnehmungen des Fremden. Differenzerfahrungen von Diplomaten im 16. und 17. Jahrhundert, hg. von Michael Rohrschneider–Arno Strohmeyer (Schriftenreihe der Vereinigung zur Erforschung der Neueren Geschichte 31, Münster 2007) 53–72.
Yasmin-Sybille Rescher, Herrschaft und Ressourcenverteilung am Wiener Hof. Das Obersthofmarschallamt im 17. und 18. Jahrhundert (Diss. Wien 2016).
Hermann Rippel, Die holländische Gesandtschaftskapelle als Vorgängerin der reformierten Gemeinde in Wien, in: Die evangelische Gemeinde H.B. in Wien, hg. von Peter Karner (FB 16, Wien 1986) 27–45.
Michael Ritter, Die Welt aus Augsburg. Landkarten von Tobias Conrad Lotter (1717–1777) und seinen Nachfolgern (Katalog zur Ausstellung Schaezlerpalais Augsburg 2014, Berlin 2014).

Andreas ROHATSCH, Gesteinskundliche Untersuchungen am Nordchor von St. Michael, in: Die Wiener Hofburg im Mittelalter 285–289.

Andreas ROHATSCH–Barbara HODITS, Die Baugesteine des 13. Jahrhunderts der Wiener Michaelerkirche, in: Die Wiener Hofburg im Mittelalter 122–137.

Michael ROHRSCHNEIDER, Johann Georg II. von Anhalt-Dessau (1627–1693). Eine politische Biographie (Quellen und Forschungen zur Brandenburgischen und Preußischen Geschichte 16, Berlin 1998).

–, Möglichkeiten und Grenzen politischer Selbstbehauptung mindermächtiger Reichsstände im 17. Jahrhundert: Das politische Wirken Johann Georgs II. von Anhalt-Dessau, in: Die Fürsten von Anhalt 187–201.

–, Neue Tendenzen der diplomatiegeschichtlichen Erforschung des Westfälischen Friedenskongresses, in: Pax perpetua. Neuere Forschungen zum Frieden in der Frühen Neuzeit, hg. von Inken SCHMIDT-VOGES–Siegrid WESTPHAL–Volker ARNKE–Tobias BARTKE (Bibliothek Altes Reich 8, München 2010) 103–121.

–, Österreich und der Immerwährende Reichstag. Studien zur Klientelpolitik und Parteibildung (1745–1763) (Schriftenreihe der Historischen Kommission bei der Bayerischen Akademie der Wissenschaften 89, Göttingen 2014).

–, Tradition und Perzeption als Faktoren in den internationalen Beziehungen. Das Beispiel der wechselseitigen Wahrnehmung der französischen und spanischen Politik auf dem Westfälischen Friedenskongreß. *ZHF* 29 (2002) 257–282.

Michael ROHRSCHNEIDER–Stefan SIENELL, Hohenzollern kontra Habsburg. Zu den kurbrandenburgisch-kaiserlichen Beziehungen in der zweiten Hälfte des 17. Jahrhunderts. *Forschungen zur brandenburgischen und preußischen Geschichte* Beih. 13/1 (2003) 61–81.

Ulrich ROSSEAUX, Friedensverhandlungen und Öffentlichkeit. Der Westfälische Friedenskongress in den zeitgenössischen gedruckten Zeitungen, in: Diplomatie, Medien, Rezeption. Aus der editorischen Arbeit an den Acta Pacis Westphalicae, hg. von Maria-Elisabeth BRUNERT–Maximilian LANZINNER (Schriftenreihe der Vereinigung zur Erforschung der Neueren Geschichte 32, Münster 2010) 21–54.

Udo von RUNDSTEDT, Die militärische Besetzung des Herzogtums Lauenburg durch Georg Wilhelm von Celle 1689. *Zeitschrift der Gesellschaft für Schleswig-Holsteinische Geschichte* 59 (1930) 463–475.

Alfons SCHÄFER (unter Mitwirkung von Helmut WEBER), Inventar der handgezeichneten Karten und Pläne zur europäischen Kriegsgeschichte des 16.–19. Jahrhunderts im Generallandesarchiv Karlsruhe (Veröffentlichungen der Staatlichen Archivverwaltung Baden-Württemberg 25, Stuttgart 1971).

Susanne SCHATTENBERG, Diplomatie als interkulturelle Kommunikation. *Zeithistorische Forschungen* 8/3 (2011) 457–462.

Barbara SCHEDL, Klosterleben und Stadtkultur im mittelalterlichen Wien. Zur Architektur religiöser Frauenkommunitäten (FB 51, Wien–Innsbruck 2009).

Bettina SCHERBAUM, Festkultur, Diplomatie und Familienglanz. Die Festlichkeiten in Rom anläßlich der Geburt des Kurprinzen Joseph Ferdinand 1692, in: Akteure – Beziehungen – Ideen. Bayerische Geschichte im interterritorialen Zusammenhang, hg. von Rainald BECKER–Daniel BURGER–Thomas HORLING–Hannelore PUTZ (Kallmünz 2010) 213–234.

Martin SCHEUTZ, „Den neuen bäpstischen calender anlangende, würdet derselb [...] durchaus nit gehalten“. Der Gregorianische Kalender als politischer und konfessioneller Streitfall , in: Ideologisierte Zeit. Kalender und Zeitvorstellungen im Abendland von der Antike bis zur Neuzeit, hg. von Wolfgang HAMETER–Meta NIEDERKORN-BRUCK–DEMS. (Querschnitte 17, Wien 2005) 116–143.

–, In steter Auseinandersetzung mit mächtigen Nachbarn. Das Alte und Neue Wiener Rathaus. *WGBll* 70/4 (2015) 343–363.

–, Die Elite der hochadeligen Elite. Sozialgeschichtliche Rahmenbedingungen der obersten Hofämter am Wiener Kaiserhof im 18. Jahrhundert, in: Adel im 18. Jahrhundert. Umrisse einer sozialen Gruppe in der Krise, hg. von Gerhard AMMERER–Elisabeth LOBENWEIN–DEMS. (Querschnitte 28, Innsbruck 2015) 141–194.

–, Legalität und unterdrückte Religionsausübung. Niederleger, Reichshofräte, Gesandte und Legationsprediger. Protestantisches Leben in der Haupt- und Residenzstadt Wien im 17. und 18. Jahrhundert, in: Geheimprotestantismus und evangelische Kirchen in der Habsburgermonarchie und im Erzstift Salzburg (17./18. Jahrhundert), hg. von Rudolf LEEB–DEMS.–Dietmar WEIKL (VIÖG 51, Wien 2008) 209–236.

–, „Relation des blutigen Treffens" – die Schlacht von Mogersdorf/St. Gotthard in deutschsprachigen, zeitgenössischen Medien, in: Die Schlacht von Mogersdorf/St. Gotthard 295–339.

–, Säulentausch – Dreifaltigkeitssäulen ersetzen altmodische Pranger in österreichischen Städten des 18. Jahrhunderts, in: Kommunale Selbstinszenierung, hg. von Martina STERCKEN–Christian HESSE (Zürich 2018) (in Druck).

–, Der „vermenschte Heiland". Armenspeisung und Gründonnerstags-Fußwaschung am Wiener Kaiserhof, in: Ein zweigeteilter Ort. Hof und Stadt in der Frühen Neuzeit, hg. von Susanne PILS–Jan Paul NIEDERKORN (FB 44, Wien 2005) 177–241.

–, Zeughäuser in österreichischen Städten. Zur Genese eines frühneuzeitlichen Bautyps in historischer Sicht, in: Wien und Niederösterreich – eine untrennbare Beziehung? Festschrift für Willibald Rosner, hg. von Elisabeth LOING–Stefan EMINGER–Andreas WEIGL (Studien und Forschungen aus dem Niederösterreichischen Institut für Landeskunde 70, St. Pölten 2017) 523-563.

Martin SCHEUTZ–Alfred Stefan WEISS, Spital als Lebensform. Österreichische Spitalordnungen und Spitalinstruktionen der Neuzeit (QIÖG 15/1–2, Wien 2015).

–, Die Spitalordnung für die österreichischen Hofspitäler im 16. Jahrhundert, in: Quellen zum europäischen Spitalwesen. Institutionelle Fürsorge in Mittelalter und Früher Neuzeit. Sources for the History of Hospitals in Medieval and Early Modern Europe, hg. von DEMS.–Andrea SOMMERLECHNER–Herwig WEIGL–Alfred Stefan WEISS (QIÖG 6, Wien 2010) 299–349.

Heinz SCHILLING, Formung und Gestalt des internationalen Systems in der werdenden Neuzeit – Phasen und bewegende Kräfte, in: Kontinuität und Wandel in der Staatenordnung der Neuzeit. Beiträge zur Geschichte des internationalen Systems, hg. von Peter KRÜGER (Marburger Studien zur neueren Geschichte 1, Marburg 1991) 19–46.

Die Schlacht von Mogersdorf/St. Gotthard und der Friede von Eisenburg/Vasvár 1664. Rahmenbedingungen, Akteure, Auswirkungen und Rezeption eines europäischen Ereignisses, hg. von Karin SPERL–Martin SCHEUTZ–Arno STROHMEYER (Burgenländische Forschungen 108, Eisenstadt 2016).

Andreas Gottfried SCHMIDT, Anhalt'sches Schriftsteller-Lexikon oder historisch-literarische Nachrichten über die Schriftsteller, welche in Anhalt geboren sind oder gewirkt haben aus den drei letzten Jahrhunderten gesammelt und bis auf unsere Zeiten fortgeführt nebst einem Anhange (Bernburg 1830).

Georg SCHMIDT, Die Fürsten von Anhalt. Reformierte Konfessionalisierung und überkonfessionelle Einheitsbestrebungen?, in: Die Fürsten von Anhalt 173–186.

Matthias SCHNETTGER, Die Kaiserinnen aus dem Haus Gonzaga: Eleonora die Ältere und Eleonora die Jüngere, in: Nur die Frau des Kaisers? Kaiserinnen in der Frühen Neuzeit, hg. von Bettina BRAUN–Katrin KELLER–DEMS. (VIÖG 64, Wien 2016) 117–140.

Kurt SCHUBERT, Die Geschichte des österreichischen Judentums (Wien–Köln–Weimar 2008).

Walter SCHÜCKER, Abt Klemens Scheffer von Heiligenkreuz als Vater Abt und Generalvikar der österreichischen Zisterzienserklöster (Diss. Wien 1941).

Mario SCHWARZ–Günther BUCHINGER, Die Portale des 13. Jahrhunderts, in: Die Wiener Hofburg im Mittelalter 107–118.

Wolfgang SELLERT, Die Agenten und Prokuratoren am Reichshofrat, in: Anwälte und ihre Geschichte. Zum 140. Gründungsjahr des deutschen Anwaltsvereines (Tübingen 2011) 41–64.

Stefan SIENELL, Die Geheime Konferenz unter Kaiser Leopold I. Personelle Strukturen und Methoden zur politischen Entscheidungsfindung am Wiener Hof (Beiträge zur Neueren Geschichte Österreichs 17, Frankfurt/Main 2001).

Urszula SOWINA, Water, Towns and People. Polish Lands against a European Background until the Mid-16th Century (Polish Studies – Transdisciplinary Perspectives 17, Frankfurt/Main 2016).

Reinhold SPECHT, Die Matrikel des Gymnasium Illustre zu Zerbst in Anhalt 1582–1797 (Sonderveröffentlichungen der Ostfälischen Familienkundlichen Kommission 5, Leipzig 1930).

Elisabeth SPRINGER–Barbara HAFNER–Michael HEIDENREICH–Margarete PLATT, Laxenburg. Juwel vor den Toren Wiens (Weitra 2013).

Friedrich SLEZAK, Wien und die frühe Donaukartographie. Stadtgeschichtsforschung und Kartenvergleich. *Mitteilungen der Österreichischen Geographischen Gesellschaft* 122 (1980) 256–274.

Stadtzerstörung und Wiederaufbau 1: Zerstörungen durch Erdbeben, Feuer und Wasser; 2: Zerstörung durch die Stadtherrschaft, innere Unruhen und Kriege; 3: Schlussbericht (die Bde. 2 und 3 redig. von Niklaus BARTOLOME–Erika FLÜCKIGER), hg. von Martin KÖRNER (Bern–Stuttgart–Wien 1999–2000).

Werner Arnold STEINHAUSEN, Plan der Stadt Wien mit dem Glacis und angrenzenden Teilen der Vorstädte, 1710 (Reproduktion durch Gustav Adolph SCHIMMER), in: Historischer Atlas von Wien 15, 5.2/1710 (Wien 2012).

Barbara STOLLBERG-RILINGER, Zur moralischen Ökonomie des Schenkens bei Hof (17.–18. Jahrhundert), in: Luxus und Integration. Materielle Hofkultur Westeuropas vom 12. bis zum 18. Jahrhundert, hg. von Werner PARAVICINI (München 2010) 187–202.

Arno STROHMEYER, Wahrnehmung des Fremden: Differenzerfahrungen von Diplomaten im 16. und 17. Jahrhundert: Forschungsstand – Erträge – Perspektiven, in: Wahrnehmungen des Fremden. Differenzerfahrungen von Diplomaten im 16. und 17. Jahrhundert, hg. von Michael ROHRSCHNEIDER–DEMS. (Schriftenreihe der Vereinigung zur Erforschung der Neueren Geschichte 31, Münster 2007) 1–50.

Table générale alphabétique et raisonnée du Journal historique de Verdun sur les matières du tems, depuis 1697 jusques et y compris 1756, Tome 5: H–LO (Paris 1759).

Corinne Thépaut-Cabasset, Diplomatische Agenten und der europäische Luxuswarenhandel im späten 17. Jahrhundert, in: Materielle Grundlagen der Diplomatie. Schenken, Sammeln und Verhandeln in Spätmittelalter und Früher Neuzeit, hg. von Mark Häberlein–Christof Jeggle (Irseer Schriften N. F. 9, Konstanz 2013) 157–174.

Hillard von Thiessen, Diplomatie vom „type ancien": Überlegungen zu einem Idealtypus des frühneuzeitlichen Gesandtschaftswesens, in: Akteure der Außenbeziehungen. Netzwerke und Interkulturalität im historischen Wandel, hg. von dems.–Christian Windler (Externa 1, Köln 2010) 471–504.

–, Korrupte Gesandte? Konkurrierende Normen in der Diplomatie der Frühen Neuzeit, in: Korruption. Historische Annäherungen an eine Grundfigur politischer Kommunikation, hg. von Niels Grüne–Simona Slanička (Göttingen 2010) 205–220.

Anuschka Tischer, West-Ost-Kommunikation im 17. Jahrhundert in ihrem Kontext. Joachim von Wicquefort als Korrespondent und Agent Herzog Jakobs von Kurland. *Jahrbuch für europäische Geschichte* 5 (2004) 143–160.

Trauer- und Gedächtnuß-Rede / welche Bey Christlicher und üblicher Beerdigung Des Hoch- und Wohl-Edlen, Vest- und Hoch-Gelahrten Herrn [...] Bernhard George Andermüllers gehalten worden zu Dessau Am 16. September 1717. Jahrs (Zerbst 1717).

Gustav Ueberhorst, Der Sachsen-Lauenburgische Erbfolgestreit bis zum Bombardement Ratzeburgs 1689–1693 (Berlin 1915).

Ungrisches Magazin oder Beyträge zur ungrischen Geschichte, Geographie, Naturwissenschaft und der dahin einschlagenden Literatur 3, 1. Stück ([Anton Löwe] Preßburg 1783).

Johann P. van Vaelckeren, Wienn von Türcken belägert und von Christen entsezt, das ist: Kürtzliche Erzehl- und Beschreibung alles dessen, was sich vor, in und nach der grausamben türckischen Belägerung [...]; mit einem Nachwort von Isabella Wasner-Peter, hg. von Sylvia Mattl-Wurm–Walter Obermaier–Andreas Weigl (VIENNENSIA. Nachdrucke aus der Wiener Stadt- und Landesbibliothek, Wien 2005).

Peter van der Krogt, „Das ist das Auge von Österreich, das stolze und mächtige Wien". Niederländische Stadtansichten und Pläne von Wien. *JbVGStW* 52/53 (1996/97) 83–149.

Die Virgilkapelle in Wien. Baugeschichte und Nutzung, hg. von Michaela Kronberger (Wien 2016).

Von der mittelalterlichen Stadtmauer zur neuzeitlichen Festung Wiens. Historisch-archäologische Auswertung der Grabungen in Wien 1, Wipplingerstraße 33–35, hg. von Sylvia Sakl-Oberthaler–Martin Mosser–Heike Krause–Gerhard Reichhalter (Monografien der Stadtarchäologie Wien 9, Wien 2016).

Hermann Wäschke, Geschichte Anhalts von der Teilung bis zur Wiedervereinigung (Anhaltische Geschichte 3, Cöthen 1913).

Isabella Wasner-Peter, Nachwort in: Vaelckeren, Wienn von Türcken belägert.

Theodor Wiedemann, Geschichte der Reformation und Gegenreformation im Lande unter der Enns, 5 Bde. (Prag 1879–1886).

Wien. Geschichte einer Stadt 1: Von den Anfängen bis zur Ersten Wiener Türkenbelagerung, hg. von Peter Csendes–Ferdinand Opll (Wien–Köln–Weimar 2001).

Wien. Geschichte einer Stadt 2: Die frühneuzeitliche Residenz (16. bis 18. Jahrhundert), bearb. von Karl Vocelka–Anita Traninger, hg. von Peter Csendes–Ferdinand Opll (Wien–Köln–Weimar 2003).

Wien 1609. Ansicht aus der Vogelperspektive von Jacob Hoefnagel, hg. von Karl Fischer (Schleinbach 2015).

Wien im Dreißigjährigen Krieg. Bevölkerung – Gesellschaft – Kultur – Konfession, hg. von Andreas Weigl (Kulturstudien. Bibliothek der Kulturgeschichte 32, Wien–Köln–Weimar 2001).

Das barocke Wien. Stadtbild und Straßenleben (20. Sonderausstellung des Historische Museums der Stadt Wien, Juni–September 1966, Wien o. J.).

Der Wiener Linienwall. Vom Schutzbau zur Steuergrenze, hg. von Ingrid Mader–Ingeborg Gaisbauer–Werner Chmelar (Wien Archäologisch 9, Wien 2012).

Die Wiener Hofburg 1835–1918. Der Ausbau der Residenz vom Vormärz bis zum Ende des „Kaiserforums", hg. von Werner Telesko (ÖAW. Denkschriften der philosophisch-historischen Klasse 446 = Veröffentlichungen zur Kunstgeschichte 15 = Veröffentlichungen zur Bau- und Funktionsgeschichte der Wiener Hofburg 4, Wien 2012).

Die Wiener Hofburg 1521–1705. Baugeschichte, Funktion und Etablierung als Kaiserresidenz, hg. von Herbert Karner (ÖAW. Denkschriften der philosophisch-historischen Klasse 444 = Veröffentlichungen zur Kunstgeschichte 13 = Veröffentlichungen zur Bau- und Funktionsgeschichte der Wiener Hofburg 2, Wien 2014).

Die Wiener Hofburg im Mittelalter. Von der Kastellburg bis zu den Anfängen der Kaiserresidenz, hg. von Mario Schwarz (ÖAW. Denkschriften der philosophisch-historischen Klasse 443 = Veröffentlichungen zur Kunstgeschichte 12 = Veröffentlichungen zur Bau- und Funktionsgeschichte der Wiener Hofburg 1, Wien 2015).

Die Wiener Hofburg 1705–1835. Die kaiserliche Residenz vom Barock bis zum Klassizismus, hg. von Hellmut Lorenz–Anna Mader-Kratky (ÖAW. Denkschriften der philosophisch-historischen Klasse 445 = Veröffentlichungen zur Kunstgeschichte 14 = Veröffentlichungen zur Bau- und Funktionsgeschichte der Wiener Hofburg 3, Wien 2016).

Thomas Winkelbauer, Postwesen und Staatsbildung in der Habsburger Monarchie im 17. und 18. Jahrhundert. *WGBll* 68 (2013) 69–86.

Johann Conrad Womrath, Fürstliche Gedancken Von dem Ewigen Leben / in Erkäntniß Gottes / und seines Sohnes Jesu Christi: in einer Gedächtniß-Predigt Des [...] Hn. Joh. Georgen Des Andern/ Aeltisten Fürsten zu Anhalt [...] (Cöthen 1694).

Andreas Würgler, Freunde, „amis", „amici". Freundschaft in Politik und Diplomatie der frühneuzeitlichen Eidgenossenschaft, in: Freundschaft oder „amitié"? Ein politisch-soziales Konzept der Vormoderne im zwischensprachlichen Vergleich (15.–17. Jahrhundert), hg. von Klaus Oschema (ZHF Beih. 40, Berlin 2007) 191–210.

Harald Zinner, Das Gartenpalais Mansfeld-Fondi-Schwarzenberg. Genese eines barocken Gartenpalais unter Einbeziehung des Milieus der Wiener Adelsarchitektur (Dipl. Wien 2011).

# Abbildungsnachweise

Bernburg, Museum Schloss Bernburg
- Sign. VIa:54:7: Abb. 3

Brüssel/Bruxelles
- Bibliothèque royale de Belgique, XXXI Vienne 1703 – Andermaller – Manuscrits – III 8.237 (Magasin – Cartes et Plans): Abb. 8–16 und 41–56

Leipzig, Universitätsbibliothek
- Trauer- und Gedächtnuß-Rede / welche Bey Christlicher und üblicher Beerdigung Des Hoch- und Wohl-Edlen, Vest- und Hoch-Gelahrten Herrn [...] Bernhard George Andermüllers gehalten worden zu Dessau Am 16. September 1717. Jahrs (Zerbst 1717): Abb. 2

Ferdinand Opll – Josef Pauser: Abb. 6

Ferdinand Opll – Martin Scheutz (Privatarchiv)
- Matthäus Merian, Dessau, Gesamtansicht von Süden mit Schloss, 1750: Abb. 1

Wien, Österreichische Nationalbibliothek
- Bildarchiv, Port_00064135-01: Abb. 4
- Bildarchiv, PORT_00138639_01: Abb. 5
- Bildarchiv, PORT_00067067_01: Abb. 7

Wien, Wiener Stadt- und Landesarchiv
- Kartographische Sammlung, Einzelstück 3.2.1.1.P5.6439: Abb. 17
- Kartographische Sammlung, Einzelstück 3.2.1.1.P1.221G: Abb. 18 und 20–39
- Kartographische Sammlung, Allgemeine Reihe, Pläne und Karten: Sammelbestand, P1.236 G: Abb. 19
- Kartographische Sammlung, Einzelstück 3.2.1.1.P1.222G: Abb. 40

# Orts- und Personenregister

Vorbemerkung: Umlaute werden bei der alphabetischen Reihung nicht beachtet. Belege in den Fußnoten werden dann berücksichtigt (A), wenn die Person auf der jeweiligen Seite sonst nicht erwähnt wird. Die auf Wien selbst bezüglichen Ortsnamen werden – soweit es sich um die Bereiche der ummauerten Stadt und der Vorstädte (inklusive des Inselgebietes nördlich der Stadt) handelt – unter dem Lemma „Wien" zusammengefasst; die außerhalb dieser Zone in den Vororten auftretenden Ortsnamen finden sich im Register alphabetisch eingereiht. Von den Wiener Verkehrsflächen (Gassen, Plätze, Straßen) werden nur diejenigen Belege aufgenommen, die sich auf Nennungen in der Vogelschau des Bernhard Georg Andermüller (S. 132–133) beziehen.

S

T

Z